司法警官职业教育优质教材

基层司法行政业务案例精选与评析

JICENG SIFA XINGZHENG YEWU ANLI JINGXUAN YU PINGXI

主　编◎刘岭岭

撰稿人◎刘岭岭　巴秀丽　苏海莹

中国政法大学出版社

2017·北京

司法警官职业教育优质教材
审定委员会

编写说明

"十三五"以来，我国高等职业教育进入了一个以综合改革、质量提升为特征的新阶段。为贯彻落实《国务院关于加快发展现代职业教育的决定》（国发〔2014〕19号），教育部先后颁布了一系列文件，为我国高等职业教育发展提供了新的理念，指明了新的方向。广大高等职业院校加强人才培养体制机制创新，深化产教融合、校企合作，加强专业课程、师资队伍与信息化建设，提高技术技能积累与社会服务能力，拓展国际合作与交流，呈现出蓬勃生机。职业教育集团、混合所有制、现代学徒制等现代职业教育人才培养体制机制相继试点并不断走向成熟。持续深化教育教学改革、深入推进产教融合、培养高素质技术技能人才、提升学校对经济社会发展的贡献度，成为高等职业院校共同的目标。

随着高等职业教育教学改革和国家司法体制改革的深入开展，司法警官职业院校的人才培养体制机制也在发生深刻的变化。为对接监狱、戒毒人民警察招录，培养政治坚定、作风优良、业务过硬、纪律严明的政法行业人才，司法警官职业院校全面贯彻落实党的教育方针，紧跟国家司法体制改革步伐，遵循职业教育发展规律，以立德树人为根本，以提高质量为核心，以专业建设为重点，准确定位办学方向，提高办学实力，为社会平安和法治建设提供坚实的政法行业人才保障。

为实现司法警官职业院校的人才培养目标，凸显人才培养特色，我们组织了一批教学水平高、实践经验丰富的教师与行业专家编写了系列教材。该系列教材立足政法行业人才需求，积极回应国家司法体制改革需求，融入最新的法律规定、教育理念与教学方法，吸取同类教材的优点，力争打造特色鲜明、内容新颖、能学辅教助训的优质品牌。

因水平有限，该系列教材或许有不足之处。我们会在今后的教学实践中不断完善，以期对提高我国司法警官职业院校的教育教学质量，培养优秀政法行业人才起到越来越大的作用。

审定委员会

2017 年 5 月

序　言

　　《基层司法行政业务案例精选与评析》一书，是山东司法警官职业学院编辑的案例丛书精选版。自 2011 年开始，编者联系我院在司法行政基层一线工作的毕业和实习学员，有针对性地收集了 3 万多件典型案例，连续 6 年坚持不辍地编成了共 4 集 12 册的《基层司法行政业务案例集》(分教师用书和学生用书)，并广泛应用于司法行政行业培训、教学交流和专业论证等领域，颇有口碑。在此基础上，本着"结合实际，注重实务，指导实践"的原则，精选出 123 件案例编辑成了《基层司法行政业务案例精选与评析》。

　　本书涉及人民调解、社区矫正、法律援助等基层司法行政业务领域，通过精心点评、案例剖析，从专业的角度给出具体分析指导意见，确保编写内容的科学性、实用性和时效性。本书共分为三篇：第一篇为社区矫正案例，设计为分阶段矫正案例和分类矫正案例两章，第一章包含入矫矫正案例、矫正中期案例和解矫矫正案例三节；第二章包含未成年犯社区矫正案例、女犯社区矫正案例、老年犯社区矫正案例、职务犯社区矫正案例、财产犯社区矫正案例和其他矫正案例六节。第二篇为人民调解案例，设计为民事侵权纠纷人民调解案例、合同纠纷人民调解案例、婚姻家庭纠纷人民调解案例、继承纠纷人民调解案例、所有权纠纷人民调解案例和其他纠纷人民调解案例六章。第三篇为法律援助案例，设计为民事诉讼法律援助、刑事诉讼法律援助和非诉讼法律援助三章。本书在每篇的开头设置了知识概要，介绍基础知识、国家法规与政策及我省工作状况，在每一件案例中设置了基本案情、案件处理与结果、承办人观点、案件评析，便于查阅借鉴，突出以案释法、以案释理。

本书具有以下特色：一是信息量大。山东司法警官职业学院每年从全省各市和各县（市、区）司法行政机关收集上一年度结案的典型案例6000多件，故本书有广泛的选编基础，可提供给读者新近发生的山东省各地的代表性案例。二是方便阅读。为节约读者选取案例的时间，本书纲目明晰并分章细化，做到每章节案例分类，每案例主题鲜明，让读者一目了然，查阅便捷。三是指导性强。本书精选实践中有特色的案例，从案情表述到问题解决，运用法律知识进行案件解析，有利于指导司法行政工作人员的具体工作，具有很强的可操作性。

目前，市面的案例丛书大多存在篇幅长、案例情节杂、无效信息多、缺乏深加工等不足。本书试图摒弃这些缺点，把案例书籍变得"好读、有用"，在编辑中坚持以下方法：一是根据相关法律规定和相关专业的教学及岗位需求高度提炼案例内容，控制案例篇幅；二是突出争议焦点，剔除无效信息，尽可能地在有限的篇幅内为读者提供有效、有益的信息；三是注重对案件处理与结果的再加工，所有案例均由案件承办者撰写"承办人观点"，并由专业教师撰写案件评析，高度提升实践指导价值。

党的十八大，十八届三中、四中、五中、六中全会和习近平总书记系列重要讲话、重要指示批示，提出了建设中国特色社会主义法治体系，建设社会主义法治国家的总目标，对司法体制改革提出了新的标准和要求，特别强调加强和规范司法解释和案例指导，统一法律适用标准。法律的生命在于实施，而法律实施的核心在于法律的统一适用。本书出版的价值追求，即公开精品案例，研究案例所体现的法律方法和理念，为法治建设贡献力量。

本书所收录的大多数案例都体现出山东省基层司法行政工作面对

层出不穷、纷繁复杂的法律关系而积极实践、不断创新以适应社会需求的进取精神。同时，由于部分案例带有创新性、探索性的实践结果，难免存在一些不足之处，而这些不足之处恰恰是我省基层司法行政工作应当进一步思考、探索的目标。

总之，编辑《基层司法行政业务案例精选与评析》就是为了让案例书籍简便、易用，这既是本书的特点，也是编辑出版这本书的理由。山东省司法厅基层处、山东省法律援助中心、济南市法律援助中心、临沂市费县司法局、济宁市梁山县司法局、临沂市兰山区司法局、德州市武城县司法局等各级司法行政机关和部分基层司法所以及学院领导、长期从事政法干警招录培养体制改革试点班教学和研究的教师团队全力支持本书的出版，给予了编者巨大的鼓励。我们在此谨表谢忱，并希望通过共同努力，逐步完善，做得更好，真正探索出一条编辑案例类书籍的新路，更好地服务于学习、研究基层司法行政工作的读者，为推进法治建设和加强社会治理做出更大的贡献。

本书既可作为广大司法行政实务工作人员办案参考和培训教程，也是社会大众学法、用法的指导，亦是教学科研机构案例研究配备所需。由于水平所限，编者在编写过程中还不能完全实现最初的编写愿望，瑕疵、错误在所难免，敬请读者批评指正。

编　者
2017 年 3 月

目 录

第一篇　社区矫正案例

第二篇　人民调解案例

第三篇 法律援助案例

第一篇　社区矫正案例

知识概要

我国的社区矫正，是与监禁矫正相对的行刑方式，是指将符合社区矫正条件的罪犯置于社区内，由专门的国家机关，在相关社会团体和民间组织以及社会志愿者的协助下，在判决、裁定或决定的期限内，矫正其犯罪心理和行为恶习，并促进其顺利回归社会的非监禁刑罚执行活动。社区矫正是充分利用社会资源，积极运用各种方法、手段，整合政法部门、社区等各方力量，着力对社区范围内的假释、监外执行、管制、缓刑等罪犯进行针对性的教育改造的手段和方法。

社区矫正可以有效防止犯罪人在监狱中受到犯罪行为交叉感染的风险，而且在社区服刑矫正使他们每天生活在社会中，人们亲眼看到他们的改造和转变，在感情上容易接受和宽容他们，有利于减少犯罪人的对立情绪，使其尽快融入社会，减少重新犯罪的可能性。将罪行较轻、社会危害不大的罪犯放在社区进行教育改造，这是一项标本兼治的刑罚执行措施，有利于争取社会公众对国家刑罚活动的理解和支持，修复社会裂痕，解决社会问题，最大限度地化消极因素为积极因素，保持社会的和谐稳定。

一、基本知识

（一）组织管理体系及其职责

在我国，司法部负责指导管理全国的社区矫正工作。社区矫正机构负责执行社区矫正。县级司法行政机关负责社区矫正工作，主要包括：社区矫正适用前的调查评估，法律文书和社区服刑人员的接收，建立社区服刑人员执行档案，社区服刑人员进入特定场所、外出、变更居住地的审批，给予警告，提出治安管理处罚建议，提出撤销缓刑、假释、收监执行建议，提出减刑建议，对脱离监管的社区服刑人员组织追查，发放解除社区矫正证明书等。同时，县级司法行政机关也可以开展集中教育、心理矫正、协调有关部门和单位为社区服刑人员提供帮扶等工作，以提高社区矫正工作的质量和效率。

　　司法所应当做好社区矫正的日常工作。在接收环节，司法所要根据县级司法行政机关的指派，接收社区服刑人员，并组织宣告；确定社区矫正工作小组；制定社区矫正方案；建立社区矫正工作档案。在社区矫正实施过程中，司法所要监督社区服刑人员定期报告；采取实地检查、通讯联络、信息化核查等措施，及时掌握社区服刑人员的活动情况；重点时段、重大活动期间或者遇到特殊情况，可以根据需要要求社区服刑人员到办公场所报告、说明情况；定期到社区服刑人员的家庭、所在单位、就读学校和居住地的社区了解、核实社区服刑人员的思想动态和现实表现等情况；发现社区服刑人员脱离监管的，及时向上级司法行政机关报告；对社区服刑人员7日以内的外出进行审批；组织日常教育学习活动和社区服务；开展有针对性的个别教育和心理辅导，对社区服刑人员进行考核并实施分类管理；等等。在期满解除时，司法所要对社区矫正人员做出书面鉴定，提出安置帮教建议；组织解除社区矫正宣告；向社区服刑人员告知安置帮教有关规定，与安置帮教部门做好交接等。此外，司法所作为县级司法行政机关的派出机构，经县级司法行政机关授权，在一定范围内参与社区矫正执法活动，如派员参加社会调查评估等。司法所立足基层，还要发挥贴近社区、贴近群众的优势，广泛动员基层组织、社区服刑人员所在单位、学校、家庭成员等各方力量，共同做好社区矫正工作。

　　（二）社区矫正工作流程

　　从基层司法行政机关开展社区矫正工作的实际出发，可以把社区矫正工作分为以下7个工作流程：调查评估、矫正接收、危险评估、监督管理、教育矫正、帮困扶助、解除终止。

　　1. 调查评估。社区矫正调查评估，即社区矫正适用前调查评估，它是指司法行政机关接受人民法院等机关的委托，对可能适用非监禁刑的被告人、罪犯的基本情况、一贯表现、社会关系和社会评价等能够反映其人身危险性的各种情况进行调查，提出其是否适用非监禁刑的建议，为人民法院等机关依法裁决提供参考依据的活动。实践证明，对拟适用社区矫正的被告人、罪犯开展的调查评估，能有效地提高风险预见性，真正把严了社区矫正的"入口关"。同时，通过开展适用前调查评估，有利于确定社区服刑人员的居住地，进一步加强和规范司法行政机关同有关职能部门之间的有效衔接，从源头上避免社区服刑人员脱管、漏管情况的发生。

2. 矫正接收。社区矫正接收是社区矫正工作的重要环节，是一项严肃、严格的法律程序。它是社区服刑人员进入社区矫正并接受管理和教育的起始。社区矫正接收工作是指社区矫正机构根据生效判决、裁定或者决定，在特定的时限内与人民法院、监狱管理机关或者公安机关交接有关法律文书和相关资料、履行相关法律手续，将社区服刑人员纳入社区矫正活动的过程。具体包括接收相关法律文书和材料、接收社区服刑人员、核实社区服刑人员身份、确定工作对象、交代矫正事项、宣布社区矫正开始，促使其端正认识、接受矫正。通过社区矫正的接收，在司法行政机关与社区服刑人员之间建立矫正与被矫正、管理与被管理的关系，为下一步具体开展监督管理、教育矫正和帮困扶助工作奠定良好的开端。

3. 危险评估。社区矫正危险评估是指运用科学的方法对社区服刑人员的人身危险性程度和再犯罪可能性所作的评价和预测，即对其人格上存在的实施犯罪行为和其他严重违法、社会越轨行为的危险倾向的有无及大小所作的评价和预测。

社区服刑人员的危险性评估是社区矫正工作的一个重要环节，是社区矫正分类管理、分类教育的前提和基础，也是科学开展社区矫正工作的重要依据。通过对社区服刑人员的人身危险性进行评估和预测，划分出不同的风险等级和监督等级，科学配置矫正资源，制定矫正工作计划，将再犯罪的因素有效消灭在萌芽状态，具有十分重要的意义。

4. 监督管理。社区服刑人员是在社区执行刑罚的罪犯，社区矫正本质上属于刑罚执行活动。监督管理是社区矫正工作的重要基础。社区服刑人员在开放的社区中服刑，存在着多种诱发犯罪的因素，对社区服刑人员依法实施严格的监督管理，既是刑罚执行的必然要求，也是维护社区安全，预防社区服刑人员重新违法犯罪的前提和保障。

社区矫正的本质属性是刑罚执行，社区矫正的监督管理工作就是社区矫正机构按照《刑法》《刑事诉讼法》的有关规定，以及各级司法行政机关制定的社区矫正制度，通过采取各种有效途径和方法，依法对社区服刑人员进行监督管理，并根据现有法律法规的规定，限制其相应的自由权利，监督其遵守社区矫正的法律法规及各项规章制度的情况。通过国家刑罚的顺利执行，使社区服刑人员时刻认识到自己的服刑人员身份，充分认罪服法，深刻悔改，避免再次犯罪。严格意义上讲，在社区服刑的矫正人员与在监狱服刑的罪犯，其性质上是一样的，都是实施了犯罪行为，触犯了刑法的罪犯，虽然这部分社区服刑人员在社区服刑，我们同样要对他们进行严格的监督管理。

5. 教育矫正。教育矫正工作是指社区矫正机构针对社区服刑人员的不同特点，采用不同形式和多种手段，对他们的思想、行为和心理进行全方位矫正和引导。不但促使他们真正认罪悔罪，而且还敦促、教导他们加强道德修养，认真学习法律，以全新的精神风貌回归社会，尽早成为适应社会的守法公民。

对社区服刑人员的教育矫正工作，是社区矫正工作的中心环节和核心内容。教育矫正工作的整体思路应该是：让社区服刑人员认罪服法，弃恶扬善，运用多种手段和形式，增强他们的法律意识和道德修养，使之早日成为适应社会的守法公民。

6. 帮困扶助。对社区服刑人员进行帮困扶助是社区矫正的重要任务之一。社区矫正帮困扶助是指社区矫正工作人员调动社区资源，整合社会力量，帮助社区服刑人员解决就业、生活、法律及心理等方面的困难和问题，促进其顺利回归社会的矫正措施。社区服刑人员是罪犯，但同时也是需要社会给予特殊关爱的对象。对社区服刑人员开展帮困扶助，是为了帮助他们更好地融入社会。社区矫正中的"帮困扶助"是对社区服刑人员在监督管理、教育矫正基础上的社会适应性帮扶。

7. 解除终止。社区矫正的解除和终止意味着社区矫正结束，刑罚执行的消灭。社区矫正期满前，社区服刑人员应当作出个人总结，司法所应当根据其在接受社区矫正期间的表现、考核结果、社区意见等情况作出书面鉴定，并对其安置帮教提出建议。县级司法行政机关应当向社区服刑人员发放解除社区矫正证明书，并书面通知决定机关，同时抄送县级人民检察院和公安机关。暂予监外执行的社区服刑人员刑期届满的，由监狱、看守所依法为其办理刑满释放手续。社区服刑人员死亡、被决定收监执行或者被判处监禁刑罚的，社区矫正终止。社区服刑人员在社区矫正期间死亡的，县级司法行政机关应当及时书面通知批准、决定机关，并通报县级人民检察院。

二、国家法规与政策及我省工作状况

（一）国家法规与政策

我国社区矫正试点工作从 2003 年开始，2005 年扩大试点，2009 年在全国全面试行，通过14年的实践，社区矫正工作的覆盖面稳步扩大，社区服刑人员数量不断增长。2014年5月，全国社区矫正工作会议对全国推进社区矫正提出明确要求，社区矫正进入全面推进阶段。通过十多年的努力，我国已经逐步构建起具有中国特色的社区矫正法律体系和实行机制。实践证明，开展社区矫正工作不仅有利于对社区服刑人员的教育管理，矫正他们的行为恶习和不良心理，促进其顺利回归社会，而且有利于合理配备刑事资源，增强刑罚效能，降低行刑成本，是贯彻宽严相济刑事司法政策的具体体现和重要举措，为全面深化司法体制改革，加强建立具有中国特色的现代刑罚制度，奠定了坚实的实践基础。

（二）我省工作状况

山东省作为全国首批试点的省份，社区矫正试点工作于2004年8月正式启动。山东省社区矫正工作取得了显著成效：一是有力维护了社会和谐稳定。山东省开展社区矫正以来，累计接收社区服刑人员5.1万人。由于其不脱离社会和家庭，有效缓解和降低了他们对社会、对政府的对立情绪，避免了监禁可能带来的弊端，有力促进了家庭和谐和社会稳定。二是有效节省了刑事司法资源。开展社区矫正适用前的调查评估工作，大大提高了法院的审判效率，同时也确保了适用法律的准确性，使刑罚执行资源配置更趋合理，有效降低了刑罚执行成本。三是极大减轻了监狱的压力。通过开展社区矫正，把没有必要判处监禁刑的罪犯和没有必要继续关押的罪犯放到社会上执行刑罚，不仅可以缓解监狱的压力，减少国家对监狱的投入，而且有利于监狱集中力量对那些严重犯罪分子进行改造，从而保证了监管场所持续安全稳定。四是进一步完善了非监禁刑罚执行制度。社区矫正工作顺应了世界刑罚发展文明化、社会化的趋势，体现和落实了我国宽严相济的刑事政策，发挥了非监禁刑罚在教育改造罪犯方面的积极作用，为完善我国刑罚执行制度做出了有益探索，使监禁矫正与非监禁矫正两种刑罚执行方式相辅相成，达到了增强刑罚执行效能，从源头上预防和减少重新违法犯罪的可能性。2009年以来，全省开展各类教育近30万人次，开展心理咨询2.2万人次，开展技能培训5515人次，并为近700名生活困难的服刑人员办理了低保。

第一章

分阶段矫正案例

第一节 入矫矫正案例

案例一 昔日军人入矫适应难 矫正春风化雨促新生[1]

一、基本案情

庄某，男，1979 年 12 月出生，汉族，大专文化，已婚。2009 年因故意隐瞒与文某合伙经营的事实，另与他人签订买卖合同，在收到转让费 10 万元后逃逸。2010 年 7 月因犯合同诈骗罪，庄某被人民法院判处有期徒刑 3 年，于 2012 年 4 月被裁定假释。假释后，庄某在一家农机厂做电气焊工作。

庄某是一名"特殊"的社区服刑人员，他曾是南海舰队的一名军人。庄某的父母都是地地道道的农民，他们虽然没有很高的文化程度，但是勤劳朴实的品质对庄某影响很大。庄某从小就比较勤劳，长大独立后敢于闯荡。父亲去世后，他便独自担起养家的重担。2004 年庄某退伍后自己经商，靠经商养活家人。

司法所对庄某实施入矫矫正的初期并不顺利。庄某到司法所初次报到时，沉默寡言。司法所对他进行入矫宣告时，他只是低头站在那里，没有任何表情，当问及是否听明白入矫宣告时，他才勉强地"嗯"了一声，没有提出任何的疑问。在下一次应到司法所报到时，庄某没有主动来报到，司法所工作人员通过电话和庄某沟通时，他的语气很不耐烦，"上月不是刚去的吗，怎么还去啊？有什么好谈的啊"，司法所很理解庄某的心情，对于一个"特殊"的社区服刑人员，周围的人不免用"特殊"的眼光看待他，让他适应社区矫正是需要社区矫正工作人员下一番功夫的。

---

[1] 案件来源：德州市德城区新湖司法所。

二、案件处理与结果

（一）主要问题诊断

1. 入矫矫正初期，庄某的心理压力较大。庄某被法院宣判后，情绪低落，万念俱灰。他曾经是一名光荣的南海舰队军人，现在沦为阶下囚，强烈的反差使他难以正视现实。被纳入社区矫正后，他整天闷在家里，不愿和周围的人交流，时常以酒解闷。

2. 入矫矫正初期，庄某的经济负担较重。纳入社区矫正后，庄某没有落实户口，不能更换二代居民身份证，找工作遇阻，家庭生活的主要经济来源是妻子务农，加之女儿上学，经济负担较重。

3. 入矫矫正初期，庄某的法律意识淡薄。纳入社区矫正后，庄某在思想上没有积极的悔罪认罪，更没有重视遵守社区矫正的相关规定；他在行动上没有按照社区矫正的相关规定严格要求自己，不能及时到司法所报到，他在醉酒时还经常殴打自己的妻子。

（二）制定矫正目标

1. 尽快适应社区矫正，自觉遵守矫正制度。

（1）缓解心理压力。司法所社区矫正工作人员加强与庄某的交流，引导他改变错误认知，多举措稳定他的服刑情绪，缓解他的心理压力；

（2）解决经济困难。司法所积极与相关部门沟通，帮助庄某尽早落实户口，帮助他寻找就业机会，鼓励他积极就业，帮助他解决经济难题；

（3）严格遵守制度。司法所社区矫正工作人员对庄某加强刑罚教育，明确他的在刑身份，进一步严格要求他认真遵守社区矫正的各项规章制度。

2. 顺利完成社区矫正，顺利回归社会。

（1）顺利回归社会。司法所对庄某进行法律常识教育、公共道德教育、时事政策教育、劳动观念教育和心理健康等方面的教育，引导庄某自觉遵守法律法规，塑造良好的家庭、社会关系，顺利完成社区矫正工作。

（2）预防再次犯罪。在日常教育的同时，司法所利用多方资源，加强对庄某的日常帮教，尽力帮助庄某营造一个和谐的社会环境和温馨的家庭环境，努力消除潜伏的不稳定因素，预防庄某再犯罪。

（三）制定计划并实施

1. 提高与庄某的见面率，促使信任关系的逐步建立。司法所社区矫正工作人员采用以理服人、以情感人的教育方式，使庄某卸下心理包袱，从内心接受社区矫正。

2. 加强对庄某的教育，促使他的行为更加规范。司法所通过组织各项法制教育、公益劳动和心理健康教育等活动，教导庄某严格遵守社区矫正制度，认真改造，积极赎罪。

3. 加强与庄某家属的沟通，进一步营造良好的矫正环境。司法所社区矫正工作人员通过与庄某家属的深入沟通，形成帮教合力，为他在社区服刑营造良好的家庭环境。

4. 加强与基层组织的联系，共谋帮扶策略。司法所社区矫正工作人员积极与相关职能部门联系，寻求政策支持与帮扶措施。同时，司法所社区矫正工作人员不断与庄某居住地的居委会沟通，制定稳妥的帮扶计划，尽力为庄某营造一个和谐的社区服刑环境。

5. 加强与社区民警和社区矫正志愿者的沟通，多渠道、全方位开展矫正教育工作。通过共同对庄某开展社区帮教，教育和监督他遵守社区矫正的各项规章制度，提高矫正质量。

（四）矫正效果

经过司法所工作人员的努力与庄某的配合，庄某的入矫矫正工作取得了明显效果，主要表现在：

1. 自愿接受社区矫正，自觉遵守矫正规章制度。庄某在社区矫正工作人员的教育指导下，在社区矫正小组的帮助下，通过自己的努力，已经能够自愿接受社区矫正，自觉遵守矫正中的各项规章制度，服从社区矫正的管理和教育，能够主动汇报自己的思想动向。

2. 积极调整心态，能够正确面对现实生活。庄某在入矫初期，心理落差较大，存在极大的不适应，经过社区矫正工作人员和帮教小组一段时间的教育引导和帮助，他能够接受教育和劝导，并能够积极调整心态，正确对待目前的社区矫正生活。

3. 努力学习法律知识，提高对法律的认识水平。入矫初期，庄某的法律知识欠缺，对自己的犯罪行为没有足够的认识，通过一段时间的学习，他已经掌握了一定的法律知识，提高了对法律的认识水平，也进一步感受到了法律的威严，他能够从实际行动当中，不断约束自己的行为，做到遵纪守法。

三、承办人观点

社区矫正入矫教育的初期，庄某不愿意将自己的真实想法说出来，更多的是一种应付的态度，通过调查了解庄某的实际情况，根据庄某的情况对症下药，使得庄某打开心扉，愿意和我们交流。矫正育人的工作常常不是一帆风顺的，有时候鲜花灿烂，有时候荆棘密布，最重要的是我们要保持一颗温暖的心，传递社区矫正的爱。

四、案件评析

心理学的观点认为，许多人在遭受重大的变故之后，心理会受到重创而形成"创伤后应激障碍"。创伤后应激障碍是由于受到异乎寻常的威胁性、灾难性心理创伤，导致延迟出现和长期持续的心理障碍，它是对创伤等严重应激因素的一种异常的精神反应，是一种延迟性、持续性的身心疾病。对于创伤后应激障碍患者应及时给予情绪支持与鼓励，要让他在有限的时间与空间下，能宣泄自己的不良情绪。社区服刑人员庄某在入矫初期的服刑心理对社区矫正极其不利，社区矫正工作首先要消除庄某的心理压力，积极地教育引导，给予必要的心理支持。

入矫教育的内容一般包括：认知教育、认罪悔罪教育和社会适应教育。社会适应教育以帮助社区服刑人员全方位了解社会生活，组织开展相应的训练，提高社会适应能力为主要目的。入矫矫正初期的工作要以社区服刑人员适应社区矫正为阶段性目标。让社区服刑人员适应社区矫正是一项极其重要的工作，它是社区矫正工作顺利进行的重要保障。让社区服刑人员适应社区矫正，需要社区矫正工作人员准确分析服刑人员的现状和特点，有针对性地开展矫正教育工作。回顾对社区服刑人员庄某的入矫教育，我们可以看出分析社区服刑人员的心理问题、个性特点、家庭情况和犯罪原因等方面，制定有针对性的教育措施，因人施教，有的放矢地进行监管教育，是我们社区矫正工作取胜的一大法宝。

案例二　　　人生巨变心灰意冷　矫正育人引领人生[1]

一、基本案情

2010 年山东省公务员考试笔试成绩公布，于某在网上查到自己以高出第 2 名 8 分的巨大优势，顺利取得面试机会。正当全家沉浸在对未来美好生活的无限憧憬之中时，一场车祸改变了于某的命运。2010 年的一天，于某驾驶机动车与对向行驶的一辆电动车相撞，致对方驾驶员死亡。事故发生后，于某逃逸，后被派出所民警抓获，经审判被人民法院依法判处有期徒刑 3 年，缓刑 3 年。

二、案件处理与结果

（一）主要问题诊断

入矫矫正初期，于某心灰意冷，万念俱灰。从看守所出来后，于某感觉整个天都塌了，他不仅与公务员失之交臂，还背上了罪犯的名声，自卑、羞愧的负面情绪挥之不去。于某一时难以接受现状，酗酒度日，多次产生轻生的念头。

市社区矫正办公室和司法所的工作人员对于某进行了走访，了解到于某的情况后，认为于某一时疏忽犯了罪，完全可以通过对他实施帮教进行挽救，不能让他越陷越深，重新走上犯罪道路。

（二）制定矫正目标

1. 树立生活信心，顺利接受矫正。司法所社区矫正工作人员分析后，认为于某本质不坏，而且有学历、有文化，错失考取公务员的机会，对他打击很大。司法所社区矫正工作人员加强与于某的沟通，帮助他消除负面情绪，引导他树立生活信心，鼓励他在希望中接受矫正。

2. 找回人生价值，鼓励自食其力。失败让于某看不到希望，困境让他丧失了奋斗的动力。司法所社区矫正工作人员帮他找到一份恰当的工作，让他能够自食其力，帮助他正视过去，勇敢地接受生活的挫折，帮助他重新找回人生的价值。

---

[1]　案件来源：枣庄市薛城区沙沟司法所。

（三）制定计划并实施

1. 及时发挥帮教小组优势。司法所社区矫正工作人员及时联合居委会有威望的人和于某的亲属组成帮教小组，一方面做好于某的心理疏导工作，消除他的思想压力，使他敢于面对自己的过错；另一方面帮助于某营造一个宽松的改造环境，使他重新扮演"正常"角色，促进于某与社会之间尽快实现互融，从而达到积极、良好的矫正效果。

2. 帮助寻找就业岗位。司法所联系市安置基地，为于某寻找就业机会，精心筛选工作岗位，鼓励于某积极就业。经过司法所社区矫正工作人员的多次教育和鼓励，于某渐渐走出阴影，接受司法所的建议，在安置基地开始了第一份工作。

大约三个月后，于某再次来到司法所，表明要把安置基地的工作辞了。这个决定让司法所的工作人员顿时紧张起来，难道他又产生了情绪波动，或者受到了社会闲散人员的鼓动？于某接下来的话让司法所的工作人员放下心来。原来，于某大专时学的是临床医学，上学期间成绩优异，本来能够继续深造的，但是因为家庭贫困，才放弃了学习机会，但是他对医学的热爱依旧不减。他辞去安置基地的工作，是因为这份工作和他的专业毫不相干，他想自谋职业，找一份与专业对口的工作。对他这个决定，司法所的工作人员都很支持，毕竟安置基地工作岗位有限，而且大多是体力劳动，确实不适合年轻有理想的于某。司法所的工作人员再次发动各方力量，想帮于某找一家医院，但院方一听是社区服刑人员，就一口拒绝，毫无商量余地。于某自己也联系了多家医院，一路碰壁，这让刚刚燃起的希望之火又一次熄灭。司法所的工作人员看在眼里，急在心里，经过几番周折，由司法所所长担保，某医院同意接收于某做一名实习医生。于是，这个年轻人再一次全身心投入到工作中。

于某刚毕业不久，虽然业务水平不错，但没有执业医生资格证，不能正式行医。为了尽快取得资格证，于某利用节假日和休班时间，泡在图书馆和阅览室，把所有的精力和时间都投入到复习备考中。功夫不负有心人，于某以优异成绩一次性通过执业医生资格考试。他精通业务，对人和善，某医院的同事对他的印象也得以改观。"这是个很努力、很上进的年轻人"，院长经常这样夸赞他。

3. 主动出击，成就事业。就在于某的生活逐步走上正轨的时候，他又一次朝着更高的目标发起了冲刺。恰逢某单位招考正式职工，于某符合报考条件，他毫不犹豫的选择了再次奋斗。此次考试共招录 300 人，报名人数突破四千大关，竞争十分激烈，并且于某所学专业和考试内容没有关联，一切只能从头学起。面对全新的知识，于某毫无胆怯，买来复习资料，白天上班，晚上学习，取消一切娱乐活动，每天家里、单位、图书馆三点一线，生活单调而充实。晦涩的专业术语一遍不懂就再来一遍，一而再，再而三，直到看懂为止，读书笔记就足足做了几大本。终于，在考试中于某脱颖而出，成了一名正式员工。

（四）矫正效果

经过一段时间的社区矫正工作，矫正效果比较明显，于某能够自愿接受社区矫正，自觉遵守社区矫正的规章制度，主动服从日常管理，积极主动地学习，具体表现在：

1. 振作精神，自觉遵守社区矫正中的规章制度；
2. 调整心态，能够正确认识现实生活和自我身份；
3. 不断学习，丰富专业知识，考取执业医生资格证；
4. 努力备考，在招考中脱颖而出，迎来人生新的起点。

三、承办人观点

于某在与司法所的工作人员聊天时说，以后他还要继续学习，还有很多更远大的目标等着他去实现。这一路走来，于某自己的总结就是：知识改变命运，阳光普照大地，只要有爱，就有希望。我们相信在全体司法行政干警的努力下，会有越来越多的社区服刑人员沐浴在党的阳光下，阔步前进，走出属于自己的康庄大道。

四、案件评析

矫正教育，引领社区服刑人员走向新的生活。在入矫矫正的初期，稳定社区服刑人员于某的情绪，帮助他打消顾虑、振作精神，是社区矫正工作人员在矫正初期一直努力的目标。社区矫正工作人员除了用爱心和耐心对于某进行教育疏导外，更用实际行动帮助该社区服刑人员实现自我价值，教育和鼓励他不断奋斗前进。

推荐就业，体现助人自助的社区矫正理念。助人自助，需要在社区矫正的实施过程中，充分发挥社区服刑人员的自觉能动性，进行自我矫正和自我成长。切实加强社会适应性帮扶工作，制定完善的帮扶政策并认真落实，协调解决社区服刑人员就业、就学等问题，为社区服刑人员安心改造并融入社会创造条件。对社区服刑人员于某的整个矫正过程历尽了社区矫正工作人员的艰辛，也见证了社区服刑人员的成长，更体现了社区矫正助人自助的理念。

社区矫正，更是一个爱人育人的过程。透析本案例，让我们看到社区矫正工作人员与社区服刑人员于某之间不是单纯的执法与被执法、管理与被管理、监督与被监督的关系。社区矫正工作不仅仅是一个单纯的执法工作，更是一个重新育人的过程，通过矫正教育，指引那些曾经实施了犯罪的人，弃恶扬善，走向光明。

案例三　　　　　入矫不认罪　矫治促醒悟[1]

一、基本案情

徐某，男，1974 年 9 月出生。2013 年 4 月 8 日，徐某在其弟弟徐某某家门前，因琐事两人发生口角，相互厮打，致徐某某左腿受伤，伤情为左胫骨骨折，左腓骨骨折，经法医鉴定，构成轻伤，伤残程度为八级。2013 年 7 月 3 日，法院对徐某判决如下：徐某犯故意伤害罪，判处有期徒刑 2 年，缓刑 3 年；徐某赔偿附带民事诉讼原告人徐某某经济损失人民币 130 162.89 元，于判决生效后 10 日内付清。2013 年 7 月 21 日是徐某到司法所报到的时间。

二、案件处理与结果

（一）主要问题诊断

1. 徐某拒绝支付剩余的赔偿金。徐某陆续赔偿其弟徐某某人民币约 8 万元，但拒绝支付剩余的 5 万余元赔偿金。一方面徐某以自己经济困难为由，拒不给付赔偿金；另一方面他指责弟弟不善待老母亲，对弟弟把老母亲居住的房屋打砸破坏一事怀恨在心。

2. 徐某拒绝支付延期产生的利息。徐某特别不能理解竟然还要支付延期赔偿期间产生的利息。为此，他多次向街道办事处和司法所反映情况，要求给个说

---

〔1〕 案件来源：潍坊市潍城区北关司法所。

法，并在入矫矫正期间数次向司法所请假，并屡次说出"要是不给说法就要到济南上访"等不理智的话。

（二）制定矫正目标

1. 罪犯身份意识明确，服刑意识增强。徐某在入矫矫正初期，不能准确认知自己的服刑身份，不能认罪悔罪，关键因素是他的法律意识淡薄，所以在入矫教育的初期，首先要对徐某进行法律知识教育，引导他认识自己的罪行，准确定位自己的罪犯身份。

2. 学习法律知识，法律意识得到强化。徐某在入矫矫正初期，拒不执行全部的赔偿金和延期利息，最根本原因是他不清楚法律执行的严肃性。加强对徐某法律知识的教育，让他理解民事赔偿的相关知识，能及时承担法律责任。

3. 家庭情感观念增强，紧张的家庭关系得到初步缓和。通过情感教育，让徐某正确认识这次家庭矛盾的原因和可能的后果，让他认识到家庭亲情的珍贵，让他学会珍惜手足之情。

4. 制度意识增强，自觉遵守社区矫正各项规定。社区矫正工作人员强化社区矫正的各项制度教育，让徐某明确各项规定，并且自觉遵守社区矫正的相关制度。

（三）制定计划并实施

1. 加强亲情教育，帮助化解家庭矛盾。徐某的违法犯罪是因家庭内部纠纷引发的，通过加强说服教育，帮助化解家庭成员之间的矛盾。

2. 加强法制教育，帮助理解法律赔偿。徐某问题的根结在于法律知识的欠缺，司法所工作人员通过摆事实、讲道理的方式讲解相关法律规定，与徐某共同分析了矛盾纠纷的原因和可能的后果，让他明白伤害赔偿和家庭矛盾纠纷不存在联系，不论什么原因伤害他人并构成轻伤以上的，必须按法院判决的数额赔偿，如果未能在规定期限内全额支付赔偿款，原告有权要求被告按规定利率赔付利息。

3. 沟通当事人，缓和尖锐的矛盾。司法所工作人员找到了徐某的弟弟徐某某，劝说他不要意气用事，请求他给徐某一定的时间来接受和解决此事。

（四）矫正效果

刚开始交谈时，徐某根本听不进去，并扬言如果逼急了就跟弟弟同归于尽，甚至会做出更过激的事情，说这个事情要是解决不了就去济南上访。在如此严峻的情况下，司法所工作人员说："请假的事可以谈，但是你这样做并不能解决问题。你已经触犯法律，法院判决你要进行赔偿，可你没履行完毕，所以你不占理。而且你现在处于缓刑期，要注意自己的所作所为，自觉遵守社区矫正的管理规定，违反法律规定的后果是很严重的。至于你弟弟破坏你母亲家的房屋，那是你们家庭内部的矛盾，咱可以慢慢理顺，叫上大家都坐在一起，好好商量来解决。"通过司法所工作人员的反复教育和引导，徐某终于答应继续支付赔偿款，至此兄弟二人的关系得到初步的缓和。徐某更深入地认识到自己目前是一名社区服刑人员，做事情要遵守规定，较为自觉主动地接受社区矫正工作人员安排的事项，为以后的矫正工作奠定基础。现在徐某每周通过电话汇报自己的活动状况及所在位置；每月到司法所进行书面汇报自己的思想学习情况；积极参加司法所组织的各项学习及公益劳动等。

三、承办人观点

在对徐某的教育矫正过程中，我们工作人员切实感受到了以情动人的感化力量，也感受到了法律法规的震慑力量。在矫正工作中只有不厌其烦的做思想工作，社区服刑人员的思想包袱才能放得下来，也才能将他们逐步矫正到正常的社会生活中来。

四、案件评析

加强法制教育，强化在刑意识。本案中的社区矫正服刑人员徐某在入矫初期由于法律意识淡薄和性格缺陷等原因表现出了明显的抗拒行为，社区矫正工作人员及时发现问题，解决问题，化解危机。对于像徐某这样的社区服刑人员，社区矫正首要的工作是让其明确社区矫正的惩罚性和威严性，清楚自己的在刑身份，告知他违反社区矫正相关法律和制度的严重后果，其次才是引导他正确地解决问题。

坚持科学教育矫正，深入研究和把握教育矫正规律，创新教育方式方法，实行集中教育和个别教育、分段教育和分类教育、心理矫正和行为矫正有机结合，开展社区服务活动，丰富教育内容，增强矫正效果。在矫正社区服刑人员时，不能单纯地一味地讲大道理、摆事实，更不能一刀切。在入矫阶段，要想让社区服刑人员顺利地接受矫正，起到矫正效果，就必须从社区服刑人员自身、家庭及经济等方面入手，综合考虑，要做到因人施教。针对性格存在缺陷，不宜相处的社区服刑人员更需要充足的耐心，逐渐消除其敌对情绪以配合社区矫正。

第二节　矫正中期案例

案例一　　　　　假释后难以生存，让爱托起希望[1]

一、基本案情

刘某，男，39岁，因盗窃罪被判死缓，在监狱服刑18年后，于2011年3月假释出狱，接受社区矫正。刘某属于典型的三无人员（无家可归、无亲可投、无业可就）。

二、案件处理与结果

（一）主要问题诊断

刘某到社区服刑后，尽管能主动到司法所接受社区矫正，但入矫教育的初期依然面临着很多困难。一方面，刘某长期在监狱服刑，假释后短时间内很难适应社会；另一方面，他没有住所，没有经济收入，生活异常困难。社区矫正工作人员了解该社区服刑人员的基本情况后，立即上报县局，启动了应急帮教机制，具体工作如下：

1. 及时谈话，稳定情绪。社区矫正工作人员与刘某促膝长谈，了解他的思想动向，稳定他的情绪，安慰并鼓励他勇敢面对生活。

2. 安排暂时住所，解决基本生存问题。社区矫正工作人员为刘某暂时安排了住所，给他置办了基本的生活用品，并从自己的工资中拿200元钱初步解决了刘某的吃饭问题。

在社区矫正工作人员的矫正和帮助下，刘某能够服从管理，遵守纪律，积极参加各项公益活动及教育培训，但是恢复户籍问题是刘某长期以来难以实现的愿望。刘某由于在监狱服刑时间过长，他本人也想不起来自己的户口原来在什么地方，一时之间为刘某落实户籍成为一个难题。

---

〔1〕　案件来源：日照市五莲县司法局。

（二）制定矫正目标

1. 帮助恢复户籍。户籍问题是刘某的一块心病，解决好户籍问题，不仅有利于刘某的社区矫正，更有利于刘某以后的生活。

2. 帮助寻找工作。刘某在监狱服刑期间掌握了铸造技术，能够从事铸造工作。发挥特长尽早就业，不仅是刘某的愿望，更是社区矫正工作人员的目标。

（三）制定矫正计划并实施

1. 多方联系，寻找恢复户籍的途径。矫正工作人员多次到刘某曾经生活工作过的单位调查其档案，找到其入狱时的原始户籍记录，并上报司法局领导协调相关单位解决，最后司法局领导特事特办，把刘某的户口落在了司法局，这种历史性的创新之举，不仅为刘某解决了最大难题，也让司法行政机关在群众中的威信大幅提升。

2. 发挥优势，鼓励积极就业。司法局社区矫正工作人员的帮助使刘某在某铸造厂找到了适合自己的岗位，不仅安排他的就业，同时帮他解决了吃、住问题。刘某在工作中非常认真，凭借着自己的本领，很快获得了单位领导和同事的认可。县司法局领导经常带领社区矫正工作人员看望在该厂工作生活的刘某，了解刘某的工作及生活环境，与企业法人代表进行了座谈、沟通，详细了解刘某工作表现。司法局建议企业一方面加强对刘某监管，另一方面尽最大努力帮助解决刘某生活中的困难，同时要求刘某认真学习技术，放远眼光朝前看，用汗水为社会创造财富，用勤劳实现自己的价值，从而赢得社会的认可。

（四）矫正效果

一年多的时间已经过去，刘某在社区矫正工作人员的帮助下，慢慢回归到普通人的正常生活，他对现在的工作生活环境很满意。目前基本月工资能发 2000 多元，有时一个月甚至发到 3000～4000 元，司法所工作人员还为他介绍了对象，刘某现在生活非常幸福。为了减轻刘某的经济负担，让他安心矫正，司法局领导又克服万难，帮他联系了县里唯一的一处廉租房，每年房租只有 180 元，社区矫正工作人员还和刘某一起对房屋进行简单的装修。目前刘某已经顺利住进了廉租房，开始了新的幸福生活。

三、承办人观点

对生存条件几乎为零的社区服刑人员来说，能帮他们解决一个问题，就推动他们向着正常的生活前进了一步，就使社会的不安定因素少了一个。尽管对刘某的社区矫正工作充满了困难，但是刘某的进步让我们非常欣慰，也更坚定了我们对社区矫正工作的信心。

四、案件评析

司法行政机关应当根据社区服刑人员工作、生活等实际情况，认真贯彻落实有关政策规定，开展帮困扶助工作。社区服刑人员回农村落户的，司法所应当积极协调落户地的村（居）委会予以接收，帮助落实应有的责任田（林）等，同时司法行政机关积极协调人力资源和社会保障部门，将符合就业困难条件的社区服刑人员纳入到就业工作整体规划和就业援助范围，帮助引导就业。本案中的社区服刑人员刘某，社区矫正初期面临着难以生存的困难，是社区矫正工作人员用爱点燃了他生活的希望，社区矫正中期遇到很多困难也是我国社区矫正的政策给他带来了人生的春天。

案例二　　　　矫正教育促转变　学法用法化纠纷[1]

一、基本案情

闫某，男，1970 年 7 月出生，汉族，小学文化，已婚，无业。2008 年 3 月 5 日因犯盗窃罪，被人民法院判处拘役 3 个月，缓刑 6 个月，并处罚金人民币 1000 元。司法所于 2010 年 3 月 20 日将闫某纳入社区矫正，矫正期限自 2010 年 3 月 20 日起至 2010 年 9 月 19 日止。

闫某有一个稳定的小家庭，妻子李某来自菏泽农村，家中有一个 7 岁的儿子，上小学一年级。闫某自非典后在家待业，其家中唯一经济来源是妻子做钟点工获得的微薄收入，现在正在办理最低生活保障。闫某住房困难，与弟弟同住在一间 14 平米大的平房里，用一布帘隔开居住，起居非常不便。闫某小时候在奶奶身边长大，7 岁时回父母身边上学，1988 年在某学院食堂上班，因工资低而辞职，后到多处做临时工。闫某的弟弟在某汽车公司开车，常因日常生活琐事和家庭问题与闫某产生矛盾纠纷。

---

〔1〕　案件来源：临沂市蒙阴县界牌司法所。

二、案件处理与结果

（一）主要问题诊断

1. 法制观念很淡薄。闫某对自己的罪行存在模糊认识，认为自己为生活所迫，偷拿当事人的钱也不算多，况且当事人是自己朋友，出事前一天晚上还在一起喝酒，把钱还了就解决了，没想到会被判刑。经过入矫教育，闫某虽懂得一些法律常识，但是还没有彻底的认罪悔罪。

2. 生活经济压力大。闫某没有正当的工作，家庭的全部开销来源于没有稳定工作的妻子，生活异常艰难，这使得闫某不能安心改造。

3. 兄弟不和，关系淡漠。闫某和弟弟不和，虽然经过屡次教育和引导，但依然关系淡漠，这对于闫某的社区矫正非常不利。

（二）制定矫正目标

1. 化解矫正阻力，营造良好的服刑环境。

（1）深化悔罪意识。帮助分析犯罪的代价，进一步深化闫某的悔罪意识，引导他正确的接受社区矫正。

（2）鼓励积极就业。引导闫某学习一技之长，鼓励他积极就业，帮助他寻找就业机会，减轻他的经济负担。

（3）化解兄弟矛盾。调解闫某与弟弟之间的矛盾，化解积怨，为闫某营造良好的服刑环境。

2. 学法懂法，从内心敬畏法律。

（1）尊重法律。教育闫某学会尊重法律，自觉遵守法律规定，增强法律意识。

（2）敬畏法律。教育闫某在行为上自我约束，对法律心存敬畏，养成运用法律来解决纠纷的思维习惯。

（三）制定计划并实施

1. 加强法律知识教育，促使闫某认罪服法。社区矫正工作人员结合闫某的犯罪事实，精选《刑法》和《刑事诉讼法》等有关条款规定，进行了耐心细致的讲解，使他在承认犯罪事实、服从法院判决，认罪悔罪的基础上，自觉接受社区矫正，服从监督管理。

2. 调动帮教小组的积极性，形成立体式的帮教网。充分调动帮教小组中闫某的家人、社区民警和社区主任的积极性，落实各项帮教制度，形成有效的监控网络，确保了社区矫正制度的有效实施。

3. 积极协调，帮困扶助。司法所会同街道有关部门按照有关规定为闫某办理最低生活保障金。同时，矫正组织帮助他寻找就业渠道，为闫某尽快解决就业问题，从根本上解决生活困难的现状。

（四）矫正效果

1. 学法用法，遇事冷静。2010 年 5 月 4 日上午 8 时许，闫某妻子李某因洗漱用水问题与闫某弟弟的女友发生纠纷，闫某弟弟得知此事后，来到李某面前，气势汹汹地对李某进行辱骂、殴打，将李某打伤。李某的嘴部缝合六针，头部、眼部多处血肿，闫某因劝架身上多处被打血肿，但闫某想到自己的身份是一名社区服刑人员，是一名被法律宽大处理的社区服刑人员时，他没有冲动，而是理性处理家庭矛盾，劝说妻子耐心克制，并向社区民警报告，通过合法渠道处理。最终弟弟赔礼道歉，赔偿医药费 1000 元，事件得到了圆满解决。这表明闫某作为社区服刑人员，有一定的在刑意识和法制观念，能够理智地处理家庭冲突，此事件再次证明前期矫正措施的有效性。

2. 积极参加学习，提高文化水平。社区矫正使得闫某思想和行为有了较大转变，他在社区矫正工作人员的鼓励下，主动到社区借阅报纸杂志，从而加强自身学习。

三、承办人观点

通过前期的努力，闫某的社区矫正取得了阶段性效果。但仍需要继续努力：

1. 建立和睦的家庭关系，创建良好的改造环境。闫某与弟弟关系还要进一步调解，为闫某创造一个良好的生活环境，避免发生再犯罪的诱因。

2. 加强前途教育，帮助自立自强。继续跟进就业指导教育，使闫某转变择业观念，使其尽快就业，解决自立问题。

闫某的转变，给我们以下两点启示：

第一，认罪服法教育是实施社区矫正工作的重要环节。闫某虽然犯罪不重，但文化程度较低，法律意识非常薄弱。开始的时候，他对自己的行为还没有正确的认识，认为这不是犯罪。因此，在介入矫正时，一项十分重要的工作便是对他进行法制教育，让他分清是非曲直，清楚哪些是犯罪行为、哪些不是犯罪行为。

第二，"助人自助"是矫正工作的指导理念。闫某文化水平较低，缺乏一定的劳动技能，要使他找到一份合适的工作，重新回归社会的确有很大难度。社区矫正工作人员不仅要在困难时期帮助他，更要教会他自己如何去独立，如何应对以后的生活。因为只有他自己的生活能力增强了，才能真正独立起来，通过自身的判断和能力来解决今后生活道路上可能遇到的困难。

四、案件评析

加强法律常识教育是社区矫正的一项非常重要的常规教育内容。司法行政机关通过举办法律培训班、法治讲座、发放法律宣传册、现身说法，增强社区服刑人员的法律意识和法治观念，促使社区服刑人员自觉学法、知法、守法、用法。本案中的社区服刑人员闫某从入矫矫正初期的法律意识淡薄，到后来能够利用法律维护自己的合法权益，这是一个质的飞跃，也充分说明了社区矫正法律常识教育取得了实效。同时，对社区服刑人员开展法律常识教育也是预防犯罪的重要举措。

案例三　不知悔改教育无效终受罚　惩罚威慑规范言行促悔罪[1]

一、基本案情

孙某，男，1991年1月出生，汉族。2016年3月，因犯交通肇事罪被人民法院判处有期徒刑1年，缓刑1年。2016年3月28日，孙某到司法所报到，接受社区矫正，矫正期自2016年3月26日至2017年3月25日。

二、案件处理与结果

（一）主要问题诊断

1. 思想认识方面：法律意识比较淡薄。入矫教育期间，孙某对司法所的监管有很大的对立情绪，非常不配合。经过入矫教育，孙某对社区矫正有一定的理解，但仍然认为自己被判缓刑没进监狱就不算是罪犯，一直坚称自己是无罪的，是倒霉的。

---

〔1〕　案件来源：临沂市兰山区兰山司法所。

2. 家庭管理方面：家庭的教育监督出现缺位。在入矫教育阶段，司法所虽然与矫正小组签订了矫正责任书，其中明确了社区服刑人员家属的责任和义务，但是作为矫正小组成员的家属却依然没有对孙某进行有效监督。司法所社区矫正工作人员调查发现，孙某的父母平常忙于生意，无暇顾及对孙某的监管。孙某性格又自卑又暴躁，根本不听别人劝说，他对妻子的劝说轻则不理睬、充当耳旁风，重则对妻子又打又骂。

3. 社会交往方面：人际交往不良。孙某初中就辍学，踏入社会早，沾染了不良习气。抵制不良的影响，加强监管是社区矫正中期的重要工作。

（二）制定矫正目标

1. 端正服刑态度，严格遵守矫正制度。司法所社区矫正工作人员加强对孙某的监督和管理，确保不脱管、不漏管，杜绝重新犯罪。

2. 积极改过自新，彻底认罪悔罪。通过法制教育、公益劳动和思想教育等矫正措施，促使孙某认识到自己的犯罪事实和对社会的危害，引导孙某悔过自新，改正错误，遵纪守法，回报社会。

3. 正确认识过去，重新把握未来。司法所社区矫正工作人员教育孙某积极面对现实，树立正确的人生观、价值观和世界观，引导他扬起新的生活的风帆。

（三）制定计划并实施

针对孙某对社区矫正认识不够充分，法律意识比较淡薄的现状，司法所社区矫正工作人员对孙某开展了有针对性的教育：

1. 管理好矫正小组，落实好责任。尽管在入矫教育阶段，已经成立了矫正小组，但是其没有起到应有的作用，在矫正中期，司法所重新强调了小组成员，明确了小组成员协助司法所对社区服刑人员进行监督和教育、督促社区服刑人员参加学习及社区服务、定期向司法所反映服刑人员遵纪守法和工作学习的义务和责任，落实了矫正小组成员定期对孙某进行谈话、家庭走访和监督报告制度。要求家属及时贴近孙某，了解和掌握他的思想动态和矫正情况，监督孙某按时报到、按规定参加教育和劳动。

2. 进行风险评估，注重心理疏导。通过艾森克软件测试，进行风险评估，显示孙某性格比较偏激，冲动易怒，不服管，存在抵触情绪，司法所社区矫正工作人员综合评判确定孙某管理等级，同时配备了专门的心理咨询师，有针对性地对他进行心理疏导，帮他找出此次犯罪的根本原因，要求他端正矫正态度。为帮助孙某走出犯罪的心理阴影，重新树立人生目标，重拾信心，司法所社区矫正工作人员从他的家庭入手，为他创造良好的矫正氛围。首先，与孙某的妻子取得联系，让她帮助司法所社区矫正工作人员积极开导孙某，引导他早日化解心结；其次，司法所社区矫正工作人员走访了孙某的父母，对他的父母动之以情、晓之以理，极力劝说，从而争取了父母对孙某的理解与关怀。

3. 加强法治教育，纠正错误认知。司法所每月组织孙某学习有关法律、法规，增强他的法治观念，让他意识到学法、知法、守法的重要性，端正矫正态度，增强对所犯罪行的认识。例如，由于孙某不懂自己所犯罪行的判决结果"有期徒刑1年缓刑1年"的涵义，司法所社区矫正工作人员就耐心的给他讲解有关法律规定，使他逐渐懂得判缓刑也是刑事处罚的一种方式，也要接受矫正。如果缓刑考验期间表现好，认真接受社区矫正，期满解矫后有期徒刑就不再执行，否则将面临撤销缓刑被收监执行的后果，让他明确认识到自己是一个罪犯，是实施了犯罪行为，给他人、家庭和社会造成了危害，让他懂得社区矫正不等于无罪，同时使他明白社区矫正是通过对他的教育矫正，最终使他成为合法公民。

4. 与科技手段相结合，实现人性化管理。在对孙某进行社区矫正期间，司法所主要采取一人一档的管理方法和实行周报道、月学习的制度，每月组织社区服刑人员集中教育学习，实行电子监控管理，采用GPS手机定位，实行每月小结，学习笔记，电话汇报，人脸识别考勤等方法。利用社区矫正信息管理系统平台（手机定位），实行24小时定位动态监管。采取宽严相济和分级处理的管理措施，在入矫时确定孙某的严管等级，每周通过刷脸考勤的方法到司法所报道并向工作人员汇报一周的活动情况和思想动态，服从监管，认真悔罪，按时在规定时间报道，表现积极的可以适度放宽至两周报道一次。以此激励孙某重树信心，端正接受矫正的态度，消除自卑心理。通过谈话交流、走访、心理测试等各项具体措施对孙某进行观察分析和沟通交流。

5. 参加公益劳动，提高社会责任感。每月组织一次公益劳动，让孙某通过公益劳动增强了他的劳动观念、社会公德意识和社会责任感。同时，促进孙某自觉改变不良的心理和行为，鼓舞他顺利地回归社会。

6. 实时动态跟踪，教育无效及时惩处。在孙某入矫教育阶段，司法所社区矫正工作人员通过社区矫正信息管理系统平台监测到孙某未经请假批准，私自外出去广东，司法所社区矫正工作人员立即电话联系孙某，告知其立即返回住所，并再次告知他违法后果，在取证后立即向司法局提请了警告申请。对孙某实施警告处罚后，司法所社区矫正工作人员立即与孙某进行谈话，并重新强调了服刑期间需要遵守的各项管理规定。孙某不以为然，仍我行我素，且不按时到司法所报道，工作人员电话通知要求报到，他也不当回事，直至定位手机长时间停机，孙某在收到两次书面警告的情况下，经多次教育仍不改正，且态度恶劣。工作人员依法对他提起治安管理处罚建议书，后经公安分局决定对孙某进行行政拘留5日，罚款200元。

7. 调整矫正方案，落实分级管理。经过公安机关治安处罚后，工作人员又对孙某重新做了危险评估，及时调整了矫正方案，把管理等级调整为严管级别，每周到司法所报道一次，工作人员和孙某谈话，并听取孙某汇报思想，及时纠正他的思想认知偏差。

（四）矫正效果

1. 孙某在行动上能够严格要求自己遵守社区矫正。孙某受到公安机关的行政处罚后，已经感受到了法律的威慑力和严肃性。通过学习教育，孙某深刻认识到自己的错误，决心认真遵守社区矫正制度。

2. 孙某在思想上发生了很大的转变。在司法所社区矫正工作人员多次与孙某开展心与心的交流后，孙某已经对自己的罪行有了实质性的认识，改正了以前的错误思想，正确认识了社区矫正的意义，深深体会到司法所对自己的关怀和爱护是真心实意的，表示将下决心好好改造，重建生活和工作的信心。

三、承办人观点

虽然我们尽全力对本案中的社区服刑人员进行矫正教育，但是教育的效果仍然不尽人意。社区矫正是一个严肃的执法过程，仅靠社区矫正工作人员的一腔热情进行说服教育是不够的。对社区服刑人员的违法行为及时发出警告后仍不见改正，那么对他进行必要的惩罚，是彰显执法严肃性的必然要求。加强社区矫正工作的监督管理，不仅仅表现在每月一次电话和思想汇报上，还需要更为完善的处罚措施和更为健全的管理制度。

四、案件评析

依法矫正，严格执行刑罚。社区矫正是在开放的社区中执行刑罚，社区服刑人员尽管受到执行机关的监督管理，但仍享有相当程度的人身自由，无论主观因素使然，还是受客观环境影响，都有可能实施违法行为，甚至再次犯罪危害社会安全。对违反监督管理规定的社区服刑人员依法给予必要的处罚，对重新违法犯罪的社区服刑人员及时依法处理直至收监执行，是刑罚执行强制性、严肃性的体现。

充分利用现代科技手段，提高监管的可靠性和有效性。目前仍有不少司法所工作人员少，社区服刑人员多，定位跟踪难，矫正档案记载难，数据报表统计难等难题。社区矫正组织往往不能及时有效地对社区服刑人员形成监管，采用现代科技手段，可以大幅度地提高监管的有效性。在本案中通过手机定位和刷脸考勤等信息化技术为随时定位和监管社区服刑人员提供了技术支持。

社区矫正的过程是一个不断变化，需要及时调整的过程。在社区矫正的整个过程中要对社区服刑人员进行动态跟踪，监管教育要根据情况及时调整。在本案中的社区服刑人员孙某的矫正过程中，处处都有社区矫正工作人员努力的身影，在入矫初期和矫正中期分别对其进行危险评估，及时调整监管等级，完善矫正计划，改变矫正思路。唯有这样才能真正掌握社区服刑人员的真实情况，进行有效的监管改造，提高社区矫正的质量。

第三节 解矫矫正案例

案例一 矫正关爱暖人心 重拾信心获新生[1]

一、基本案情

陈某，男，1979 年 7 月出生，汉族，大专文化，已婚。2006 年至 2007 年 11 月份，陈某冒充现役军人，以帮助别人上军校、当兵为由，诈骗作案 3 起，骗得现金 96 000 元。2009 年 1 月 22 日被人民法院判处有期徒刑 3 年，缓刑 4 年。

陈某原来在军队服兵役，退伍后在一家企业担任办公室主任，父亲为退休工人，妻子孔某勤劳持家。陈某原本家庭条件不错，生活舒适体面，但是在他儿子降生之后家庭发生改变。陈某的儿子出生后不久，被诊断患有自闭症，陈某夫妻随后到处求医问药，先后去济南、北京等各大城市的医院诊治，效果一直不太明显，治疗费用掏空了整个家庭的积蓄。面对不能预知的高额医疗费用，陈某动起

---

〔1〕 案件来源：济宁市曲阜市吴村司法所。

了歪心思，走上了犯罪之路。在陈某被判刑之后，妻子迫于生活压力和不能面对陈某成为罪犯的事实，离开家庭，从此便杳无音信。

二、案件处理与结果

（一）主要问题诊断

1. 前期矫正表现：心理压力较大，对矫正有抵触情绪。陈某在被判刑之后，从办公室主任沦落为罪犯，心理落差较大，自认为低人一等，存在自卑心理；再加上妻子离开家庭，从心灵上得不到亲人的关怀与宽慰，还需要照顾年老体弱的父母和患病的儿子。这一切都让陈某很失落，对生活失去信心。在这一背景下，陈某对社区矫正有很大的抵触情绪，抱着破罐子破摔的心态，不积极参加社区矫正活动。

2. 存在问题分析：生活压力巨大，法律意识淡薄。社区矫正工作人员了解了陈某的情况后，进行了分析，认为陈某大专毕业，文化水平较高，对于法律知识并非毫不知晓，才会走上犯罪的道路，主要是出于以下原因：家庭情况特殊，在巨大的经济压力下，他的人生观和价值观发生了偏移，铤而走险，妄想不劳而获，用不义之财来缓解经济困难；法律意识淡薄，没有充分认识到自己的行为所造成后果的严重性和违法性，并且存在侥幸心理；被判刑后，整个生活环境出现巨变，陈某心理落差大，生活失去目标，得过且过。

（二）制定矫正目标

1. 加强法律常识教育，让陈某学法、知法、守法、用法；
2. 开展帮困扶助活动，帮助陈某减轻生活压力；
3. 开展有效的技能培训，鼓励掌握一技之长，帮助寻找就业机会；
4. 发挥家庭的监管教育作用，营造良好的服刑环境。

（三）制定计划并实施

1. 及时调整矫正方案。在陈某入矫之后，司法所社区矫正工作人员已经制定了矫正方案，但随着社区矫正工作的深入，发现了新的问题，要及时调整矫正方案。司法所对陈某进行心理测试，调整矫正措施，重新明确了由司法所所长领导的社区矫正工作小组的职责，强调了家属担任协助监督管理人的意义，明确了家属发挥协助监督管理的矫正策略。

2. 落实各项教育工作。依据《社区矫正实施办法》规定，结合陈某的实际情况，要求陈某每月定期到司法所报到，并进行思想汇报，时刻了解他的思想动态。同时，定期开展公共道德、法律常识和心理健康教育学习活动和公益劳动活动，增强他的法治观念、道德素质和自力更生的意识，特别是针对陈某意志消沉的特点，对他进行心理疏导，帮助他消除不良情绪，引导他树立正确的人生观、价值观和金钱观。通过集中教育和个别教育学习等活动，陈某对自己以往的行为有了正确的认识，真正达到悔罪认罪，改过自新的目的。同时陈某也开始重新树立生活目标，顺利实现了就业。

3. 双管齐下全力帮扶，解决实际问题。一个良好的家庭环境与氛围对于帮助社区服刑人员悔过自新，重新回归社会具有很重要的作用。陈某妻子孔某的离家出走对于陈某来说无疑是一个沉重的打击，如果长期下去，陈某可能很容易再次走上犯罪道路。陈某的妻子孔某也是本镇村民，司法所社区矫正工作人员在得知这一消息的情况下，主动到孔某家进行走访，但是据孔某父亲说孔某已外出打工，联系不上。后经多次走访孔某父亲，其才将孔某的电话告诉社区矫正工作人员，并与孔某取得联系，在社区矫正工作人员的苦口婆心的劝导下，孔某同意回家与陈某团聚。

（四）矫正效果

通过一段时间的社区矫正，在社区矫正工作人员的努力和社区服刑人员陈某的配合下，社区矫正收到了比较明显的效果。

1. 陈某对社区矫正工作的态度发生了很大变化。入矫矫正初期，陈某对社区矫正充满了抵触，当他看到社区矫正工作人员为他所做的一切时，逐渐认识到社区矫正并非仅仅为了管理他，更是为了帮助他、挽救他。后来陈某能够自觉参加社区矫正活动，遵守社区矫正管理规定，服从社区矫正工作人员的管理，对自己所犯错误也有了深刻的认识。

2. 陈某的生活、工作和心理状态逐步稳定了下来，重树了生活信心。陈某的妻子在社区矫正工作人员的劝导下返回家庭，积极配合司法部门做好陈某的社区矫正协助工作。陈某对生活不再消极，而是积极就业，同时也明白了君子爱财，取之有道的道理，也用辛勤的劳动改善了自己的生活。

现在，陈某已到期解矫，2013 年春节过后与妻子孔某前往北京打工，攒钱为儿子治病。陈某面对生活中的困难，不再怨天尤人，而是用合理合法的方式解决。陈某以更加积极的姿态面对生活，同时也得到了家庭和社会的认可。

三、承办人观点

在社区矫正工作中，对所有社区服刑人员不能进行一味的"程式化"管理，每个社区服刑人员都有自己的个性，我们要针对他们不同的个性，制定不同的社区服刑方案和管理措施。对于陈某这类意志消沉、不思进取的社区矫正人员，要求社区矫正工作人员多与他进行心灵的沟通和交流，掌握他的心理动态，通过心理理疗的方法化解他们的冷漠，点燃他重新生活的火焰。同时还要关心社区服刑人员的生活，急其所急，为其着想，帮助他们解决生活当中遇到的难题，让他们体味到社区矫正工作所带来的温馨。只有这样才能真正把社区服刑人员融入社区矫正工作中去，才能真正使社区矫正工作变得有血有肉，才能真正让社区服刑人员脱胎换骨，焕发新生。

四、案件评析

进一步健全和落实社区服刑人员"无缝对接"制度，规范帮困扶助工作机制，促进服刑人员顺利回归社会，进一步加大与相关部门的沟通协调力度，建立对社区服刑人员的常态帮扶工作机制，力争将符合最低生活保障条件的矫正对象全部纳入最低生活保障范围，为有需求的矫正对象提供免费技能培训和就业指导，提高其就业谋生能力，为维护当地社会和谐稳定做出了积极贡献。

本案的社区矫正工作遇到了很多的阻力，既包括社区服刑人员自身的不配合、家庭情况特殊，矫正环境不理想，又包括法律意识淡薄等。社区矫正工作人员从心理和生活两个方面着手展开工作，用耐心、爱心和细心的帮助和教育，切实帮助社区服刑人员解决实际困难，真正做到"安其身，暖其心；帮其忙，归其本"，叩开矫正人员封闭的心灵大门，构筑心灵家园，开始美好的人生，这样也有效地预防和减少重复犯罪，维护社会的和谐稳定。

案例二　　　　　悉心教育引导　成就创业梦想[1]

一、基本案情

祝某，男，1980 年 1 月出生，汉族，初中文化，农民。2013 年 5 月 10 日 16

---

〔1〕 案件来源：德州市武城县广运司法所。

时 10 分许，祝某驾驶无牌拼装自卸翻斗车，沿老城镇某村公路，由西北向东南行驶至事故地点时，与驾乘电动自行车自西向东行驶的被害人王某相刮擦，王某被自卸翻斗车的右后轮碾扎，致使其受伤，在被送往医院途中不幸死亡。事故发生后，祝某随即报警，拨打 120 急救电话并对伤者进行救助，后在亲属劝解和陪同下投案。德州市公安局交通警察支队某大队认定祝某承担事故的全部责任。后经人民法院判决，祝某犯交通肇事罪，判处有期徒刑 2 年，缓刑 3 年。

二、案件处理与结果

（一）主要问题诊断

1. 前期矫正表现：能够较为自觉的遵守矫正制度。纳入社区矫正以后，祝某对于社区矫正的各项规定不理解，感觉处处受到约束。在司法所社区矫正工作人员多次详细分析社区矫正的法律规定和行为要求后，祝某真正明白了社区矫正的刑罚执行方式和价值，也能够较为自觉地遵守社区矫正的各项规定，按期参加社区矫正的各项活动，积极汇报自己的思想。

2. 存在问题分析：内心自卑，前途迷茫。入矫教育阶段，祝某的思想负担过重，是因为对社区矫正的防御戒备心理。而在社区矫正的中后期，祝某的思想压力过大，主要是为自己年纪不小，仍然一事无成，感到非常郁闷。罪犯的名声，让他更加自卑，对人生何去何从，深感迷茫。

（二）制定矫正目标

在社区矫正中后期，祝某的思想负担过重，司法所社区矫正工作人员热情地劝导他，耐心为他讲解社区矫正的解除制度，鼓励他努力奋进为时不晚，引导他用发展的眼光正确地看待自己的人生，帮助他消除对生活的迷茫。经过司法所社区矫正工作人员实地调研，共同为祝某制定了科学的矫正目标，具体如下：

1. 心理压力得到一定的缓解，彻底摆脱心理阴影；

2. 自觉学习法律常识，彻底认罪悔罪，主动学法、守法、懂法；

3. 全面了解时事政策，结合自身特长合理谋求自我发展。

（三）制定计划并实施

1. 实施心理健康教育。社区矫正工作人员借助一些典型的社区矫正案例对祝某进行开导，帮助他消除负面情绪。同时，根据祝某的家庭实际情况，动员他的家庭成员，发挥亲情教育的积极作用，对他进行感化，鼓励他振作精神，重新做人。

2. 加强法律常识学习。司法所社区矫正工作人员利用集中教育和个别教育的机会，对祝某进行基础法律常识培训，针对他的实际情况，将一些学习材料留给他自学，并不定时回访，监督他法律常识学习的进展。通过对法律常识的学习，祝某充分认识到自己行为的危害，并表示以后要学法、知法、遵法、守法。

3. 帮助重新融入社会。司法所社区矫正工作人员考虑到祝某有过经营餐饮业的经历，鼓励他发挥优势，自主创业。在社区矫正工作人员的帮助下，祝某在繁华街道边租用了两间门市，做起了餐馆的生意，获得了新的发展机会。

4. 切实防范重新犯罪。司法所社区矫正工作人员在对祝某开展常规教育的同时，持续的对他进行矫正效果的评估，及时调整矫正方案，努力把社区服刑人员改造成为守法公民作为最终目标，切实预防和减少重新犯罪的可能性。

（四）矫正效果

自祝某被纳入社区矫正以来，他遵纪守法，积极配合社区矫正工作人员工作，认真接受思想教育，思想觉悟明显提高。在接受社区矫正过程中，他的法律常识明显增加，逐步拾回了信心，树立了重新做人的勇气，重新扬起了生活的风帆。

三、承办人观点

对于祝某的社区矫正，我们实行人性化管理。及时并充分掌握祝某存在的问题，充分利用积极因素，坚持以人为本，以情感人的原则，发挥亲情教育的积极作用，尽可能为他排忧解难，充分利用一切可利用资源，帮助解决困难，鼓励自主创业，引导他适应社会。

四、案件评析

本案中对社区服刑人员的监管教育措施比较全面。在监管教育内容方面，既有心理辅导，又有法律教育，还有职业教育和激励教育。在社区矫正的解除阶段，不仅要充分考虑到社区矫正工作的顺利进行，还要兼顾到社区服刑人员的顺利回归。善于运用灵活多变的方法能够从不同的教育内容出发对社区服刑人员进行监管教育，因人施教，这是每一名社区矫正工作人员都值得思考的问题。

本案在解除社区矫正之前，司法所社区矫正工作人员结合社区服刑人员祝某的特长，鼓励他自主创业，为祝某在创业的初期提供重要的支持。司法所社区矫正工作人员的辛苦付出，不仅成就了祝某的事业，更着眼于预防重新犯罪。

案例三　　　教育引导发挥特长　成功创业守法经营[1]

一、基本案情

王某，男，1968 年 1 月出生，汉族，小学文化，已婚，育有一女，2012 年因犯非法经营罪，被人民法院判处有期徒刑 2 年，缓刑 3 年。

王某出生在农村，父母、妻子均为农民。他辍学后务农，后经营店面，因文化程度较低，不了解法律法规相关政策，导致获罪判刑。

二、案件处理与结果

（一）主要问题诊断

1. 前期矫正表现：能够自觉遵守社区矫正制度，安心改造。王某被判刑后，主动到司法所报到，接受社区矫正，服从管理，遵守纪律，期间未发生违法行为，积极参加公益劳动和教育培训。王某被判刑后，思想负担很重，对生活失去信心，对能否被社会重新接纳感到困惑。在司法所社区矫正工作人员的教育引导下，王某已经放下顾虑，能够安心改造了。

2. 存在问题分析：经济负担重，想创业，困难重重。主要表现在：一方面，王某在接受社区矫正后，并没有参加工作，家庭暂时没有稳定的收入，经济负担较重；另一方面，王某想创业，但担心自己因犯罪名誉受损，无法取得群众信任，同时也为没有启动资金发愁。

（二）制定矫正目标

针对社区矫正中后期，王某的现实问题，司法所社区矫正工作人员实地调研，多方联系，共同商讨，为祝某制定了科学地矫正目标，具体如下：

1. 顺利完成社区矫正，尽早回归社会；

2. 自觉揭掉罪犯标签，消除心理顾虑；

---

〔1〕 案件来源：德州市齐河县胡官屯司法所。

3. 积极寻找就业机会，缓解经济压力。

（二）制定计划并实施

1. 要求继续严格遵守制度，鼓励顺利回归社会。司法所社区矫正工作人员及时表扬王某在社区矫正中能够严格要求自己自觉遵守制度，鼓励他再接再厉，继续走好后面的矫正之路，争取早日回归社会。

2. 教育引导揭掉犯罪标签，帮助消除心理顾虑。司法所社区矫正工作人员耐心讲解我国社区矫正制度的目的和意义，引导王某放下心理包袱，鼓励他勇于揭掉心中的罪犯标签，要求他做一个守法公民。

3. 帮助寻找政策支持，鼓励重新创业。司法所社区矫正工作人员了解到王某的生活现状，以及对创业的极大热情后，认为王某已懂得了一定的法律知识，且生活态度积极，应激励他充分发挥才智，自主创业，守法经营，自力更生。在选择创业项目上，司法所社区矫正工作人员和王某一起探讨，认为王某早期涉足过餐饮行业，对餐饮行业比较熟悉，易于成功，而且餐饮业起点不高，容易操作，在短时间内可以获得收益，这能够帮助王某走出经济困境。司法所社区矫正工作人员积极与税务、工商等有关部门沟通协调，为王某的创业提供政策保障。王某积极筹措资金，开了一家小餐馆，并主动在开业第一天向司法所工作人员表示，一定会守法经营，不管生意多忙，也会积极接受社区矫正培训，定期做思想汇报。

4. 解除矫正，顺利回归。在王某的社区矫正期满前，司法所根据王某在矫正期间的表现、考核结果和社区意见等情况做出书面鉴定，并告知他有关安置帮教的政策，并对下一步的安置帮教提出建议。

（四）矫正效果

王某在接受社区矫正以来，服从管理，遵纪守法，积极参加公益劳动，认真接受思想教育，他的思想觉悟明显提高；王某认真学习法律常识，努力学法、懂法、守法；王某逐步拾回了信心，树立了重新做人的勇气，积极面对生活，发挥特长，克服困难积极创业。

王某不仅将自己的餐馆做得有声有色，而且积极接纳其他社区服刑人员到他的餐馆就业。王某作为社区服刑人员，不仅自己积极矫正，而且他还常常鼓励其他社区服刑人员服从管理，积极改造，起到了良好的示范作用，带领其他社区服刑人员一起顺利回归社会。

三、承办人观点

（一）尊重社区服刑人员，平等对待，不存歧视

社区服刑人员虽然是违法犯罪人员，但很多人犯罪系一时冲动，且他们自尊心极强，一部分人主观恶性不大，在犯罪后都有悔过心理，愿意接受社会的改造，我们要尊重社区服刑人员，平等对待，不能心存歧视。

（二）社区矫正的终极目标，即将罪犯改造成守法公民

我们应通过大量的典型事例和法制宣传，以教育为基础，以引导为手段，以转变为目标，将法制教育、思想教育和心理教育相结合，探索因人而异的新路子、新方法，使社区服刑人员树立正确的人生观、世界观、价值观，早日回归社会，成为守法公民，成为自由人。

四、案件评析

解除矫正是社区矫正工作的最后一个程序，具有重要的法律意义。它标志着社区服刑人员身份的变化，他们将成为普通公民，依法行使公民权利不再受到限制，也意味着社区矫正工作人员对他们进行的管理和控制工作的结束。在解除矫正的工作中，司法所社区矫正工作人员要与安置帮教部门提前沟通，及时将相关材料，妥善做好交接，努力实现社区矫正与安置帮教的无缝对接。

社区服刑人员是罪犯，但同时也是需要社会给予特殊关爱的对象，对社区服刑人员开展帮困扶助，是为了帮助他们更好的融入社会。社区矫正中的"帮困扶助"是对社区服刑人员在监督管理、教育矫正基础上的社会适应性帮助。本案中对社区服刑人员王某采用以人为本，因势利导的教育方法，用真情去化解王某的心理阴霾，帮助他落实政策，引导他积极创业，努力帮助他重新融入社会、适应社会，促进了社会的和谐与稳定。

第 二 章

分类矫正案例

第一节 未成年犯社区矫正案例

案例一 心生邪念酿罪过 矫正教育求新生[1]

一、基本案情

李某，男，1996年10月出生，汉族，初中文化。2013年1月19日凌晨1时许，李某在网吧上网时偶遇初中校友李某某（女，14周岁），遂提出约会，被李某某拒绝。当日15时许，李某再次约李某某见面，李某强行将李某某拉至毛坯房内，使用暴力手段将其奸污。李某因犯强奸罪于2013年7月11日被人民法院判处有期徒刑3年，缓刑4年。

二、案件处理与结果

（一）主要问题诊断

1. 家庭因素。李某的父亲和母亲感情较好，为人忠厚老实，无违法行为记录。父亲开车拉货，母亲在家务农，家庭经济条件一般，他从小比较听话老实，邻居对他的评价较好，邻里关系良好。李某案发前刚从中学辍学。

李某上学期间，面对父母的管教经常反抗，父母对李某的教育也无能为力。李某从中学辍学后便外出打工，很少与家人见面，父母也很少与李某联系，自然无法对他实施管教。李某性格比较内向，原本就不善于与父母沟通。犯罪之后，他更不想与家人交谈。

2. 自身因素。李某处于生长发育和世界观、人生观形成阶段，思想认识上

---

〔1〕 案件来源：枣庄市峄城区吴林司法所。

渐趋成熟，敏感好奇，喜欢模仿，涉世不深，易冲动，缺乏理智，自我约束能力不强，法制观念淡薄，缺乏辨别是非的能力。一旦受到来自外界不良思想和社会丑恶现象的影响，容易在理想、信念上产生动摇，为了图一时满足，盲目冲动，不计后果，很容易导致其走上违法犯罪的道路。李某被判刑后，罪犯的标签压抑在他的心中，使他难以释怀，他害怕自己的罪行被别人知道，担心被同伴们耻笑，平时他只愿待在家，不愿出门，也不敢和外人交往。

（二）制定矫正目标

结合李某的具体情况，司法所社区矫正工作人员认真研究，为他制定了合理的矫正目标，具体如下：

1. 能够认罪悔罪，自觉接受社区矫正；
2. 放下心理包袱，积极寻找人生新目标；
3. 坚持主动学习，积极寻找就业机会；
4. 勇敢迈出家门，初步尝试融入社会；
5. 能够学法懂法，争做合格守法公民。

（三）制定计划并实施

1. 定期走访，调整策略。司法所社区矫正工作人员定期走访李某和他的家属，了解李某的近期情况，根据李某的具体情况，随时调整有针对性的矫正方法。鉴于李某系未成年人，心理和生理都不成熟，经过风险评估，司法所把李某作为重点监管对象，标记为黄色，实行重点管理。每逢过年、过节和李某过生日，司法所社区矫正工作人员都会对李某进行看望、关心，让他明白司法所对其是真心提供帮助。

2. 积极引导，帮助解决就业难题。失足青年在接受矫正中，最困难的就是就业难的问题，大多数单位都不愿意接纳这类人群，导致他们对就业失去信心。在司法所社区矫正工作人员的鼓励下，李某表达了学挖掘机驾驶技术的想法。通过司法所社区矫正工作人员的努力协调，李某终于能够在技校学习驾驶挖掘机技术。从此，李某有了生活目标，他的思想稳定了，心情也好多了。

3. 参加公益劳动，积极融入社会。李某性格内向，司法所安排李某参加公益劳动和各种集体活动，创造各种机会鼓励他与他人接触，减轻他与别人相处的戒心，引导他能够以正常人健康的心态融入社会。在司法所及各方力量的不懈努力下，李某悔过自新，不断接受管理和教育，愿意回归社会，做守法公民。

4. 推荐法律书籍，熟悉法律法规。李某认识到法律意识淡薄是自己走向犯罪的重要原因，因此，他积极学习法律知识，主动要求社区矫正工作人员推荐一些法律书籍，主动用已学的法律知识解决现实问题，遇到自己不懂的地方及时请教司法所工作人员。

（四）矫正效果

经过司法所社区矫正工作人员的努力和李某家人的帮助，李某能够自觉遵守社区矫正的规章制度，积极学法，自觉守法。李某现在比以前开朗了，而且已经掌握了一定的挖掘机驾驶技术，这使李某对未来生活充满信心。

三、承办人观点

失足青少年，尤其是那些受过刑事处罚的未成年人，在被判刑后，对他们今后的生活和心理上造成了极大的负担，同时也给矫正和帮扶工作带来了极大的困难。我们组织矫正工作人员对症下药，对于这类群体给予特殊的关心和帮助，进行思想上的疏导，尽可能提供就业岗位使他们能够得到就业，让他们生活有保障，心理无压力。

四、案件评析

这是一个关于未成年人社区矫正的案例。我国对未成年犯罪的教育改造历来贯彻教育、感化、挽救的工作方针，坚持教育为主，惩罚为辅的工作理念。加强对未成年社区服刑人员的教育改造、帮困扶助，促使其顺利融入社会，已经成为社会各界的共识，得到了政府和社会的高度重视。

落实网吧管理制度，严格监督管理。《互联网上网服务营业场所管理条例》第 21 条规定："互联网上网服务营业场所经营单位不得接纳未成年人进入营业场所。互联网上网服务营业场所经营单位应当在营业场所入口处的显著位置悬挂未成年人禁入标志。"本案中的社区服刑人员李某在凌晨 1 时许，仍然在网吧上网，很显然网吧没有严格落实管理制度，相关职能部门也没有进行严格的监督管理。

加强乡村文化建设，进一步丰富农村未成年人的文化娱乐生活。当前农村大多数未成年人活动场所匮乏、课外文化生活单调、"留守儿童"失管失教等问题突出。因地制宜，结合实际，利用学校、村委会等空闲房子，建立未成年人活动场地，组织开展文体、科技和各类道德体验的工作载体。建立乡村少年宫，为乡村青少年搭建起学习、休闲、娱乐的场所和平台，让农村孩子和城里孩子一样，享受到丰富多彩、形式多样、寓教于乐的课余教育特色体验活动，丰富他们的课外精神文化生活。

案例二 家庭教育缺失下的罪过 社区矫正滋润下的成长[1]

一、基本案情

马某，男，1992年出生，汉族，初中文化，未婚。2009年因犯抢劫罪被人民法院判处有期徒刑3年，缓期4年。矫正期限自2009年5月1日至2013年5月1日。

马某的父亲去世，母亲改嫁，他是家中的长子，还有一个妹妹。马某从小由爷爷奶奶抚养，爷爷奶奶对他非常宠爱。但由于年龄相差较大，很多事情爷爷奶奶无法与他进行有效交流。马某在学校结交了一群"兄弟"，注重兄弟感情。马某为人沉稳，性格较强势。缓刑期间，他待业在家。

二、案件处理与结果

（一）主要问题诊断

1. 法律意识比较淡薄，做事不计后果。在司法所社区矫正工作人员与马某的几次交谈中，发现他对法律知识的掌握非常有限，他认为自己的犯罪主要是因为自己行事过于着急，他对自己犯罪后果的严重性和违法性，没有足够的认识。

2. 对于自身期望较高，犯罪后很沮丧。马某之前是邻居眼中的好孩子，他对爷爷奶奶非常孝顺，也非常照顾小自己几岁的妹妹。马某愿意照顾家庭，但他却想到去抢劫，用自己犯罪所得充当零用钱，减轻家庭负担。犯罪之后，马某自觉在村民面前抬不起头来，常常待在家中，极少外出。

（二）制定矫正目标

1. 学习法律常识，法律意识得到提升。司法所社区矫正工作人员帮助马某反思和认识以往的错误行为，引导他积极认罪悔罪。

2. 正确对待过去，心理压力逐步消除。司法所社区矫正工作人员联系马某

---

〔1〕 案件来源：枣庄市山亭区徐庄司法所。

亲属中热心的长辈，作为他的心理开导者，与马某交流内心想法，帮助他走出情绪的低谷。

3. 学习职业技能，能够尽早自食其力。司法所社区矫正工作人员通过司法局集中举办的职业技能培训来帮助马某掌握一技之长，帮助他寻找就业机会，引导他积极就业，帮助他重新树立起信心。

（三）制定计划并实施

1. 利用集中教育和个别教育的机会，帮助马某学习相关法律法规常识，使他对自己以往的行为有一个正确的认识，提高他的服刑意识。

2. 通过马某身边亲属的帮助教育作用，引导他走出内心的误区和低谷，使他重新树立起信心，鼓励他走出家门，寻找到自己的社会价值。

3. 通过职业技能培训，帮助马某掌握技能，积极就业，引导通过正确的途径，实现自己为家庭分忧解难的愿望。马某在社区矫正工作人员的帮助下，学习了电动车的维修技术，熟练掌握了电动车维修的技巧，目前马某已经通过自己的劳动，能够养活家人了。

（四）矫正效果

马某能够按时参加社区矫正各项教育学习活动和社会公益劳动，遵守社区矫正的各项纪律和相关制度，表现良好。在参加技能培训时，马某能够认真学习，通过自己的努力获得了良好的成绩，并通过自身掌握的技术争取到了工作机会，他对未来的生活充满希望。

三、承办人观点

马某作为一名年轻人，他的犯罪令我们感到非常难过。马某在人生观和价值观树立的关键年纪缺乏长者的教导，再加上他对法律知识认识的不足，导致其走向了犯罪的道路，并为此付出了巨大的代价。

马某为自己一时的过错承受了巨大的心理压力，如果得不到及时的宣泄，他极有可能为了寻找认同感，而走向再次犯罪的泥沼中去。这就要求我们在教育他的同时，引导他走出心理上的低潮，切实防止他重新犯罪。

当我们通过自己力所能及的帮助，使马某获得了改变时，我们非常欣喜。通过马某的案例，我们更加感受到普法的重要性，普法可以让更多人认识到犯罪的危害和严重性，而不是在犯罪后再去告诉他们接受什么样的惩罚。

四、案件评析

开展职业技能培训，帮助落实社会保障措施。司法行政机关应当根据社区服刑人员的需要，协调有关部门和单位开展职业培训和就业指导，帮助落实社会保障措施，这对于预防犯罪起到了很好的效果。本案例中司法所帮助马某解决了就业问题，把重新犯罪的可能性降到了最低，从而达到了使社区服刑人员尽快回归社会和维护社会稳定的目的。

建立一个专门的组织机构，对家庭教育进行监管。未成年的健康成长离不开家庭的教育，诚然，每一个家庭对于未成年人的教育都很重视，但是这仅靠家庭还是不够的。有的家庭亲情缺失，有的家庭教育理念错误，有的家庭仅靠爷爷奶奶对孙辈教育，这样会显得力不从心，所以，有必要建立一个专门的组织机构，对家庭教育进行有效的引导和管理，提高家庭对未成年人教育的质量。

引导未成年人建设和谐、友好、向上的朋友圈。目前在一些农村，特别是部分未成年人的交往，仍然受到不良的文化氛围影响。交往不良成为他们健康成长过程中的无形障碍。因此，要充分发挥农村基层组织的作用，创建积极向上的文化氛围，教育未成年人自觉抑制不良交往，引导未成年人建立和谐、友好、向上的朋友圈。

案例三　　昔日疯狂少年进高墙　矫后成家立业在社区[1]

一、基本案情

董某，男，1995年8月出生，汉族。董某于2009年实施两次致人重伤的违法行为，被人民法院以故意伤害罪，判处有期徒刑4年，附带民事赔偿23 802.18元。董某服刑后由于表现良好，符合假释条件，被人民法院裁定假释。

2012年6月19日，董某在父亲的带领下，来到司法所接受社区矫正。司法所社区矫正工作人员给董氏父子讲解了我国社区矫正的有关法律和政策，开始时董氏父子认为假释就意味着解除刑事处罚，来到司法所只不过是报到而已，没想到司法所还要建档，还需要接受社区矫正，接受刑事改造，董氏父子一时间想不通。

---

〔1〕 案件来源：临沂市兰山区兰山司法所。

二、案件处理与结果

（一）主要问题诊断

1. 家庭溺爱，交往不良。董某是家中唯一的男孩，他从小就被娇生惯养。自从出生就受到父母的溺爱，衣来伸手，饭来张口，无处不存在着优越感，董某上到小学就辍学了。辍学后他整日无所事事，便和小混混在一起玩乐。十几岁的董某打工没人用，他处处找不着自己的"用武之地"，整天就想当老大，打抱不平，遇事就想出风头，老认为天老爷是老大，自己就是老二，好像十里八乡找不着对手，结果就出现了前述的情形。

2. 拿法律当儿戏，做事不计后果。董某在未满十八岁的年龄，实施第一次违法犯罪后，不但没有接受教训，反而疯狂地接连实施第二、三次严重的违法犯罪行为。假释后，他来到司法所报道时，认为假释就意味着解除刑事制裁，根本没有清楚自己的罪犯身份。

（二）制定矫正目标

司法所社区矫正工作人员根据董某的具体情况，为其制定了矫正目标，具体如下：

1. 参加法制教育，法律意识得到提升；
2. 学习矫正制度，能够自觉服从管理；
3. 参加公益劳动，逐步养成劳动习惯；
4. 断绝不良交往，主动净化交往环境。

（三）制定计划并实施

1. 社区矫正法律法规教育。司法所社区矫正工作人员通过调查发现，董某获得假释后，服刑的环境发生了很大的变化，也获得了很大的自由，从心理上放松了对自己的要求。为此，司法所社区矫正工作人员及时对他普及社区矫正的知识，提升了他对社区矫正的认识。

2. 组织定期参加学习。司法所组织每个月不低于 8 小时的法律和政策的学习，从思想上改变社区服刑人员董某的错误认识，使他得到正面的教育，让他明白什么叫真善美，什么叫假恶丑，让他真正从思想上彻底认罪悔罪，弃恶扬善。

3. 组织定期参加劳动。司法所组织每月不低于 10 小时的公益劳动，让董某养成自食其力的良好习惯，让他明白只有勤劳，发奋图强，用自己的双手创造财富才是最幸福的事情，这样的人生才真正有意义。

4. 帮助抑制不良交往。司法所社区矫正工作人员积极发挥家庭教育的作用，引导董某的父母如何正确的爱护子女，说服董某的父母承担起教育监管董某的职责。在司法所社区矫正工作人员的教育下，为了不让董某与社会上不三不四的人接触，董父投资近 10 万元办了一个豆粕厂让他管理，现在豆粕厂被董某管理的很好，企业经济效益不错，每天都有可观的收入。

（四）矫正效果

通过近一段时间的社区矫正，董某能够认真遵守各项制度，积极参加各项活动，已经从思想上彻底认识到了自己的错误。董某表示今后要在社区矫正这个大家庭里多学习，多进步，不做危害社会和公民的事，让更多的人认可他，让政府对他放心。

三、承办人观点

通过近一段时间的社区矫正，董某的思想进步很快，从近期情况看，董某正积极回归社会。在今后的工作中我们将进一步加强业务学习，做到以人为本，用真情感化社区服刑人员，用人性化的管理方法使社区服刑人员感受到社会的温暖，帮助他们自觉转化，切实预防重新犯罪。

四、案件评析

"人是可以改造的"，这是我国刑罚执行的基本理念。教育矫正是社区矫正工作的重要任务。在坚持依法、严格、科学、文明管理基础上，对不同类型、不同情况的社区服刑人员，因人施教，实施个别化教育矫正，是将社区服刑人员改造成为守法公民的重要方法。本案中司法所针对社区服刑人员董某的具体情况，对他的矫正教育侧重法律常识教育和劳动观念教育。其中开展法律常识教育重在增强他的法制观念和悔罪意识，让他自觉接受改造。开展劳动观念教育，是为了培养他正确的劳动观念、集体意识和纪律观念，强化社会责任感，帮助他修复社会关系，进一步得到社会的谅解和接纳。

落实好义务教育。《义务教育法》中第 4 条规定："凡具有中华人民共和国国籍的适龄儿童、少年，不分性别、民族、种族、家庭财产状况、宗教信仰等，依法享有平等接受义务教育的权利，并履行接受义务教育的义务。"第 58 条规定："适龄儿童、少年的父母或者其他法定监护人无正当理由未依照本法规定送适龄儿童、少年入学接受义务教育的，由当地乡镇人民政府或者县级人民政府教育行政部门给予批评教育，责令限期改正。"曾有研究表明，未成年的犯罪与未完成义务教育有一定的关系。本案中的董某小学就辍学在家，结交不良少年，是他走向犯罪的重要影响因素之一。

第二节　女犯社区矫正案例

案例一　　　认知偏差触犯刑法　教育引导悔过求新[1]

一、基本案情

秦某，女，1964年10月出生，文盲，已婚，邹城市城前镇人。她和丈夫均为农民，家有一儿一女。2002年3月18日，秦某到被害人家中用打火机点燃屋内物品，致使多件物品被烧毁。人民法院以放火罪判处秦某有期徒刑3年，缓刑4年。

秦某家中有老母亲需要赡养，虽然女儿已成家，儿子常年在外打工，但是家庭经济较为拮据。秦某现与丈夫一起生活，家庭关系比较融洽。她虽是文盲，但是为人谦逊，邻里关系一直较好。2002年3月因邻里纠纷的琐事，秦某一时气愤，不能忍受邻里间的评价，到被害人家中放了火，触犯了法律，2004年秦某及家人做出补救措施，与被害人达成协议，并给予了赔偿。

二、案件处理与结果

（一）主要问题诊断

1. 自我情绪控制能力差。秦某的性格内向，但较为谦逊、老实、为人正直、性格直爽，但是容易受到外界评价的影响，情绪控制力差。

2. 敏感多疑，极其自卑。秦某的社会交往的范围有限，认知能力低下，而且感情细腻，多疑多虑，为琐事斤斤计较。秦某犯罪之后，脆弱的自尊及强烈的

──────────

〔1〕 案件来源：济宁市邹城市香城司法所。

挫败感交融，自卑的情绪逐渐产生。

（二）制定矫正目标

1. 改变负面认知，不健康情绪得到缓解；

2. 参加法制学习，提升法律意识，彻底认罪悔罪；

3. 消除服刑压力，能够乐观的面对生活；

4. 端正服刑态度，自觉遵守各项监管制度。

（三）制定计划并实施

1. 司法所组织秦某进行集中教育学习，以学习法律常识为主要内容。每次授课后组织秦某和其他社区服刑人员进行讨论，多方互动，当日消化，力求内化。

2. 司法所定期组织秦某到镇敬老院进行公益劳动，旨在培养和确立她为社会服务，为他人服务的观念。公益劳动基地的联络员，对秦某的劳动表现评价很高，秦某对社工说："通过无偿的公益劳动，多少能回报一点社会，我个人感觉充实了，轻松了。"

3. 司法所要求秦某每月按时交一份思想汇报，内容可以是多方面的，重点是反映自己的思想、工作、学习、生活和家庭等方面的情况，密切关注秦某的思想变化。

4. 司法所定期对秦某进行个别谈话教育。司法所社区矫正工作人员在谈话前要做好充分的准备，谈话时用和风细雨般的语言来打动她，并有目的地让秦某主动表达情绪，鼓励秦某有问题，要用正确的方法进行沟通解决。

（四）矫正效果

通过一段时间的社区矫正，收到了比较明显的效果。秦某能够自愿接受社区矫正，自觉遵守矫正中的规章制度，主动服从日常行为的管理，具体表现在：

1. 秦某的精神已振作。原来自闭的心理已基本消除，她的心态调整取得了明显的效果。

2. 秦某的性格逐步开朗。秦某以前内向，不爱说话的状况基本得到解决，她能经常跟家人以及亲戚进行交流。同时，她也能较好的控制自我情绪，把握住自己的感情，稳住自己的心态。

3. 秦某自觉接受社区矫正。秦某能够严格要求自己，积极参加社区矫正的各项活动，能够认真学习，按时汇报自己的思想，自觉参加公益劳动。

4. 秦某的社会公德意识增强。在司法所社区矫正工作人员的教育和引导下，秦某能够关心他人，希望多做好事、益事、善事，愿意服务他人，服务社会。

三、承办人观点

依法矫正是我们对社区服刑人员进行日常行为管理的基本准则，研究、把握和遵循事物发展的客观规律，及时调整自己的工作思路和方法，提高矫正工作的针对性和有效性，使社区矫正建立在科学的基础之上。

1. 进一步融合社会资源，充分运用社会的一切资源，形成社区与职能部门共同作用的矫正体系，共同构筑一个资源网络。进一步加强和完善社区矫正志愿者队伍的建设，发挥社区矫正志愿者帮教作用。

2. 在集中学习的基础上，对秦某开展分类教育，充分体现个别化、个性化、有效性的原则，使她在浓浓的关爱氛围中接受矫正，让她感受到我国刑罚执行的温暖。

四、案件评析

本案件中社区服刑人员为女性，在矫正的过程中要考虑到女性社区服刑人员的心理特点，有针对性地进行矫正。女性社区服刑人员的心理一般表现出如下特征：

1. 对家庭、亲情依赖性强。大多数女性社区服刑人员在入矫初期，生活的圈子缩小，在极短的时间内对家庭和亲情的依赖性更加强烈，希望得到亲情的温暖。

2. 敏感多疑，思想狭隘。从实施犯罪行为，到案件的侦查和审判，再到社区矫正的实施，这一系列的法律活动对女性社区服刑人员的心理造成了一定的影响，一部分女性社区服刑人员不能客观地分析和理智地判断，郁结难解，往往不利于社区矫正工作的开展。

3. 缺乏信心，自卑心强。虽然是在社区服刑，但大部分女性社区服刑人员往往更容易产生自卑心理，如果得不到及时的排解，会形成"自卑型人格"。

秦某文化程度低，自身的行为容易受到环境尤其是外界评价的影响，性格容易冲动，所以在进行社区矫正时首先要对其加强心理教育，引导她正确看待事物，其次是对其进行文化知识教育，提高认识水平，同时要强化法制教育，做到学法、懂法、守法。

案例二　　　狱内狱外差异大　矫正引导促适应[1]

一、基本案情

范某，女，23岁，初中文化，未婚，山东省寿光市人。她的父母和哥哥都是农民。2009年5月2日，范某采用诱骗的方式，将何某挟持到青岛某出租屋内，强迫何某卖淫。人民法院以强迫卖淫罪依法判处范某有期徒刑5年（2009年5月7日至2014年5月6日），并处附加罚金人民币1000元。范某在服刑期间，遵守监规，接受教育改造；积极参加政治、文化和技术学习；积极参加劳动，完成生产任务。2011年被监狱评定为年度监狱改造积极分子。2012年3月25日兑现记功奖励一次。由于范某表现良好，被人民法院裁定假释，社区矫正期限自2012年4月20日至2014年5月6日。

二、案件处理与结果

（一）主要问题诊断

入矫矫正初期，司法所社区矫正工作人员对范某进行评估，总结了她的优势和劣势，具体分析如下：

1. 服刑环境的优势。

（1）家庭成员对范某很好，希望她能过上正常人的生活，并愿意为她提供力所能及的帮助支持；

（2）家庭亲戚朋友对范某的回归表示支持，他们愿意为范某提供适当的经济支持；

（3）当地政府部门和村委对范某的回归表示支持，范某生活的村内大部分村民愿意接纳她。

2. 个人的优势。

（1）范某相对较年轻，身体好，动手能力强；

（2）范某有一定的思想认识，态度端正，渴望过上正常人的生活；

（3）范某善于思考，懂得审时度势。

---

[1]　案件来源：潍坊市寿光市司法局。

3. 服刑环境的劣势。

（1）暂时没有单位能为范某提供她可胜任的工作；

（2）社区中一部分居民对范某缺乏理解，甚至敬而远之。

4. 个人的劣势。

（1）因脱离社会三年，范某对社会非常陌生；

（2）对于回归社会将遇到的困难，范某缺乏充分的心理和思想准备；

（3）范某学历低，技能缺乏，就业有困难。

（二）制定矫正目标

为促使社区服刑人员范某尽快适应社会，过上正常人的生活，真正回归主流社会，司法所社区矫正工作人员为她制定了目标，具体如下：

1. 正确认识过去，提高生活信心；

2. 参加技能培训，学习一技之长；

3. 寻找合适工作，逐步稳定生活；

4. 早日择偶安家，预防重新犯罪。

（三）制定计划并实施

1. 司法所社区矫正工作人员对范某开展个别教育和集中教育，组织她参加法律常识教育、思想政治教育、职业技能培训和公益劳动活动。

2. 司法所社区矫正工作人员鼓励范某密切与家庭成员及亲戚朋友的关系，以家庭为依托逐步修复自己的社会关系。

3. 司法所社区矫正工作人员鼓励范某主动出去找工作，并善于利用社会资源找到合适的就业机会。

4. 司法所社区矫正工作人员通过电话联系，思想汇报查看等方式，及时了解范某的思想动态，并到她家中进行探访，关心她的生活现状，引导她减轻了内心的自卑感，逐步建立起迎接新生活的自信心。社区矫正工作人员和社工的热情工作和辛勤付出，让社区服刑人员范某改造的态度更加积极。

（四）矫正效果

经过一段时间的社区矫正，社区服刑人员范某表现良好，她能够较为彻底地认罪悔罪，主动汇报自己的思想，积极参加社区矫正的各项活动，认真学习劳动技能，并且主动寻找就业机会。

三、承办人观点

目前服刑人员的工作暂时告一段落，但我们的工作还未结束。回顾对社区服刑人员范某的矫正，我们把信心带给了她，而范某也认识到我们的用心良苦。我们会继续跟进范某的矫正，力求协助她早日回归社会。

社区矫正工作是一项十分严肃的工作，依法对社区服刑人员进行社区矫正不仅关系到社区服刑人员日后的生活和工作，还关系到社会的和谐稳定。而在工作中，一定要注意方式方法，不能对社区服刑人员存在偏见。我们不仅要对社区服刑人员做好管理工作，更要从生活生产上给他们以帮助，使他们转变观念，知法懂法，成为守法的好公民。

四、案件评析

"社会—自我"去标签化。本案的社区服刑人员范某触犯了法律，成为罪犯，服刑接受改造，这对她的身心产生了重大影响，深受"罪犯"标签的影响，禁锢了自我，这一点在这位社区服刑人员的身上体现比较明显。当她进入社区矫正后，社会交往的范围仅仅限于家庭系统之内，极少与外界系统接触，这对她日后的生活是很不利的。而所谓的去标签化，正是相对于标签化而逆向提出的，目的在于打破自我原有的错误认知，减轻自我标签的影响。

本案例中的社区服刑人员范某在监狱关押改造过，形成了明显的"监狱人格"，以至于她现在对社区矫正怀有恐惧感，从而阻碍了自身社会交往的发展，社区矫正工作人员帮助她认识、理解自己的心理反应倾向，分析自己内心的反应方式，为她顺利矫正提供新的心理动力。在这个过程中，社区矫正工作人员需要多鼓励社区服刑人员积极融入社区，适应社会，尽快树立生活的信心，帮助他们根据自身实际情况制定可行的职业发展计划。

案例三　　好心"帮忙"触犯法律　矫正教育学法守法[1]

一、基本案情

王某，女，1974 年 4 月出生，汉族，初中文化。2009 年秋，村民王某某得

---

〔1〕　案件来源：临沂市莒南县岭泉司法所。

知本县村民徐某（已判刑）有办法买到孩子后，便找到王某帮忙联系徐某。王某出于帮忙的心态，遂与徐某将一男婴以 38 000 元的价格卖给王某某抚养。徐某获利 1500 元，王某获利 500 元。最终王某犯收买被拐卖的儿童罪，被判处有期徒刑 1 年，缓刑 2 年。

二、案件处理与结果

（一）主要问题诊断

王某在被判决的时候很茫然，她平时对法律知识了解甚少，一时还不能接受自己的罪行。透析王某的犯罪过程，她自认为没有任何危害社会的犯罪动机，更没有危害社会的后果。

为此，司法所社区矫正工作人员亲自到王某家中，与王某进行了深入的谈话，询问她的家庭状况，帮助她解决生活难题。司法所社区矫正工作人员每个月都对她的思想状况进行分析，关心她的思想动向，引导她不要重新犯罪。司法所联合王某所在村的村主任，从侧面了解王某的邻里关系，了解她的生活、思想状况。

（二）制定矫正目标

1. 学习法律常识，能够准确认识自己的罪行；
2. 遵守矫正制度，顺利完成社区矫正；
3. 自觉遵守法律，避免重新犯罪。

（三）制定计划并实施

1. 开展法律常识教育。结合王某的犯罪情况，司法所社区矫正工作人员认为，不懂法是导致她走上犯罪道路的重要原因。为此，司法所从法律服务中心派遣了 1 名法律专业人士，每月对王某进行系统的法律知识的讲解，让王某从法理上明白自己的行为是触犯刑法的，是会带来较大的社会危害的。王某通过每月系统的法律培训，不但提高了自己的法律知识，认识到自己的行为触犯了刑法，应当受到刑法处罚，并且还调动了全家人学习法律的热情，避免了其他人因为不懂法而触犯法律。

2. 学习社区矫正制度。司法所社区矫正工作人员为王某详细的讲解了社区矫正的相关规定，要求王某认真遵守制度，积极参加教育活动和社会公益劳动，积极汇报自己的思想，顺利进行社区矫正。

（四）矫正效果

通过司法所及社工中心等多部门的协同合作，王某的矫正工作取得了明显的效果。在心理方面，王某的心理压力减轻，对生活充满信心；在工作方面，王某有一定技能，能够凭借自己的一技之长很快找到合适的工作。在思想方面，王某意识到了自己的违法行为所带来的严重后果，下定决心好好学法，认真守法。

三、承办人观点

通过王某的案例，我们体会到，在社区矫正工作中一定要从社区服刑人员的具体情况着手，分析他们的犯罪原因和犯罪意图，分析他们的犯罪危害性，有针对性的实施矫治。在基层有很多人由于缺乏法律常识，对法律的认知度不高，不经意时，就有可能走上犯罪的道路，我们在针对他们进行矫正的时候，就不能单纯用访谈法，还要加强对他们的法律知识的教育，提高他们的法律意识，让他们从心理上明白自己的行为是具有社会危害性和应当受到法律处罚的。在日常工作当中要注意开展法制宣传，组织社区服刑人员系统全面的学习法律常识，提高他们的法律意识，让他们感觉到自己的违法行为无时无刻不受法律的约束。

四、案件评析

拐卖儿童的行为一直是我国法律打击的重点。《刑法修正案（九）》对收买被拐卖的儿童的行为进行了更加明确的规定。由于长期以来受重男轻女、传宗接代的落后保守思想的影响，拐卖儿童拥有巨大的买方市场需求，导致我国不少地方出现拐卖儿童犯罪高发的现象。这不仅给被拐儿童的家庭带来巨大创痛，让许多原本幸福的家庭从此支离破碎，还会带来社会不安定因素。本案中的王某因犯收买被拐卖儿童罪而纳入到社区矫正，我们在对王某进行社区矫正的时候要考虑到农村的风俗习惯，做好社区服刑人员的心理工作，考虑到当地人普遍的法律意识淡薄，还要通过我们的执法工作，加大宣传教育，从而起到惩罚少数教育多数的法律效果。

第三节　老年犯社区矫正案例

案例一　　残疾老人假释无依靠　矫正教育扶助安晚年[1]

一、基本案情

薛某，男，66岁，汉族，文盲，未婚。薛某无兄弟姐妹，有一养女。2006年5月31日17时许，薛某与村民盛某饮酒后因琐事发生争吵，继而相互推搡。薛某将盛某推倒数次，致盛某头部受伤，经抢救无效死亡。经法医鉴定，盛某系因摔伤头部致严重颅脑损伤死亡。薛某犯故意伤害罪，被人民法院依法判处有期徒刑10年，刑期自2006年6月1日起至2016年5月31日止。薛某在监狱表现较好，被记功奖励两次，表扬奖励一次，减去有期徒刑1年2个月。依据人民法院裁定，对薛某予以假释。假释考验期自2013年1月29日起至2015年3月31日止。

二、案件处理与结果

（一）主要问题诊断

1. 生活异常困难。一方面，薛某年岁已高，身有残疾（右臂截肢），无职业技术和劳动能力，没有任何经济收入；另一方面，薛某入狱前居住的老房屋坍塌，已无法居住，假释后借住在已逝老人的空置房屋内。

2. 丧失生活信心。薛某没有经济来源，生活失去了基本的生存保障，加上养女不孝，他在入矫矫正初期彻底对生活失去信心。

3. 难以融入社会。在犯罪之前，薛某与养女联系不够密切，入狱后养女没有探望过薛某，父女之间的感情淡薄。纳入社区矫正后，薛某每次在叙述养女时表情激动，眼里充满了泪花，极为渴望亲情的回归。另外，薛某入狱前，时常醉酒，邻里关系紧张。

（二）制定矫正目标

司法所把思想稳定、维持生计、不再危害社会、安享晚年作为对薛某进行社

---

〔1〕　案件来源：枣庄市滕州市界河司法所。

区矫正的目标。司法所社区矫正工作人员对社区服刑人员薛某的具体情况进行分析，认为薛某是因酒后琐事实施的犯罪，案发时没有预谋，主观恶性不大，决定把他纳入到宽管级别进行管理。在对薛某实施社区矫正的过程中，应该重点突出"以帮为主、以教为辅、帮教结合"的工作方法。在矫正中，社区矫正工作人员侧重对薛某进行心理健康教育，引导他重拾生活的信心，帮助他办理最低生活保障，引导他改善邻里关系。

（三）制定计划并实施

1. 加强与薛某的思想交流。司法所社区矫正工作人员抽出时间与薛某谈话，让他感受到司法的温暖，帮助他树立信心，面对出狱后的现实生活，了解他在生活中遇到的各种困难，并及时给予帮助。引导薛某正确认识自己的生活陋习，教育他彻底更改。同时，司法所社区矫正工作人员告知薛某关于社区矫正的各项具体规定，要求他端正服刑态度，服从社区矫正的监管。

2. 帮助薛某找回家庭亲情。司法所社区矫正工作人员与薛某的养女取得联系，耐心地劝导，告诉她薛某的现状，劝说她原谅薛某，重视家庭亲情。同时，司法所社区矫正工作人员告知养女，根据我国《婚姻法》和《老年人权益保障法》等的相关规定，养女有赡养养父的义务。

3. 加大对薛某的物质帮助。司法所社区矫正工作人员积极与相关部门进行联系，帮助薛某申请残疾证、最低生活保障和落实责任田。逢年过节时，司法所也会给薛某送温暖。

4. 帮助薛某改善邻里关系。司法所社区矫正工作人员走访薛某的邻居，告知大家薛某的现状，希望大家摒弃前嫌，接纳薛某。同时，号召邻居监督薛某的日常生活，如果出现不良行为要及时向司法所汇报。

（四）矫正效果

经过司法所社区矫正工作人员的努力与薛某的配合，薛某的矫正工作取得了明显的效果，主要表现在：

1. 能够自愿接受社区矫正，自觉遵守规章制度；

2. 重新树立起生活的信心，端正服刑态度；

3. 能够努力学习法律常识，自觉遵守法律；

4. 能够努力改善邻里关系，勇于接受监督。

三、承办人观点

许多假释人员和刑满释放人员，因为在监狱服刑过久，他们早已脱离了现实社会生活，回到社区服刑需要一个适应的过程。在对薛某的社区矫正工作中，处处充满了困难，但作为司法行政工作人员，我们能够不嫌麻烦，不怕辛苦，克服困难，积极寻找社区矫正的新举措，胸怀一颗真挚善良的心，去关心和温暖社区服刑人员，尽力预防犯罪。

四、案件评析

社区矫正中的"帮困扶助"是对社区服刑人员监督管理、教育矫正基础上的社会适应性帮助。坚持社会适应性帮扶，认真落实帮扶政策，建立"政府主导、社会参与、家庭扶持"三位一体的帮扶机制，帮助协调社区服刑人员就业就学、最低生活保障、临时救助等问题，搭建保障社区服刑人员基本生活需要的又一道防线，为他们安心改造并融入社会创造条件。本案中的社区服刑人员薛某在社区矫正的初期面临很多困难，司法所社区矫正工作人员不断与他沟通，对他遇到的家庭问题、社会生存问题及时予以关心和帮助，稳定他的情绪和基本生计，为预防犯罪，创建和谐社区奠定基础。

案例二　　　　　　身心压力大　伤害付代价[1]

一、基本案情

刘某，男，1950 年出生，汉族，小学文化，农民，已婚。原来从事个体水果生意。2011 年因犯故意伤害罪被人民法院判处有期徒刑 1 年，缓刑 1 年，刑期自 2011 年 11 月 9 日至 2012 年 11 月 10 日止。刘某的父母均为农民，有一个姐姐，现已出嫁，两人关系较好。刘某的妻子身患精神分裂症，在家养病，儿子在中学读书。刘某现从事个体营运工作。

---

〔1〕　案件来源：聊城市冠县斜店司法所。

二、案件处理与结果

（一）主要问题诊断

刘某之所以违法犯罪，一是文化水平不高，缺乏法律知识，法律意识淡薄；二是思想压力较大，妻子患有精神病，儿子读书，家庭经济状况紧张。刘某在经营水果生意时因一时冲动与他人发生争执并相互殴打，造成他人身体受伤。针对刘某的问题，司法所社区矫正工作人员对刘某的现有情况进行了认真研究，分析如下：

1. 心理健康方面。刘某平时很少与人沟通，长时间的自闭使他产生自卑心理，情绪很不稳定，在极度压抑的生活环境和家庭现状的影响下，很可能出现极端行为。对此，司法所社区矫正工作人员对刘某情绪和心理给予调适，并帮助他认清自己的能力，使他恢复重新生活的勇气。

2. 家庭经济方面。刘某的妻子患病已十余年，儿子正读书，多年来一直是靠着刘某一人养家糊口，家庭收入多半用于妻子看病，家庭经济困难。

（二）制定计划并实施

司法所对刘某矫正工作的重点放在心理健康教育方面，帮助刘某减轻心理和生活压力，引导他尽快融入社会，鼓励他积极进行矫正。

1. 构建社会、家庭支持疏导网络。由司法助理员、村民委员会主任、刘某的父母组成社区矫正工作小组，加强对刘某的法制教育，帮助他改正恶习，提高他的法律意识。

2. 采用引导式教育。司法所社区矫正工作人员对刘某开展法律常识教育，鼓励他重点学习《治安管理处罚法》，同时对他加强人生观、世界观的教育，组织每周五上午参加社会公益活动，让他在劳动的过程中磨炼性格。

3. 遵循以人为本的原则。司法所社区矫正工作人员帮助刘某解决生活中遇到的困难，帮助他解决燃眉之急，让他保持生活的希望。

（三）矫正效果

刘某打消了曾有的极端想法，重新树立了生活信心。司法所社区矫正工作人员通过与刘某在思想上的沟通，情感上的拉近，增加了他对社区矫正工作人员的信任。目前，刘某积极主动接受社区矫正教育和参与矫正活动。

三、承办人观点

刘某的转变，给我们的启示有：

1. 突出"以人为本"的教育管理原则。我们高度重视社区服刑人员刘某的家庭、生活和就业等方面的困难，这些问题的妥善解决，直接影响到刘某的安心改造。

2. 坚持原则，依法开展矫正工作。在实践中既要坚持原则，又要注重结合社会工作的理念和方法，充分体现情法并用，宽严相济，从而将社区矫正工作引向深入化。

四、案件评析

本案中社区服刑人员因故意伤害罪被判处有期徒刑 1 年缓刑 1 年，经济压力和心理压力再加上法制意识淡薄是他在社区矫正过程中主要表现出的问题。我们在社区矫正的过程中要坚持心理疏导、思想教育和法制教育相结合，同时要提供相应的帮困扶助措施。

并不是每一名社区服刑人员都需要心理矫治，但可以通过对特殊个案的分析，采用心理学的方法，寻找新的矫正方法，制定科学有效的矫正计划，在条件许可的情况下，进行一些心理干预，这在社区矫正工作中可能会起到事半功倍的效果。

案例三　　　　　　　　　真诚感化　暖心矫正[1]

一、基本案情

张某，男，1945 年 12 月 29 日出生，初中文化程度，已婚。2011 年至 2016 年张某在利用担任村主任时职务便利，在协助人民政府征地过程中，采取虚报土地、机井等数量的手段，骗取国家补贴款三十余万元，其中张某分得十七余万元。人民法院以贪污罪，判处张某有期徒刑 3 年，缓刑 4 年，并处罚金 20 万元。刑期执行期限自 2016 年 12 月 20 日至 2020 年 12 月 19 日止。

---

〔1〕　案件来源：枣庄山亭区店子司法所。

二、案件处理与结果

（一）主要问题诊断

1. 心理压力巨大。受到了法院判决后，张某越发趋于沉闷。纳入社区矫正后，他自认低人一等，心理压力巨大。张某认为自己晚年不保，生活看不到希望。

2. 担忧不被接纳。张某自感在当村主任期间不但没有为村民服务好，反而贪污犯罪，在群众中影响很坏，担心在自己社区服刑，不被村民接纳。张某甚至一度要求司法所把他送到其他镇进行社区矫正。

（二）制定矫正目标

结合张某的具体情况，司法所社区矫正工作人员认真研究，为他制定了如下的矫正计划。

1. 正确认识自己的罪行，彻底认罪悔罪；

2. 严格遵守矫正制度，自觉接受改造；

3. 引导消除服刑顾虑，减轻心理负担。

（三）制定计划并实施

司法所社区矫正工作人员为张某做了风险评估，结合张某的犯罪情形和家庭环境，认为他重新犯罪的可能性较小。司法所把加强法律常识学习，引导世界观、人生观转变作为矫正的重点工作。具体工作如下：

1. 建立矫正档案。司法所社区矫正工作人员分析了张某的具体情况，为他建立矫正档案。

2. 组织社区矫正的宣告，确定矫正小组成员。司法所为张某组织了一个严肃的社区矫正宣告仪式，强化张某作为社区服刑人员的罪犯意识，明确了社区矫正的各项制度。司法所社区矫正工作人员认真筛选，为张某确定小组的成员，明确了各自的职责。

3. 法律常识学习。司法所社区矫正工作人员为张某开展了法律常识教育课程，给他讲解我国刑罚执行的相关规定，提升他的服刑意识。同时发放《社区矫正服刑人员教育矫正读本》及配套练习题、试卷，要求他按时完成法律常识学习任务。

4. 组织社会公益劳动。司法所组织张某定期参加社会公益劳动，不仅增强他的劳动意识，而且增强了为他人服务的观念，为创造良好的服刑环境打下基础。

5. 认罪悔罪教育。司法所社区矫正工作人员辅导张某深入剖析犯罪根源，认清罪与非罪，鼓励他积极认罪悔罪，自觉接受社区矫正，乐观面对生活，严格要求自己，做一个对社会有益的公民。

6. 定期谈话教育。司法所社区矫正工作人员以平等、尊重、接纳的理念对待张某，开展经常性的谈话教育，鼓励他放下思想包袱，消除顾虑，踏实矫正。同时，矫正小组成员也经常和张某谈心，了解他的思想动向，齐抓共管，逐步改变他的服刑态度。

7. 动态跟踪管理。司法所社区矫正工作人员为了及时掌握张某的思想变化和行为表现，进行经常性家庭走访、电话询问等形式，对张某进行定期考核。

（四）矫正效果

张某在接受社区矫正管理以来，服从管理，遵纪守法，积极参加公益劳动，认真接受思想教育，在接受社区矫正过程中，树立了重新做人的信念，思想觉悟明显提高。

三、承办人观点

张某的社区矫正工作刚刚开始，还有许多工作在陆续开展，影响他矫正的因素依然存在，但我们清楚地意识到健康的服刑心理和良好的服刑环境是社区矫正工作顺利进行的保障，也是预防犯罪的重要条件。为此，在张某以后的社区矫正中，我们要动员一切积极力量，全力提升矫正质量。

四、案件评析

本案中张某接受社区矫正时间不长，但是司法所社区矫正工作人员采用了个别谈话、电话询问、家庭走访等多种形式对张某进行了法律常识、劳动观念和心理健康等方面的教育，增加了矫正教育的针对性、科学性和实效性。其中个别谈话是对社区服刑人员进行直接教育和疏导的一种形式，是个别教育的主要方法，转变社区服刑人员态度的一种重要形式，也是一项技巧性极强的工作。个别谈话教育开展前应做好充分的准备，选择恰当的时机和合适的地点，营造良好的氛围，设计有效的话题，运用恰当的方法，不急不躁地进行。

第四节　职务犯社区矫正案例

案例一　　　　心理落差难适应　真诚尊重迈新生[1]

一、基本案情

张某，男，1957年12月出生，高中文化程度，已婚。

2010年秋天，张某利用职务之便，虚报该村2010年野生动物毁坏农作物亩数，套取国家给该村的野生动物毁坏农作物补偿资金。2011年3月4日，张某被人民法院依法以贪污罪，判处有期徒刑3年，缓刑4年。张某出生在农村，父母都是农民，高中毕业后，被分配到某乡镇村委会工作，他为人实在，做事认真，脚踏实地，在工作方面能力突出，经过多年的努力，他被升为乡镇村委会副书记职务。张某当上副书记以后，得意忘形，利用职务之便贪污公款。

二、案件处理与结果

张某被判刑后，能主动到司法所接受社区矫正，并且服从管理，遵守纪律，积极参加各项公益活动及教育培训，但是他的思想压力很大，意志消沉，主要表现在：犯罪前性格开朗，人际关系良好，亲戚、同事、朋友都非常关心他，犯罪后情绪低落，自我形象贬损、唉声叹气、失望、内疚、自卑、不能容忍挫折。

司法所社区矫正工作人员在与张某初次接触后，针对张某思想负担过重的状况，循循善诱，引导他正确看待自己的罪行，进而顺利度过矫正期，发掘他自身优势，引导他重塑自信，进而重新融入社会。

张某在接受社区矫正以来的一年多时间内，能够服从管理，遵纪守法，积极参加公益劳动，认真接受各项教育，思想觉悟和法律意识明显提高，逐步拾回了信心，树立了重新做人的勇气。

三、承办人观点

通过对张某的社区矫正，我们认识到社区矫正工作要以人为本，充分体现人

---

[1]　案件来源：枣庄市滕州市界河司法所。

性化管理。司法所社区矫正工作人员要及时并充分掌握社区服刑人员的家庭、生活及工作中存在的问题和积极有利因素，坚持"以人为本，以情感人"的原则，尽可能为社区服刑人员排忧解难，充分利用一切可利用资源，调动社区服刑人员的积极性，提高社区服刑人员适应社会，自谋出路的能力。

四、案件评析

该案件是因犯贪污罪而执行社区矫正的案例。入矫教育的初期是职务犯心理波动的重要时期，失落、不稳定和迷茫等消极心理始终存在。多数的职务犯在社会上都打拼多年，经历过许多坎坷，见过许多人，遇过各种事，成功过也失败过。大多数社区服刑人员经过教育引导后能够坦然面对现实，但仍有一部分职务犯，因为失去过去的一切而表现出心理上严重的失衡，在极度焦虑的情绪下，他们一般很难适应社区矫正。针对这类社区服刑人员一般在社区矫正的初期表现出的心理落差大，一时难以适应的特征，社区矫正工作人员要格外重视入矫教育初期的矫正工作，尤其要注重工作的方式和方法，同时要利用好社区服刑人员的自身优势，有选择的发挥其特长对于监管教育是很有好处的。

案例二   贪污必惩   严肃矫正[1]

一、基本案情

王某，男，1959年12月出生，汉族，高中文化，农民，原任该村党支部委员兼文书。王某在任职期间，于2004年5月至2011年3月，利用协助人民政府负责国家对该村粮食补贴资金的有关粮食种植面积的统计、核实、公示、确定、上报、发放等工作的职务便利，采取虚报小麦、玉米种植面积的手段，冒领国家小麦直补款、农资综合补贴款、玉米良种补贴款，小麦抗旱浇水补助资金共计人民币53 856.51元，其中王某个人分得赃款人民币35 383.01元，该村其他两委成员共计分得赃款人民币15 473.50元。

人民法院认为，王某利用职务之便，以虚报冒领的手段贪污公款，其行为已构成贪污罪，判处有期徒刑3年，缓刑4年，追缴赃款人民币35 383.01元，王某的社区矫正期限为2011年11月20日至2015年11月19日止。

---

[1] 案件来源：潍坊市昌乐县白塔司法所。

二、案件处理与结果

(一) 主要问题诊断

1. 心理落差大，对社区矫正有抵触情绪。王某在入矫矫正的初期，情绪极差，心理压力很大，对社区矫正有一定的抵触情绪。

2. 法律意识淡薄，不能准确认罪。司法所社区矫正工作人员和王某进行深入接触后，发现王某对自己的罪行存在错误的归因心理，他认为犯罪是因为自己的手段不够高明，时运不济，被处罚后只能自认倒霉。这不仅表明他的法律意识淡薄，还说明了他没能准确认识到自己罪行的社会危害性，更没有悔罪认罪的态度。

3. 邻里关系冷漠。司法所社区矫正工作人员对王某所在的社区进行走访调查，发现尽管邻居们愿意接受王某在社区服刑，但是大部分邻居对王某并没有好感，不愿意和他接触。

(二) 制定矫正目标

司法所社区矫正工作人员深入王某的家庭和社区，全面了解他的具体情况，为王某制定了科学的矫正目标，具体如下：

1. 消除抵触情绪，接受社区矫正；

2. 增强法律意识，早日认罪悔罪；

3. 增进邻里感情，改善邻里关系；

4. 遵守规章制度，自觉接受监督。

(三) 制定矫正计划并实施

1. 司法所社区矫正工作人员定期与王某进行谈话教育，要求他定期进行电话汇报和书面思想汇报，及时了解他的思想动态，引导他树立正确的服刑观念。

2. 司法所社区矫正工作人员为王某定期举行法律常识教育，督导他自觉进行法律常识学习，提高他的法制观念。

3. 司法所社区矫正工作人员组织王某参加社会公益活动，培养他服务社会的意识。

4. 引导社区进一步宽容王某，鼓励村民对他的社区矫正进行监管和帮教。

(四) 矫正效果

经过一段时间的社区矫正，王某的心理压力消除，能够积极配合社区矫正工作，能够按时自觉遵守社区矫正的各项制度，能够积极的认罪悔罪，能够主动汇报自己的思想。

三、承办人观点

通过对王某的社区矫正我们进一步感受到了社区矫正工作的社会价值。王某因贪污行为受到法律的惩罚，起初不能对自己的犯罪行为准确的归因，我们秉持平等、尊重的理念，对他进行耐心的教育，为他营造良好的服刑环境，达到顺利回归的重要条件，进而起到预防犯罪的作用，促进和谐社区建设。

四、案件评析

该案件是一个因犯贪污罪，而被判处缓刑的社区矫正案例。职务犯的个体综合素质一般较高，自我约束力比其他服刑人员强，急迫需要社区矫正工作人员和社区的尊重。职务犯畏惧的是执法者的执法水平和执法能力，虽然他们身份变了，但其脆弱的自尊依然存在，高人一等的优越感依然存在，并且有时表现得非常强烈。为此，得到执法者的尊重成为职务犯社区矫正过程中最强烈的心理需求之一。本案例中社区服刑人员王某法律意识淡薄，没有认清自己的工作性质，行为严重影响政府形象，影响了政府在农民心中的形象，辜负了党和老百姓的信任。对王某进行社区矫正的监管教育时一方面要注重常规刑事法制教育，强化在刑意识教育；另一方面尽可能的帮助他缓和社区矛盾，营造和谐的服刑环境，有利于他自信心的建立。

案例三　　　　以权谋私被处罚　社区矫正获新生[1]

一、基本案情

李某出生在农村，父母都是农民。李某高中毕业后到村委会工作，他为人实在、做事认真、脚踏实地，在工作方面表现突出，经过多年的努力，被升为党支部书记职务。李某成为党支部书记以后，得意忘形，利用职务之便受贿套取国家资金。2012 年，李某利用职务之便帮助赵某、刘某虚报宅基地，套取国家宅基地赔偿款，并收取赵某、刘某好处费 38 920 元。于 2013 年 8 月 18 日，李某犯贪

---

〔1〕 案件来源：德州市乐陵市郑店镇司法所。

污罪，被人民法院判处有期徒刑 2 年 6 个月，缓刑 3 年。

二、案件处理与结果

（一）主要问题诊断

纳入社区矫正以后，李某对于社区矫正的各项规定和纪律存在一定的反感情绪，觉得社区矫正可有可无，抱着一副无所谓的态度。司法所社区矫正工作人员在与李某初次接触后，了解了李某的真实情况，分析存在的问题具体如下：

1. 入矫初期，他的思想压力很大，意志消沉，犯罪前性格开朗，犯罪后情绪低落，自我形象贬损、唉声叹气、失望、内疚、自卑、不能容忍挫折。

2. 家庭方面没有给他带来太大困扰，人际关系良好，亲戚、同事、朋友都非常关心他。

（二）制定矫正目标

1. 消除对社区矫正工作防御、戒备心理，能够逐渐认识到自己的身份，接受社区矫正。

2. 逐步树立生活自信，顺利回归社会。

（三）制定计划并实施

1. 开导他消除心理压力。司法所社区矫正工作人员在与李某初次接触后，了解到，李某因犯罪由一名领导干部变为囚徒，社会地位起落大，反差明显，一时间不能适应。其次他对自己所犯罪行有一种负罪感，以一名罪犯角色接受社区矫正管理，内心恐慌。针对李某思想负担过重，司法所社区矫正工作人员循循善诱，引导他正确看待自己的罪行，帮助他顺利度过矫正心理焦虑期。

2. 在李某接受社区矫正后，工作人员定期或不定期对他进行有关法律知识培训及社区矫正工作相关知识的教育。在接受教育后，李某多次向我们询问有关减刑的规定，并且多次向我们表示要认真改造，争取早日回归社会。我们了解他的心思后，激励他充分发挥才智，为社会多作贡献，争取早日解除矫正。

（四）矫正效果

李某在接受社区矫正管理以来一年时间内，服从管理，遵纪守法，积极参加公益劳动，认真接受思想教育，思想觉悟明显提高，在接受社区矫正过程中，他逐步拾回了信心，树立了重新做人的勇气。

三、承办人观点

李某被判刑后，从被动到能主动接受社区矫正，并且服从管理，遵守纪律，积极参加各项公益活动及教育培训，从思想上能够认识到自己是一名社区服刑人员，能够认真遵守社区矫正规定和司法所的管理，从心理上有了巨大改变，对顺利解矫打下坚实基础。

四、案件评析

要尊重社区矫正对象人格，平等对待，不存歧视。社区矫正对象虽然是违法犯罪人员，但有部分人员素质较高，自尊心极强，完全是因为一时糊涂，放松了警惕才导致犯罪，其主观恶性不大，并且在犯罪后都有悔过心理，因此我们不能将其等同于恶性很大的罪犯，心存歧视，恶意训斥，践踏人格。这样容易造成对象自卑、自闭心理，阻碍沟通，不利于社区矫正工作的深入开展。

要以人为本，充分体现社区矫正工作人性化管理。要及时并充分掌握矫正对象的家庭、生活及工作中存在的问题和积极有利因素，坚持"以人为本，以情感人"的原则，尽可能为矫正对象排忧解难；充分利用一切可利用资源，调动矫正对象的积极性，提高矫正对象适应社会，自谋出路的能力。

第五节　财产犯社区矫正案例

案例一　　　　　　　对症下药　积极矫正[1]

一、基本案情

张某，男，1973年10月出生，汉族，大专文化，已婚。2015年张某因犯职务侵占罪，被人民法院判处拘役6个月，缓刑1年。自被法院判决后，张某一直在家待业。

张某被判刑之前在村里当会计，平时为人老实，工作也很认真负责，被领导器重。张某是家里唯一的经济来源，家中年迈的母亲生病卧床不起，家庭经济困

---

〔1〕　案件来源：泰安市宁阳县华丰司法所。

难。张某心理压力极大，因一时的贪念沦为了罪犯。

二、案件处理与结果

（一）问题分析与诊断

司法所社区矫正工作人员通过心理测量和实地调查，了解到张某经济困难，心理压力较大，但是他接受能力较强，易与人交往，平时邻里关系很和谐。

1. 家庭经济困难。张某的母亲生病多年，生活不能自理，张某为给母亲治病花光了家里所有的积蓄。张某作为家里唯一的顶梁柱，面对窘迫的生活他一筹莫展。

2. 法律意识淡薄。虽然张某具有大专学历，但是本人对法律的了解甚少，他认为自己暂时挪用村里的钱是自己道德败坏，不是犯罪，不能上升到法律的层面。

3. 存在侥幸心理。张某认为自己为村里付出了那么多，理应得到一些报酬，在这样错误思想的指导下，侵占了国家财产，为国家造成了损失，现在本人非常后悔。

4. 思想极其消极。张某犯罪后非常痛苦，对自己作为一个大学生却走上了违法犯罪的道路感到非常后悔。同时，他感觉法律处罚较重，心里想不通，思想压力大。

（二）制定矫正目标

1. 改变错误认知，彻底认罪悔罪；

2. 缓解经济压力，点燃生活希望；

3. 学习法律常识，增强法律意识；

4. 鼓励早日就业，承担起家庭和社会责任。

（三）矫正计划与实施

1. 通过张某的邻居和矫正小组成员对他进行开导，疏导他的消极心理，鼓励他重新振作起来，积极面对生活。

2. 司法所社区矫正工作人员一方面多方协调，为张某和他母亲办理了农村最低生活保障；另一方面，司法所社区矫正工作人员想办法帮助张某母亲办理医保，这些措施从一定程度上缓解了他的家庭经济压力。

3. 鼓励他利用学历水平高，接受能力强的优势，学习法律法规，以法律指导自己今后的行为，杜绝因为不懂法而再次走向违法犯罪道路。

4. 鼓励张某学习一门手艺，通过自己的诚实劳动收获财富，在为他人工作中提升自己的价值，树立自信心，重塑对社会和家庭的责任感。

（四）矫正效果

经矫正，张某能够积极面对生活，自觉学习法律法规，掌握了一定的法律知识，他经常现身说法教育他人遵纪守法；张某参加技能培训，掌握了一门手艺，有了比较稳定的收入，他的性格逐渐变得自信、开朗起来。

三、承办人观点

在社区服刑人员中，有极少一部分是高学历者，他们的特点应该引起我们的重视，他们大部分都是因一时糊涂而犯了错，犯错后能及时悔悟，学习、接受能力都比较快，这是他们的优点。但是因为学历高，一旦违法犯罪后思想压力也大，认为自己一个大学生却被判刑了，在家乡邻居面前抬不起头来，意志非常消沉。所以需要司法所人员和矫正小组成员以及其村里人员共同努力，鼓励使其恢复自信。每一个服刑人员都是可以改造好的，这就需要我们发挥积极性主动性，多想办法勤思考，利用一切资源为他们服务，最终造福社会。

四、案件评析

本案中的社区服刑人员不仅年轻，学历较高，而且是因职务侵占罪而被纳入到社区矫正的。针对这类社区服刑人员我们不仅要依法监管教育，更要思考导致他们犯罪的思想原因和社会原因，只有从主观和客观两个方面做好了教育，才能从根本上做好社会回归和预防重新犯罪的工作。

对社区服刑人员采用差别化矫正教育。本案中的社区服刑人员有较高的文化水平，社区矫正工作人员要认真进行个案分析，掌握他们心灵深处可突破的致命弱点，即走上犯罪道路的病根，寻找犯罪思想产生的社会原因，然后对其进行有针对性的个别教育。值得注意的是差别化矫正教育不等于某类服刑人员享有特权。

案例二　　　悔罪思过劳其心　严格要求规其行[1]

一、基本案情

殷某，男，1973年11月3日出生，小学文化程度，已婚，平时务农、打工。殷某于2015年5月伙同他人在汶上县、郓城县盗窃电动轿车4辆，价值十余万元，被人民法院判以盗窃罪处有期徒刑3年，缓期4年。社区矫正执行时间从2015年12月31日起，2019年12月30日止。

二、案件处理与结果

（一）主要问题诊断

2016年1月，司法所社区矫正工作人员和社工来到殷某的老家进行家访，实地掌握了社区服刑人员殷某的现实生活状态和社区服刑环境。调查的方式包括与殷某面对面的交流、与他家人的谈话，以及与殷某所在社区邻居、派出所相关工作人员接触交流，对他生活环境进行观察等，在为期两天的探访行动中，从正面、侧面两方面初步掌握情况如下：

1. 好逸恶劳思想严重。殷某正值壮年，却贪图安逸享乐，自身没有一技之长，更不愿从事体力劳动，整日游手好闲，却梦想着怎么不费力气，快速发财。面对家人的劝说，殷某一点也听不进去。殷某接受社区矫正后，一时间难以转变原来的错误思想。

2. 难以切断不良朋友圈。殷某长期待在家里，慢慢的结交了一些狐朋狗友，常常一起出去玩乐，没有钱了便时常偷鸡摸狗，慢慢的胆子越来越大，犯罪行为越来越疯狂。殷某接受社区矫正后，虽然限制了一些自由，但是在短时间内仍难以切断与原来朋友的联系。

3. 家庭经济困难。殷某生活在农村，妻子平时务农，在农闲的时候外出打工，收入不稳定，殷某花钱大手大脚，家里经济非常困难。

（二）制定矫正目标

司法所社区矫正工作人员，认真分析了殷某的具体情况，找出矫正的优势和

---

[1]　案件来源：济宁市梁山县寿张集司法所。

劣势，为他制定了科学的矫正目标，具体如下：

1. 清楚犯罪危害，能够彻底认罪悔罪；

2. 理解社区矫正，严格遵守各项法规制度；

3. 消除错误认识，能够踏实劳动，自食其力；

4. 树立正确择友观，彻底切断与不良朋友的交往。

（三）制定矫正计划并实施

1. 开展法律常识教育，帮助认罪悔罪。司法所社区矫正工作人员不仅组织殷某定期学习法律常识，而且帮助他算清危害账，进一步端正他对犯罪危害性的认识，引导他认罪悔罪，教育他远离犯罪。

2. 开展社区矫正法律法规学习，要求严格遵守社区矫正制度。司法所社区矫正工作人员组织殷某认真学习社区矫正的规章制度，明确社区矫正的各项要求，教育殷某严格遵守社区矫正制度。

3. 开展劳动观念教育，纠正好逸恶劳的不良习惯。惧怕劳动，劳动观念不端正是殷某走向犯罪的一个重要原因。司法所社区矫正工作人员组织殷某参加社区服务，培养他的劳动观念和纪律观念，纠正好逸恶劳的不良习惯。

4. 帮助净化朋友圈，清除不良风气。司法所社区矫正工作人员对殷某进行个别谈话，引导他自觉远离原来的"朋友圈"。同时发挥矫正小组的积极作用，及时掌握殷某的思想动向和行为表现，帮助殷某清除不良的风气。

（四）矫正效果

经过一段时间的社区矫正，殷某已经能够认真遵守社区矫正制度，积极参加各项活动，已经认清了不良交往的危害，改掉了懒散享乐的毛病，能够自觉的参加农田劳动，但是由于没有一技之长，就业有一定的困难。

三、承办人观点

殷某的社区矫正开始并不顺利，但我们把信心带给了殷某，而殷某也认识到我们作为社区服刑人员的用心良苦，双方的目标和意愿基本一致，我们会继续跟进殷某的矫正，力求帮助殷某顺利完成矫正任务，同时也推进社区矫正工作的顺利开展，在社区矫正工作中帮助社区服刑人员实现自助。

四、案件评析

劳动改造是我国监狱改造罪犯的重要手段，在监狱改造罪犯的过程中发挥着重要作用。同样，劳动观念教育也是社区矫正的一项工作，它是培养社区服刑人员劳动观念和纪律意识的重要手段，有利于纠正社区服刑人员好逸恶劳的不良习惯，更是帮助修复社会关系的重要途径。本案中的社区服刑人员殷某贪图享乐，好逸恶劳，司法所组织他参与社会公益劳动是一项非常有针对性的教育措施。在社区矫正的公益劳动组织中，要充分体现好服务和教育的价值，调动好社区服刑人员的积极性，避免出现为了劳动而劳动，为了免受惩罚而劳动的错误的认识。

案例三　　　　多次盗窃酿苦果　矫正教育终悔悟[1]

一、基本案情

崔某，男，1980 年 4 月出生，汉族，小学文化，农民，有一个女儿。2008 年 10 月，崔某伙同他人在某家属院内，盗窃自行车一辆，价值 1660.50 元；2008 年 10 月 25 日 20 时许，崔某伙同他人在另一家属院内，盗窃电动自行车两辆，价值 5200 元；2008 年 10 月 23 日 17 时许，崔某伙同他人在某家属院内，盗窃富士达牌电动车一辆，后崔某又伙同他人盗窃电动自行车一辆，自行车价值 1416.10 元；2008 年 10 月 28 日 18 时许，崔某伙同他人在某小区内，盗窃摩托车一辆，涉案价值 2752 元；最终，崔某因犯盗窃罪，被人民法院依法判处有期徒刑 3 年，缓刑 5 年，并处罚金 20 000 元（缓刑考验期自 2009 年 6 月 15 日起至 2014 年 6 月 14 日止，罚金已缴纳）。缓刑期间，崔某在家务农。

二、案件处理与结果

（一）主要问题诊断

1. 法律意识比较淡薄。司法所社区矫正工作人员在对崔某的多次矫正过程中，发现他缺少基本的法律常识，对自己盗窃行为的社会危害性没有足够的认识，在朋友的唆使下实行了盗窃行为，对自己行为后果的严重性和违法性，没有足够的认知和预见能力。

2. 社会关系相对复杂。崔某是典型的农村闲散人员，没有稳定的工作，社会交往相对复杂，在与朋友的交往中，没有很好的辨别能力。

---

[1] 案件来源：临沂市郯城县李庄司法所。

3. 经济困难，但追求享乐。崔某和妻子都没有稳定的工作，孩子还要上学，家庭生活较为困难。崔某好逸恶劳，对自身的生活期望又较高，没有正确的人生观和价值观。

（二）制定矫正目标

制定针对社区服刑人员崔某的实际情况的矫正目标，为了使他认识到盗窃行为对社会造成的危害，从心理上能够反思自己的过错，特制定如下矫正目标：

1. 司法所社区矫正工作人员对崔某进行有效的心理测试，掌握他的心理波动情况，密切关注他内心情况的变化。

2. 司法所社区矫正工作人员搜集就业和职业技能培训的有关信息，帮助崔某掌握一技之长，改变他对生活的过高期望，引导他正确看待就业过程中所碰到的各种困难和挫折。

3. 司法所社区矫正工作人员会同社区矫正志愿者，劝说崔某脱离目前不良的交往圈子，重新开始自己的人生道路。

（三）制定计划并实施

1. 开展法律常识的教育，增加崔某的法律知识，帮助他认识社区矫正的重要性。

2. 组织崔某参加公益劳动，帮助他树立正确的劳动观念。

3. 严格落实社区矫正制度，教育崔某严格要求自己，定期向司法所报告自己的思想、活动情况，每月一次书面汇报。

4. 遵守社区工作具体的监督管理措施，服从社区矫正组织的监督管理。

（四）矫正效果

目前崔某能够积极按时的参加社区矫正的各项教育学习活动和社区公益劳动，做到有事情能够请假，服刑态度良好。在就业方面，崔某能够从自身的实际情况出发，实事求是的找工作；在思想方面，崔某能够积极的认罪悔罪，积极改造。但由于崔某自身的文化水平不高和职业技能的缺乏，对他的社区矫正还有一定的困难，这就需要家庭和社会各方面的帮助，司法所更不能放松对崔某的走访、回访和监督管理。

三、承办人观点

通过对社区服刑人员崔某的矫正，我们深深地感受到了教育改造社区服刑人员是一项艰巨而神圣的工作。完成好这项工作，不仅要求我们要有高度的责任感和使命感，还要求我们有过硬的业务知识，满腔的工作热情和足够的耐心。

四、案件评析

加强法制教育和警示教育是社区矫正常规教育的一项重要内容。本案中的社区服刑人员崔某多次实施盗窃的犯罪行为，为了防止他重新犯罪，应持续加强对他的法制教育，教育他学法、懂法、守法，要求他时刻牢记什么事能做、什么事不能做，切勿以身试法。同时，一定要开展警示教育，让他明白社区矫正作为非监禁刑，有着和监禁刑一样的刑罚执行的严肃性和权威性。

本案中社区服刑人员崔某社会交往比较复杂，自身缺乏正确的判断力是他走向犯罪的一个重要原因。在对他进行监管教育的过程中，应加强正确择友、交友教育。教育他君子之交以诚相待，小人之交看似甜蜜，实则容易破裂，告诫他远离损友、结交益友，形成健康、积极向上的社交关系。

第六节　其他矫正案例

案例一　　　　夫妻共同犯罪　社区巧妙矫治[1]

一、基本案情

陈某，男，38 岁，汉族，初中文化，农民。沈某，女，36 岁，汉族，小学文化，农民。陈某与沈某是夫妻关系。2011 年二人因犯盗窃罪均被判处有期徒刑 1 年，缓刑 1 年，并处罚金人民币 2500 元，刑期为 2011 年 7 月 1 日至 2012 年 6 月 30 日。矫正期限为 2011 年 7 月 1 日起至 2012 年 6 月 30 日止。

家庭情况：陈某夫妇有一个女儿，现在小学读书。陈某家中兄弟三人，他排行老三，自幼深受父母的宠爱，放荡不羁肆无忌惮，养成了以自我为中心的性格。陈某的父母不同意他俩的婚事，结婚之后他们和父母的关系不和睦，陈某的两个哥哥也因此与他们的关系疏远了，平时根本没有来往。

陈某犯罪前是村里唯一一名电工，由于缺乏相应的监督制约机制，蛮横的性

---

〔1〕　案件来源：聊城市东昌府区沙镇司法所。

格导致了违法犯罪。

二、案件处理与结果

（一）主要问题诊断

1. 拜金和利己的思想严重。陈某夫妻二人片面的认为，只要有钱了，家人自然会对自己另眼相看。所以夫妇二人一门心思想方设法赚钱，拜金和利己的思想严重。

2. 犯罪后夫妻关系不和。陈某夫妻为同犯，因为这次犯罪夫妻之间更是相互埋怨，经常争吵，夫妻关系也变得紧张，上升到濒临离婚的地步。

3. 共同不遵守矫正制度。夫妻二人入矫后，对社区矫正制度没有足够重视，不仅没有严格遵守，反而竞相违反制度。在入矫教育初期，他们心中以遵守制度为耻，违反制度为荣。

4. 法律意识淡薄。陈某夫妇铤而走险以身试法领刑罚，不仅仅是拜金的思想驱使，更是法律意识淡薄的表现。

（二）制定矫正目标

司法所社区矫正工作人员通过个别谈话、走访村委会和周围的群众等方式，掌握了社区服刑人员陈某夫妇的具体情况，进行了深入细致的研究，总结了矫正过程中遇到的主要问题如下：

1. 缓解心理压力。由于陈某在村里做电工工作时手里还有点权力，但被人民法院判决执行以后，夫妻二人自感无脸见人，思想压力很大。

2. 帮助融入社区。由于婚姻的问题，与父母和兄弟之间的关系不和，二人在村民中形成了很坏的影响，周围的群众对他们成见很深，邻里关系不和睦，群众基础差，融入社会难。

（三）矫正措施

1. 身心并治，消除抵触情绪，疏导心理压抑。矫正小组和相关部门积极帮助陈某寻找治疗身体疾病的方法。夫妻二人对此事非常感激，与矫正小组的关系也拉近了一步。

2. 调解夫妻矛盾，自愿接受矫正。陈某二人是在父母、兄弟的反对和乡亲们的不解下走到一起的，可见二人的感情基础牢固。他们之所以要提出离婚并不是丧失了感情基础，而是因步入歧途，生活上受到挫折，心理上存在巨大的压力。在接受矫正后，矫正小组没有马上组织他们按正常的程序参加矫正学习，而是为他们开小灶，向二人宣传夫妻之间的权利与义务，教育他们应树立什么样的家庭美德，并发放了《婚姻法》等书籍。通过矫正小组的工作，二人的思想有了变化，夫妻关系明显缓和。

（四）矫正效果

1. 司法所社区矫正工作人员帮助社区服刑人员消除抵触情绪，引导他们自愿接受矫正。

2. 夫妻关系得到缓和，矫正中互相帮助。经过矫正小组诚心、耐心的帮助和教育，陈某夫妇打消了离婚的念头，感情恢复如初。在矫正中严格要求自己，平时二人能够互相帮助，互相督促，共同提高，积极接受司法所的矫正。

3. 关心群众热情服务，转变观念融入社区。因为受到刑事处罚，村委会辞退了陈某，司法所及时与村委会进行了沟通，村委会给了陈某一次改过自新的机会，继续担任本村电工，考验期三个月。考验期间，正值该村架设照明线路，陈某早出晚归，认真负责，积极肯干，并向村委会提出合理化建议，受到村委会的表扬，初步融入社会。

三、承办人观点

对于本案例中的陈某夫妇的矫治工作，正是建立在正常化理念下进行的，给予我们很多启示。对于抵触情绪较大的社区服刑人员，矫正工作不宜采取强硬的方法，而应该注重灵活性；鼓励社区服刑人员多和社会的人群接触，培养正常人的人际关系，为其重新进入社会打下基础；工作中矫正工作人员要保持坦诚和接纳的态度，这也是矫正工作"以人为本"的体现。

基于陈某夫妻的现状，在进一步的跟进工作中，应注意：巩固矫正效果，在二人对社区矫正已有一定感性认识的基础上配合矫正制度和相关法律的教育，使之上升到理性认识，全面了解社区矫正，明确权利与义务的关系，自觉接受矫正。另外，在开展法制教育的同时加强对陈某的道德教育，矫正其性格上的一些缺陷，增强社会责任感和家庭责任感。根据他们夫妻二人现有的情况，制定有针对性的矫正方案，确定矫正项目。对于陈某来说一大心病是与其兄弟间关系僵持。工作人员应注重深入其家庭，调解家庭关系。鉴于二人矫正期届满，应加强前途教育，并与派出所、村委会联系，制定解矫后对二人的监督、帮助措施，使之顺利回归社会。

四、案件评析

本案中的社区服刑人员夫妻同案，他们在社区矫正过程中表现出了一致对抗改造的问题，比如不遵守社区矫正制度等。社区矫正工作人员在教育矫正这类人员时，没有沿用常规的矫正方法，而是因人施教，巧妙地了发挥社区服刑人员的主观能动性的积极作用，化阻力为动力，不仅建立了和谐的矫正环境，而且也创建了相互监督改造制度。同时，社区矫正工作人员在进行矫正教育的过程中，进行家庭关系的调解，这对于他们今后解除社区矫正融入社会创造了很好的条件。

案例二　　　四个青年一同犯罪　社区矫正因人施教[1]

一、基本案情

（一）个人情况

姓名：解某甲，性别：男，年龄：19，文化程度：文盲；

姓名：解某乙，性别：男，年龄：20，文化程度：文盲；

姓名：解某丙，性别：男，年龄：23，文化程度：初中；

姓名：解某丁，性别：男，年龄：23，文化程度：初中。

（二）家庭成员及社会关系

1. 解某甲的家庭成员及社会关系。父亲，45 岁，务农；母亲已逝；奶奶，72 岁，体弱多病。

2. 解某乙的家庭成员及社会关系。父亲，50 岁，打工；母亲，48 岁，务农；姐姐，务农。

3. 解某丙的家庭成员及社会关系。父亲，49 岁，务农；母亲，49 岁，务农。

4. 解某丁的家庭成员及社会关系。父亲，52 岁，打工；母亲，50 岁，打工。

（三）案例资料

1. 犯罪事实。2011 年 6 月 28 日 16 时许，解某甲的父亲因拆迁问题与本村

---

〔1〕　案件来源：临沂市临沭县白旄镇司法所。

村民发生纠纷，后被依法传唤至派出所。解某甲、解某乙、解某丙、解某丁等人将派出所的警车围住，要求释放解某甲的父亲，并打砸警车。同日 23 时许，解某甲、解某乙、解某丙、解某丁等人对本村村民委员会办公楼的门窗玻璃、室内的电脑、电视、桌椅、茶几、文件图纸、档案资料、扩音喇叭、监控设备、远程教育设备等办公物品及轿车实施打砸，并且将轿车掀翻，造成直接经济损失24 806 元。

2. 判决情况。人民法院判决解某甲、解某乙犯故意破坏财产罪，判处有期徒刑 1 年 6 个月，缓刑 2 年；解某丙、解某丁犯故意破坏财产罪，判处有期徒刑 1 年，缓刑 1 年。

社区矫正期限：解某甲、解某乙考验期限自 2012 年 1 月 10 日起至 2014 年 1 月 9 日止；解某丙、解某丁考验期限自 2012 年 1 月 10 日起至 2013 年 1 月 9 日止。

二、案件处理与结果

（一）谈话记录

2012 年 1 月 5 日司法所工作人员与 4 名社区服刑人员进行个别谈话，谈话记录如下：

1. 工作人员：解某甲，你说说你当时作出违法行为的想法吧。

解某甲：我父亲被他们抓了，我很着急，我想救我父亲。

工作人员：救你父亲可以采用和平手段，你为什么要采用暴力呢？

解某甲：我觉得人善被人欺，马好被人骑……我觉得我只能来硬的，这社会，就要来硬的才能解决问题……

工作人员：那现在你被判了刑，你的想法有没有改变呢？

解某甲：我心里有点想不通，我不明白，为什么他们抓了我父亲就行，我救我父亲就犯法了（此时，解某甲情绪很激动）。

工作人员：解某甲，派出所不是抓你父亲，只是把他叫到派出所了解情况，没有其他意思，了解完情况做个记录就会让他回家的。结果你看你的暴力行为让事情变得复杂了。以后你做事可不能这么冲动，明白吗？

解某甲：知道了（解某甲情绪缓和了很多）。

工作人员：那好，以后认真接受矫治，希望你能早点完成矫治任务。

解某甲：嗯，我知道了。

2. 工作人员：解某乙，你知道你的行为是违法的吗？

解某乙：当时不知道，只是觉得去给朋友帮忙是应该的，再说我也没打人干嘛的，就是砸了点东西。

工作人员：不仅打人是犯法的，砸坏别人的东西也是犯法的啊。再说，这样的行为怎么能叫给朋友帮忙是应该的呢，解某甲的做法就是错误的，你又帮他去砸别人东西，这不是错上加错嘛。

解某乙：哦。

工作人员：你父母都非常疼爱你，你这次的行为让他们非常担心也非常失望。我和他们沟通过了，他们觉得你的行为他们也有错，因为他们平时太宠爱你了，所以他们说以后让你好好改造，他们会配合我们的工作帮助你早日完成矫正工作。你以后能认真接受改造吗？

解某乙：我会努力的。

3. 工作人员：解某丙，你对你这次的违法行为有什么想法？

解某丙：我其实非常后悔（低下了头）。

工作人员：你对自己以后的生活有什么打算呢？

解某丙：我以后打算找份工作，认真上班，挣钱，不再让我爸妈跟着我操心，我也会听你们的安排，认真接受矫治，争取早日结束矫治。希望你们能够帮助我。

工作人员：你能有这样的打算说明你的矫治态度非常好，相信你能配合我们的工作，认真接受矫治。如果有什么困难就告诉我们，我们会全力帮你解决的。

解某丙：谢谢你们。

4. 工作人员：解某丁，你知道自己犯法了吗？

解某丁：我当时不觉得是犯法。

工作人员：那你现在知道了吗？

解某丁：现在知道了。

工作人员：对自己以后的生活有什么打算？

解某丁：我也不知道啊（态度很冷淡）。

工作人员：你出事以后，你爸妈怎么给你说的？

解某丁：他们没说什么，也管不了我。

工作人员：那你觉得自己没有工作，一直跟父母要钱，如果有一天你父母不能挣钱了你怎么生活呢？你以后还要结婚，你想过结婚以后怎么生活吗？

解某丁：……（解某丁低着头不说话）

工作人员：你先回家，然后写一份自己的想法，明天来交上，行不行？

解某丁：行。

（二）心理测试情况

1. 解某甲的心理测试情况。经过对其家庭情况了解以及对其进行心理测试，发现解某甲性格暴躁，易怒易冲动。母亲早逝，父亲忙于农活，奶奶体弱多病，所以解某甲一直无人看管教育，也没有上学，是一名文盲。这样的情况导致其一直在社会上流浪，形成了很多坏习惯，并且形成了一些心理问题，社会危害性较大，应该对他进行心理矫治。

2. 解某乙的心理测试情况。通过与解某乙以及其父母、姐姐谈话，了解到解某乙性格孤僻，内向，不愿与人交流。因为解某乙是家里最小的男孩，非常受宠爱，解某乙从小不愿上学，家人就没让他上学，文化素质较低。因为没有工作又不愿干农活，解某乙和他的狐朋狗友一起胡作非为，整天吃喝玩乐。心理问题很严重，社会危害性很大，应该对他进行重点心理矫治。

3. 解某丙的心理测试情况。经过对其进行谈话了解，发现解某丙平时表现还不错，初中毕业后没考上重点高中就辍学在家，一直帮助父母干农活。平时不忙的时候会和同村的解某甲、解某乙等人一起打牌，关系比较好。解某丙性格比较平和，喜欢交朋友，讲义气。因为他太重朋友感情，所以愿意为朋友两肋插刀，导致他是非不分、善恶不清。应该对他这种为朋友两肋插刀的哥们义气进行教育矫治，让他认清是非善恶，做一名合格守法的公民。

4. 解某丁的心理测试情况。经了解，解某丁的父母在外地打工，解某丁一直跟着叔叔生活。初中毕业后就不愿再继续读书，也没有找工作，整天在社会上和一群青年吃喝玩乐，没有钱了就给父母打电话要。因为家里就他一个孩子，父母也很惯着他，有求必应。所以解某丁性格张扬跋扈，做事不考虑后果。心理问题比较严重，社会危害性较大，应该重点矫治。

（三）矫正措施

经过对四名社区服刑人员的亲属和邻里以及村委成员的走访调查，我们收集了他们的相关资料，并对他们进行了分析评定，在此基础上制定了矫正方案。

解某甲、解某乙和解某丁道德素质低，心理问题严重，社会危害性较大，犯罪后认罪态度一般，应该对 3 人进行重点矫治。具体措施如下：

1. 制定全年的集中教育学习计划，进行目标控制。

2. 每月对 3 人进行集中教育学习，以学习法律为主要内容。每次授课后组织矫正对象进行讨论，双方互动，当日消化。

3. 每月组织 3 人到镇敬老院进行公益劳动，旨在培养其为社会服务，为他人服务的观念。每次公益劳动结束后，3 人要上交一份公益劳动心得体会，矫正工作人员认真研讨，找出进步和不足。

4. 要求 3 人每月交一份思想汇报，内容要求包括生活、家庭、思想、身体健康等方面的情况，以便矫正工作人员及时掌握其思想动向和疑难问题并及时解决。

5. 每月至少与 3 人谈话一次，采取集体谈话的形式，3 人互相对比，找出自己的不足，以便及时改正取得更大的进步。

6. 司法所社区矫正工作人员与矫正人员家人保持联系，并经常与他们沟通交流，让家长做好对 3 人的日常监督和管理工作，使他们更快更好的完成改造。

解某丙思想觉悟比较高，虽然是初中文化程度，但是他比较懂事，思想觉悟也比其他 3 人高，犯罪后认罪态度较好，社会危害性不大，可以按照一般人员进行矫治。具体措施如下：

1. 制定全年学习计划，进行目标控制。

2. 每月组织一次对解某丙的教育学习，以学习法律为主要内容，提高其法律知识水平，增强其法制意识。

3. 矫正解某丙的错误价值观。通过认真讲解，耐心沟通，改变解某丙为朋友两肋插刀的观念。教育他分清是非善恶，分辨违法行为，以防再犯类似错误。

4. 要求解某丙每月上交一份思想汇报，内容可以是多方面的，主要是其思想和生活情况，以便工作人员可以及时了解其思想动态。

5. 与其家人保持联系，并经常与他们沟通交流，让家长做好日常的监督和管理工作，使解某丙更快更好的完成改造。

（四）矫正效果

社区矫正小组要认真遵守法律法规，按照社区矫正个案书的矫正措施对 4 人开展矫治工作，并要根据矫治进程对矫正个案书及时做出修改和补充，争取成功完成对 4 人的矫正工作。

三、承办人观点

做好社区矫正工作，不仅有利于落实党的改造罪犯政策，提高教育改造工作质量，加强和完善社会主义法制建设，更有利于巩固党的执政基础，维护社会长治久安。推行社区矫正工作，是依法治国，以德治国方略的具体体现，是推进社会主义法治建设和精神文明建设，促进社会稳定、社会进步的一项重要举措，是充分运用社会机制，整合社会资源，加强对缓刑、管制、假释及监外执行等各类对象管理和改造的一条重要途径。

四、案件评析

该案件中的社区服刑人员有 4 名，他们基于同一起案件实施犯罪活动。从整个的案情看，他们普遍存在法制观念淡薄、文化程度不高、易冲动、意气用事等特点。本案中的 4 名社区服刑人员越过法律的红线，采用极端的方式来解决问题，所以对他们加强文化知识和法制观念的教育是非常有必要的。

尽快结合实际，进行技术培训，引导四名社区服刑人员就业。本案中的四名社区服刑人员年龄都在 20 岁左右，理应走向独立和自强，但是却成为罪犯，他们是父母的希望，是家庭未来的支柱。在社区矫正的过程中，结合他们的实际情况，发挥家庭教育的积极作用，引导他们掌握一技之长，积极就业。根据马斯诺的人的需要层次理论，人的需要从低到高依次分为"生理需求、安全需求、社交需求、尊重需求和自我实现需求"，通过就业来实现他们的自我价值，提高他们内心的需要层次，进而提高他们自我预防犯罪的能力。

案例三　　　昨日故意伤害罪犯　矫后见义勇为模范[1]

一、基本案情

胡某某，男，1988 年 12 月出生。2015 年 2 月，人民法院以故意伤害罪判处胡某某有期徒刑 1 年，缓刑 1 年 6 个月，矫正期自 2015 年 2 月 20 日至 2016 年 8 月 19 日。

胡某某初中毕业之后常年在外打工，家庭情况比较复杂，父母年事已高，家

―――――――――

〔1〕 案件来源：临沂市费县司法局。

中有一个智障的叔叔需要赡养，家庭重担基本上落在胡某某身上，已 28 岁的胡某某与女朋友张某相恋多年，一直未婚。2014 年胡某某在外地打工，公司老板的司机路某平时对胡某某比较照顾，老板周某家的保姆白某受到男朋友赵某的骚扰，周某电话告知路某让过去看看，路某喊着胡某某一起找到赵某，一顿拳打脚踢之后，将赵某打成轻伤。

二、案件处理与结果

（一）主要问题诊断

1. 法律意识淡薄。对于胡某某来说，法律意识比较淡薄，感觉自己把人打成轻伤也不算什么，之前自己也经常会和朋友去干这种事，缺乏法律意识是造成他犯罪的根本原因。

2. 缺乏主见与判断，盲从心理强。胡某某在平时生活中缺乏主见和判断，对于一些自己感觉能做的事情不会拒绝，交朋友不分类，朋友义气心理非常强，同时存在较强的盲从心理。

3. 家庭和学校教育缺失。胡某某出生在一个农民家庭，初中毕业后就在外地打工，家庭教育缺失，在校园受教育时间少，没有形成正确的人生观和价值观。

（二）教育管理中面临的问题

1. 思想认识方面。胡某某能够认识到自己的错误，但对自己所犯罪行认识不到位，认为自己没有进监狱就是没罪，对社区矫正工作认识不清，无法正确面对自己目前的情况，同时他在生活中缺乏主见且比较固执，认为自己的先前行为是在维护正义，从心理上难以接受法律的制裁。

2. 个人及家庭方面。胡某某在接受社区矫正时，心理和行为上有抵触情况，认为社区矫正既不控制人身自由，又不能进行财产处罚，只是走过场而已，再加上家中父母年事已高且多病，面对种种生活困难和压力，自己无法实现对家庭的责任担当，让他感到有一种难以释放的压抑。

3. 社会等其他方面。犯罪前胡某某长期在外地打工，本村生活时间较少，村民对其情况了解不多，社区矫正工作开始后，他不能离开居住地，家庭经济状况一下子跌入低谷，自己的婚姻也遇到了一些困难。胡某某之前在外务工，认识的社会不良青年较多，形成了一些不良习惯，遇到事情总想着以暴力方式解决。

（三）实行社区矫正情况

1. 确定工作目标。针对胡某某的基本情况，司法所为他量身定做了社区矫正个案书，以实现矫正其不良行为和心理，提升其法律意识和社会意识，降低社会危害性的工作目标。

2. 具体矫正措施。鉴于胡某某的日常表现和实际情况，根据社区矫正工作人员对他的实际评价，司法所为其制定了专门的矫正个案书，采取多种矫正措施并用的方式，以确保实现矫正其行为和心理的目标。具体措施如下：

一是由聘请的国家二级心理咨询师对其进行心理辅导，让其认识到犯罪根源，找出自身原因，从心理上摒弃原有的犯罪心理，抛弃在社会上形成的不良习惯。二是成立由社区矫正工作人员、村委会成员、家庭成员及心理咨询师组成的社区矫正小组，由社区矫正小组成员具体负责对胡某某的日常矫正，密切关注其行为习惯的变化以及生活动态，及时掌握其在生活中的点滴变化。三是定期进行法制培训。根据胡某某的实际情况，有针对性地选择法律教材，有效地对其进行法制宣传，提升其法制意识。四是采取"军事训练＋公益劳动"模式，通过军事训练提升其遵纪守法的意识，让其明白个人行为需要受到规范约束，通过公益劳动提升其社会责任感，懂得要回报社会。五是就业安置帮扶。鉴于其实际情况，通过联系胡某某在临沂市兰山区承包工程的远房姐夫宁某，为他在工程工地上找到一份为房屋装修的工作，将宁某确定为社区矫正小组成员，在加强对其进行监管的同时，解决家庭实际困难。六是在矫正实施过程中及时调整矫正措施。在矫正措施的实施过程中，胡某某逐渐能够正确认识到自己的犯罪根源，鉴于其在矫正期间的变化，矫正干警联合其他矫正小组成员，及时调整矫正措施，将胡某某树立为社区服刑人员标兵，提升其接受社区矫正的积极性。

（四）矫正效果

经过社区矫正，胡某某不但能够清醒认识到自己的犯罪根源，积极改正各种不良习惯，还能够积极地回报社会。在矫正期间，多次受到司法局及司法所的表扬，被县司法局评为"社区矫正积极分子"，2016 年 5 月 6 日，胡某某在建筑工地上打工期间，成功救助了在交通事故中严重受伤的郭某某。2016 年 9 月 13 日，经县人大常委会第十七届第三十八次会议审议通过，授予其"见义勇为先进分子"荣誉称号，被评为"费县好人"。临沂市电视台"大义沂蒙"栏目对其先进事迹进行了采访。2017 年 2 月，《法制日报》对其在社区矫正期间见义勇为的事迹进行了报道。

三、承办人观点

经过所有社区矫正小组成员共同努力，胡某某于 2016 年 8 月 19 日矫正期满，顺利解除社区矫正，转为一般人员进行安置帮教。通过对胡某某的社区矫正，给我们一定的工作启示。

1. 阳光矫正从心开始。自树立"阳光矫正"品牌以来，费县社区矫正管理局对所有的社区服刑人员的帮扶教育都从心开始，倾情付出，让他们从矫正中体会"阳光"的作用，为他们的重生增添一份阳光，让他们的生活重新充满阳光。

2. 榜样作用不容小觑。在矫正过程中，除了开展常规性的法制教育、思想教育、公益劳动等活动以外，还可以配合一些新的管理措施，矫正效果会事半功倍，如在矫正过程中通过给予司法奖励，树立学习榜样，让社区服刑人员向榜样看齐，自觉矫正自己的不良行为，积极回报社会。

3. 多方配合全面矫正。社区矫正工作需要多方面的配合，司法行政机关进行监管教育，社区矫正小组成员范围要尽量全面且有针对性，充分调动社区服刑人员身边的社会力量，对社区服刑人员进行从行为到心理的全面矫正。

四、案件评析

社区矫正是一种刑罚执行活动，在日常的工作过程中，常常会遇到来自社区服刑人员和社会的种种困难。社区矫正工作的目标就是促使社区服刑人员顺利回归社会，在非监禁状态下，一方面加强对社区服刑人员的教育和改造，矫正社区服刑人员的犯罪心理和行为恶习；另一方面加强对社区服刑人员的帮助和服务，促使其顺利回归社会。

社区服刑人员是一类特殊群体，触犯了刑法，给社会带来了危害。对于他们来说，只有经过有效的社区矫正，从行为上到心理上对他们进行全面矫正，让他们体会到社区矫正工作的意义，让他们在阳光的照耀下重获新生，顺利回归到社会，才能实现社区矫正作为一种刑罚执行方式的真正意义。

第二篇　人民调解案例

知识概要

人民调解是一项具有中国特色的化解矛盾、消除纷争的非诉讼纠纷解决制度。所谓人民调解，是指人民调解委员会通过说服、疏导等方法，促使当事人在平等协商的基础上自愿达成调解协议，解决民间纠纷的活动。

自 2011 年 1 月 1 日起实施的《人民调解法》，是新中国第一部规范人民调解工作的法律。

一、基本知识

（一）人民调解的特点

1. 人民性。人民调解是在社会主义国家产生并发展起来的；人民调解员是由群众推选产生的具有一定调解技能的人担任；调解的纠纷是人民内部的矛盾；调解的目的是平息人民群众之间的纷争，增强人民内部的团结，维护社会的安定。

2. 民主性。人民调解从本质上说是人民进行自我管理、自我服务、自我约束、自我教育的群众性自治活动。它是人民群众直接行使民主权利与管理社会事务的一种表现，是民主自治的重要形式，体现了人民群众当家作主的地位。

3. 自愿性。人民调解必须坚持当事人自愿平等的原则，不得强行进行调解。人民调解委员会应根据当事人的申请受理调解纠纷，当事人没有申请的，也可主动进行调解，但当事人表示异议的除外。调解过程中应运用说服教育、耐心疏导、民主讨论等多种方法，在查明事实、分清是非的基础上，依法帮助当事人达成调解协议，协议的内容应根据当事人的意愿决定。

4. 规范性。人民调解是法定组织依据调解程序进行的解决纠纷的活动，不是群众自发的活动。人民调解委员会应在法律规定的范围内调解民间纠纷，不得超越其职权范围。人民调解是诉讼外民间纠纷解决机制，必须依法进行、辨明是非、明晰权利义务。

5. 自治性。人民调解委员会既不是国家司法机关，也不是国家行政机关，而是基层群众自治组织。人民调解委员会主要在村民委员会、居民委员会、企业事业行业中设立，是人民群众自我管理、自我教育、自我服务的一种工作制度。

（二）人民调解的基本原则

1. 自愿原则。人民调解组织及其调解员在开展调解工作时必须始终尊重当事人的意愿，不得将自己的意志强加给当事人，更不允许采取任何强迫措施。当事人享有充分的意思自治，不受任何强迫、歧视。当事人可以接受调解；也可以拒绝调解；可以自主选择调解员；可以接受或不接受调解员提出的调解方案；可以选择达成书面调解协议还是口头调解协议。调解并不是当事人向人民法院起诉或者采用其他方式维护合法权益的前置条件。

2. 平等原则。在调解纠纷过程中，人民调解组织及其调解员应保证当事人的法律地位平等，即当事人在参加纠纷调解过程中享有独立和平等的法律人格，各当事人互不隶属，可以各自独立地表达自己的意志，其合法权益平等地受到法律的保护，不得有"歧视性对待"和"区别对待"。

3. 合法原则。人民调解组织及其调解员在调解过程中必须坚持在查明事实、分清是非的基础上，遵循一定的程序，依据法律、法规、规章及政策充分说理，促使当事人对争议的问题进行平等协商、互相谅解、消除隔阂，引导、帮助当事人达成调解协议。合法原则是我国法治原则的要求，只有坚持依法调解才能真正做到以事实为依据、以法律为准绳，才能分清是非和责任，纠纷才能真正得到解决，才能维护社会正常秩序，保障社会安定。

人民调解组织及其调解员在调解纠纷时可以在不违背法律、政策的前提下兼顾天理、人情，以当事人在情感上能够接受的方式和人们共同认同、信守的公德为标准，尊重当地的公序良俗。这可以在一定程度上弥补法律禁止性规定的不足之处，有效地促进社会的和谐稳定，有利于纠纷的彻底解决。

（三）人民调解的程序

1. 人民调解案件的审查受理。当事人可以向人民调解委员会申请调解；人民调解委员会也可以主动调解。当事人一方明确拒绝调解的，不得调解。

基层人民法院、公安机关对适宜通过人民调解方式解决的纠纷，可以在受理前告知当事人向人民调解委员会申请调解。

2. 人民调解员的确定。人民调解委员会根据调解纠纷的需要，可以指定一名或者数名人民调解员进行调解，也可以由当事人选择一名或数名调解员进行调解；在征得当事人的同意后，可以邀请当事人的亲属、邻里、同事等参与调解，也可以邀请具有专门知识、特定经验的人员或者有关社会组织的人员参与调解。

3. 调解的实施。调解员调解民间纠纷，应当坚持原则，明法析理，主持公道。调解民间纠纷应当及时、就地进行，防止矛盾激化。调解员要听取当事人的陈述，讲解有关的法律、法规和政策，耐心疏导，在当事人平等协商、互谅互让的基础上提出纠纷解决方案，帮助当事人达成调解协议。

4. 调解的终结。一是调解不成的，应当终止调解，并告知当事人可以依法通过仲裁、行政、司法等途径维护自己的权利。二是当事人达成调解协议的，调解活动即告终结。

（四）当事人的权利义务

1. 权利：①选择或者接受调解员；②接受调解、拒绝调解或者要求终止调解；③要求调解公开或不公开进行；④自愿达成调解协议。

2. 义务：①如实陈述纠纷事实；②遵守调解现场秩序，尊重人民调解员；③尊重对方当事人行使权利。

（五）调解协议

调解协议分为口头协议和书面协议。口头调解协议自各方当事人达成协议之日起生效。调解协议书可以载明下列事项：①当事人的基本情况；②纠纷的主要事实、争议事项以及各方当事人的责任；③当事人达成调解协议的内容，履行的方式、期限。调解协议书自各方当事人签名、盖章或者按指印，人民调解员签名并加盖人民调解委员会印章之日起生效。调解协议书由当事人各执一份，人民调解委员会留存一份。

经人民调解委员会调解达成的调解协议，具有法律约束力，当事人应当按照约定履行。人民调解委员会应当对调解协议的履行情况进行监督，督促当事人履行约定的义务。

经人民调解委员会调解达成调解协议后，当事人之间就调解协议的履行或者调解协议的内容发生争议的，一方当事人可以向人民法院提起诉讼。

经人民调解委员会调解达成调解协议后，双方当事人认为有必要的，可以自调解协议生效之日起30日内共同向人民法院申请司法确认，人民法院应当及时对调解协议进行审查，依法确认调解协议的效力。人民法院依法确认调解协议有效，一方当事人拒绝履行或者未全部履行的，对方当事人可以向人民法院申请强制执行。人民法院依法确认调解协议无效的，当事人可以通过人民调解方式变更原调解协议或者达成新的调解协议，也可以向人民法院提起诉讼。

二、国家法规与政策及我省工作状况

（一）国家法规与政策

《宪法》第111条第2款规定："居民委员会、村民委员会设人民调解、治安保卫、公共卫生等委员会，办理本居住地区的公共事务和公益事业，调解民间纠纷，协助维护社会治安，并且向人民政府反映群众的意见、要求和提出建议。"这一规定使人民调解在国家根本大法中得到体现。1986年6月国务院发布施行了《人民调解委员会组织条例》，进一步确立了人民调解的法律地位。2002年9月最高人民法院出台了《关于审理涉及人民调解协议的民事案件的若干规定》，该规定明确了人民调解协议的性质和法律约束力，增强了人民调解工作的公信力和权威性。2002年9月11日司法部部长办公会议通过《人民调解工作若干规定》，2002年11月1日起施行，该规定进一步规范人民调解工作，完善人民调解组织，提高人民调解质量。2010年8月28日，第十一届全国人大常委会第十六次会议通过了《人民调解法》，2011年1月1日起实施。这部法律的颁布实施是人民调解工作发展中的一件大事，是人民调解制度发展的一座里程碑。它在全面总结新中国人民调解工作发展经验的基础上，从制度创新、制度规范、制度保障的角度，以国家立法的形式对人民调解的性质、任务和原则，对人民调解组织形式和人民调解员选任，人民调解的程序、效力等问题作出了规定，使人民调解工作进一步实现了有法可依，步入法制化、规范化的发展轨道。2011年3月21日，最高人民法院出台了《关于人民调解协议司法确认程序的若干规定》，对司法确认的程序、管辖、期限等作出了规定。

（二）我省工作状况

目前，山东省有乡镇（街道）人民调解委员会1867个，企事业单位人民调解组织 9526 个，区域性行业性人民调解组织 633 个，其他人民调解组织 967 个。

在调解范围上，人民调解不仅化解婚姻、家庭、继承、赡养、邻里等常见民间纠纷，还化解劳资关系纠纷、物业管理纠纷、土地流转纠纷、拆迁纠纷等公民与法人及社会组织之间的矛盾。人民调解服务于改革发展。

在调解协议效力上，经人民调解委员会调解达成的调解协议具有法律约束力，当事人应当按照约定履行。我省各地正在开展"规范制作人民调解协议书"活动，狠抓调解质量管理，纠纷调解率、调解成功率、调解协议履约率不断提高，人民调解的社会影响显著提升。

2016 年 12 月，山东省司法厅在邹城召开了省人民调解工作会议，会议指出，要以专职队伍建设为发展主线，不断提升人民调解工作专业水平。坚持以专职化为主、专兼职相结合、政府购买服务和社会志愿服务相结合，不断完善专职人民调解员为支柱、调解员助理为后备、网格（网点）信息员为辅助、兼职人民调解员为补充的"四位一体"的队伍构成；要以网络数据平台为新的支撑，不断加快人民调解工作转型升级进程。全省公共法律服务体系建设正在向纵深发展，人民调解作为重要内容要主动纳入公共法律服务实体、热线、网络三大平台建设，进入县（市、区）、乡镇（街道）、村（社区）三级公共法律服务平台，"12348"公共法律服务热线平台，统一的网上公共法律服务大厅。人民调解工作要始终坚持以人为本、服务人民，围绕扩大服务民生覆盖面，突出"精准覆盖"和"广泛覆盖"，推动人民调解组织和人民调解员队伍在城乡扎根，将人民调解的"触角"延伸到基层一线，使人民群众享受到精准化、精细化的调解服务。要积极回应人民群众的利益诉求，紧紧围绕广大群众最关心、最直接、最现实的问题，最大限度地扩大人民调解工作领域，最大程度地搭建现代调解平台和创新调解手段，最大程度地发展人民调解组织，为人民调解全覆盖提供组织基础和保障。

人民调解作为现代社会的"缓冲剂""减震网""安全阀"，在缓和社会冲突、协调利益关系、预防和减少民间纠纷、化解社会矛盾、法制宣传教育、维护社会和谐稳定等方面将会发挥更加重要的作用。

第一章

民事侵权纠纷人民调解案例

案例一 人身伤害损害赔偿纠纷[1]

一、基本案情

2010 年 9 月 10 日，村民裴某与本村村民季某因日常小事发生口角，后发生打斗，季某被裴某击伤头部，花费医药费和营养费 6000 元，误工费 1800 元，交通费 250 元，共计 8050 元。事发后，季某多次向裴某要求赔偿，但裴某始终以各种理由拒不赔偿。2011 年 4 月 11 日，双方因赔偿问题又发生了激烈的冲突，幸被围观村民制止，没酿成流血事件。无奈，季某向司法所申请调解处理纠纷。

二、案件处理与结果

司法所受理案件后，立即派员按照双方自愿的原则进行调解，由于双方在赔偿数额上分歧比较大，第一次调解被迫中止。调解员根据案情和双方具体要求及时进行讨论，调整调解方案，准备采用"背靠背"、换位思考的调解方法。

为了更好地化解双方的矛盾，2011 年 4 月 18 日上午，裴某和季某来到司法所接受第二次调解。调解过程中，季某一直倾诉经济上的困难，言谈中流露消极悲观的情绪，表示自己已经豁出去了，再拿不到钱一定要弄死裴某。见当事人情绪逐渐激动，调解员赶忙进行安抚说："你的问题经过我们的努力，你本人再积极配合些，一定会得到合理解决的，如果这时采取不恰当的方式，对于解决问题百害而无一利，这是你想要的结果吗？"听到这里，季某的情绪才有所缓和。见此情况，调解员表示非常理解季某的难处，说道："你身体受到伤害还需要进一步治疗，农活也需要别人帮忙，这些都是裴某造成的。裴某伤害了你，他一定要赔偿，但问题是他能拿出那么多钱吗？你也知道他收入来源主要依靠家中种植果

---

〔1〕 案件来源：临沂市平邑县司法局。

树，经济上很拮据，你让他足额补偿你，他没钱就只有耍赖了。赔偿问题是否可以用裴某为你干农活的方法来弥补呢？"在调解员耐心细致的劝说下，季某开始慢慢转变思路。

在另一个房间，调解员对裴某进行劝导，希望裴某站在季某的角度考虑一下问题，季某被打后遭受了常人难以体会到的痛苦与折磨，并且他已四十多岁，还没有成家，经济条件也很一般，不要盯着别人的过错和钱不放，应从长计议，钱只有幸福健康地活着才能享用，如果发生不可预料的悲剧，最终会落个人财两空的结局。裴某听到此处也有所醒悟。在调解员的劝说下，裴某表示最高可以补偿5000 元现金，其余的钱真的拿不出来了，并表示接受调解员提出的，在 5000 元赔偿金外用帮助季某干农活的方式来弥补经济赔偿不足的建议。最终裴某和季某签订了如下调解协议：①裴某赔偿季某现金 5000 元，一次性支付；②其余款项由裴某以帮干农活的方式赔偿给季某；③双方今后互不追究。

三、承办人观点

这次调解工作成功地化解了一次矛盾，为基层调解工作树立了良好的榜样。通过这个案件，我体会到以下三点：

1. 和农村基层百姓打交道时一定要有耐心，认真听取他们的倾诉并给予积极妥当的回应，让他们信任你、亲近你，在此基础上总会有解决问题的办法。

2. 立场要坚定，方法要灵活。调解员要时刻牢记自己的职责，协助基层党委做好工作，为百姓排忧解难，维护乡镇稳定，确保社会和谐。

3. 在为基层百姓化解矛盾时，调解员应当坚持原则，明法析理，为当事人主持公道，平息纠纷。

四、案件评析

这是一起典型的人身伤害损害赔偿纠纷案件，情节简单，纠纷也不复杂，问题的焦点在于当事人的态度和对纠纷的处理方式。依据《侵权责任法》第 16 条规定，侵害他人造成人身损害的，应当赔偿医疗费、护理费、交通费等为治疗和康复支出的合理费用，以及因误工减少的收入。

本案的调解员在案件调处过程中思路清晰，适当运用了"背靠背"法、换位思考法，与当事人分别进行沟通交流，避免矛盾激化，让当事人站在对方的立场上思考问题，体察对方的感受，设身处地地为对方着想，从而理解对方的想法并改变自己的观点、态度和做法，最终使问题得到圆满的解决，达到调解的目的，实现了社会和谐。调解员还在调解过程中对当事人进行了适当的法律教育，履行了基层法律服务人员的工作职责。

案例二　　　　　　　　人身健康权损害赔偿纠纷[1]

一、基本案情

李某在本村路边开了一家酒店。一天中午，村民王某来到李某的酒店吃饭，并于下午2点左右吃完离开。当天下午4点多，正在家中打牌的王某忽然感到腹部不适，并伴随着呕吐、腹泻等症状，家人见状急忙将其送往医院进行救治，经诊断为食物中毒，因症状比较严重，需住院治疗。为了弄清缘由，王某家人问王某当天吃过什么不洁的食物，王某说中午在李某的酒店就餐后没有再吃什么东西，应该是酒店的饭菜不干净。第2天，王某的父母、妻子、兄弟去找李某讨说法，指责李某酒店的饭菜不干净，导致王某在此就餐后食物中毒，要求李某承担王某的医药费、住院费、误工费等损失。李某拒不承认王某的食物中毒和自己有关，双方发生激烈争执。3天后，王某出院，再次同家人找到李某要求赔偿，李某称没有证据能证明王某中毒和酒店有关，拒不赔偿。于是，王某找到司法所寻求帮助。

二、案件处理与结果

调解员在了解了事情经过后，安抚王某说此事一定会帮他解决。随后，调解员来到李某的酒店，一边同李某交流，一边查看李某酒店的卫生条件。李某坚称自己酒店的卫生没有问题，王某食物中毒肯定另有原因。调解人员对李某说："王某当天没有吃早饭，只是中午在你的酒店吃过食物，目前确实没有直接证据证明王某食物中毒与中午就餐有关系，那是因为王某在医院没有进行中毒原因的鉴定，并不能说明和酒店没有关系。从现场情况来看，酒店的卫生条件确实很差，如果你真的拒不赔偿王某的损失，一定会对酒店的声誉产生负面影响，影响以后的经营，希望你能好好想想，面对问题不要推脱，权衡利弊，妥善解决这个问题。"在调解员的耐心劝导下，态度强硬的李某开始慢慢松口，承认自己酒店

---

〔1〕　案件来源：枣庄市峄城区榴园司法所。

的卫生状况确实存在问题，这件事也会影响到酒店的经营。调解员又趁热打铁对李某讲了食品安全方面的法律法规，《最高人民法院关于审理人身损害赔偿案件适用法律若干问题的解释》第6条第1款规定："从事住宿、餐饮、娱乐等经营活动或者其他社会活动的自然人、法人、其他组织，未尽合理限度范围内的安全保障义务致使他人遭受人身损害，赔偿权利人请求其承担相应赔偿责任的，人民法院应予支持。"最终李某同意对王某进行赔偿。

第二天，李某和王某来到司法所就赔偿金额进行商议并最终达成一致意见：李某赔偿王某医药费、住院费及误工费等各项损失共计1800元。

三、承办人观点

食物中毒案件在日常生活中时常发生，严重损害人们的身体健康。在处理食品中毒案件时，要善于发现问题的根源，抓住要点，妥善解决问题。本案中，李某酒店的卫生条件差导致王某食物中毒，李某应该依法承担民事赔偿责任。

四、案件评析

这是一起典型的因食物中毒而导致的人身健康权损害赔偿纠纷案件。依据《侵权责任法》第16条规定，侵害他人造成人身损害的，应当赔偿医疗费、护理费、交通费等为治疗和康复支出的合理费用，以及因误工减少的收入。《最高人民法院关于审理人身损害赔偿案件适用法律若干问题的解释》第6条第1款规定："从事住宿、餐饮、娱乐等经营活动或者其他社会活动的自然人、法人、其他组织，未尽合理限度范围内的安全保障义务致使他人遭受人身损害，赔偿权利人请求其承担相应赔偿责任的，人民法院应予支持。"王某作为消费者在李某经营的饭店进行消费，因食品不卫生引起食物中毒，依法应获得赔偿。

本案的调解员在案件调解过程中思路清晰，采用了重点突破的调解方法，抓住纠纷主要矛盾，从法理、情理两方面进行调解，让当事人认识到事情的严重性，最终使问题得到圆满的解决，成功化解了纠纷。

案例三　　　　　　未成年人致人损害赔偿纠纷[1]

一、基本案情

2012 年 10 月 16 日，某中学高一学生崔某（16 岁）、马某（17 岁）在学校宿舍楼的学生寝室内相互打闹，崔某用右拳打在了马某心脏部位，因马某患有先天性心脏病，此次击打导致其突发心脏病，经县人民医院救治无效后死亡。马某的突然离世，让其亲属难以接受这个事实，精神受到严重打击，情绪非常激动，纠集了十几名家族成员来到校园内，做出种种干扰学校教学秩序的非法行为，造成了极坏的影响。

二、案件处理与结果

为防止事态恶化，县领导抽调镇人民政府、司法所工作人员和调委会成员成立专案组，由镇政府协助司法所负责处理此纠纷。

为了方便纠纷的处理，专案组进驻受害人所在现场办公。在接下来的几天里，专案组人员从稳控和劝导入手，从法律角度对当事人（双方家长）、学校进行纠纷的梳理和分析，让其意识到各自应该承担的责任和享有的权利。根据《侵权责任法》的规定，崔某应承担主要民事赔偿责任，学校承担次要民事赔偿责任。为了最大限度地维护受害人利益，在赔偿标准上，调解员遵循就高不就低的原则进行多方协调，终于在 2012 年 10 月 31 日晚 11 时左右，促成当事人各方达成调解协议，约定由崔某监护人承担死者丧葬费、尸体停放费、法医鉴定费、死亡赔偿金、近亲属生活救助金、精神损害抚慰金、救济金 30.5 万元，学校承担 19.5 万元。协议达成后，办案人员又积极帮助当事人协调县公安局及殡仪馆的工作，畅通办理尸体提取及火化渠道，终于在协议签订后的第五天让死者顺利安葬。

三、承办人观点

未成年学生致人损害时，其监护人应承担赔偿责任，这种赔偿责任，从归责原则上说，是一种无过错责任，从责任的性质上看，是一种转承责任，或叫替代责任。

---

[1]　案件来源：东营市垦利县司法局。

通过这个案例，我认为，调解员在处理案件时首先要从法律的角度让当事人认清各自享有的权利和应该承担的责任，其次要引导当事人学会"换位思考"，理清解决问题的思路，使其在思想上有一个理性的认识。调解员还应该具备敢于处理重大矛盾纠纷的能力，在各种热点难点问题上，要主动靠前，积极参与。

四、案件评析

这是一起典型的未成年人致人损害赔偿纠纷案件。《侵权责任法》第32条第1款规定："无民事行为能力人、限制民事行为能力人造成他人损害的，由监护人承担侵权责任。监护人尽到监护责任的，可以减轻其侵权责任。"第40条规定："无民事行为能力人或者限制民事行为能力人在幼儿园、学校或者其他教育机构学习、生活期间，受到幼儿园、学校或者其他教育机构以外的人员人身损害的，由侵权人承担侵权责任；幼儿园、学校或者其他教育机构未尽到管理职责的，承担相应的补充责任。"本案的侵权主体是未成年人，其实施的侵权行为所产生的损害结果应当由其监护人承担。

调解员通过做耐心细致的说服教育工作，使争议双方冷静下来，客观公正地分析纠纷事实，准确适用法律，明确各自的过错，最终达成调解协议，圆满解决问题，维护了社会和谐稳定。这起意外死亡案件的迅速办结，既慰藉了死者家属，又扩大了人民调解的社会影响力，达到了"调解一案，教育一片"的社会效果。

案例四　　　精神病人致人损害赔偿纠纷[1]

一、基本案情

2013年6月26日，杜某发现自己的两间房屋顶上的瓦片不知被谁一夜间从房顶上揭下来，后来经打听，确认是邻居李某的妻子魏某所为。于是，杜某多次找李某协商赔偿问题，但是李某认为自己妻子是精神病人，没有民事行为能力，不需要承担法律责任，也不需要承担赔偿责任，因此拒绝了杜某的赔偿请求。无奈之下，杜某为维护自身合法权益，向镇司法所求助。

---

〔1〕　案件来源：日照市莒县东莞司法所。

二、案件处理与结果

司法所接到该求助后，认真分析案情，走访双方当事人及村干部。在调查和了解清楚案件基本事实后，调解员将杜某和李某叫到司法所，对双方进行耐心细致的思想教育和法律普及工作。首先，调解员从情理的角度出发，采用换位思考的调解方法，让李某站在杜某的立场上考虑问题，让李某意识到自己应该赔偿损失；其次，调解员从法理的角度出发，依据我国《民法总则》《侵权责任法》的规定，向双方进行法律讲解，精神病人对他人造成损害后果的，由他的监护人负责赔偿，魏某将杜某家的房顶瓦片揭下来，造成了实际损失，李某是魏某的法定监护人，理应由其承担赔偿义务。经过调解员耐心细致的做工作，李某意识到自己的认识错误，同意调委会做出的调解协议。在调委会的主持下，双方自愿达成如下协议：

1. 李某向杜某一次性支付赔偿金 1000 元。

2. 李某代表被监护人向杜某道歉，并承担起自己的监护职责。

3. 此事做一次性处理，双方不得再因此事发生争执。

三、承办人观点

在面对文化水平较低、法律意识淡薄的农民时，"讲理"可能比"讲法"更能让他们信服，因此，在调解案件时，可以先讲理，通过讲理认清案件事实，分清谁对谁错，再讲法律，让道理上升到法的程度，如此百姓会更易接受。

这个案例告诉我，一名合格的调解员不仅要经常与基层群众沟通联系，深入群众之中，了解基层各方面情况，还要具备终身学习的能力、创新的能力，只有不断学习，及时掌握新的法律法规，才能避免用旧法去解决新问题，才能不断创新人民调解的思维方式和工作方法，做到与时俱进，更好地开展工作，帮助群众解决一些日常生活中的问题。

四、案件评析

这是一起典型的精神病人致人损害引发的赔偿纠纷案件，在日常生活中，对一些由精神病人实施的侵权行为，部分监护人以精神病人无自制能力为借口，拒绝受害人的赔偿要求，这种行为是错误的，也是违背法律要义的。《民法总则》第 28 条规定："无民事行为能力或者限制民事行为能力的成年人，由下列有监护能力的人按顺序担任监护人：①配偶；②父母、子女；③其他近亲属；④其他愿意担任监护人的个人或者组织，但是须经被监护人住所地的居民委员会、村民委员会或者民政部门同意。"第 34 条规定："监护人的职责是代理被监护人实施民事法律行为，保护被监护人的人身权利、财产权利以及其他合法权益等。监护人依法履行监护职责产生的权利，受法律保护。监护人不履行监护职责或者侵害被监护人合法权益的，应当承担法律责任。"根据《民法总则》第 35 条第 1、3 款的规定，监护人应当按照最有利于被监护人的原则履行监护职责。监护人除为维护被监护人利益外，不得处分被监护人的财产。成年人的监护人履行监护职责，应当最大程度地尊重被监护人的真实意愿，保障并协助被监护人实施与其智力、精神健康状况相适应的民事法律行为。对被监护人有能力独立处理的事务，监护人不得干涉。《侵权责任法》第 32 条规定："无民事行为能力人、限制民事行为能力人造成他人损害的，由监护人承担侵权责任。监护人尽到监护责任的，可以减轻其侵权责任。有财产的无民事行为能力人、限制民事行为能力人造成他人损害的，从本人财产中支付赔偿费用。不足部分，由监护人赔偿。"《侵权责任法》第 19 条规定："侵害他人财产的，财产损失按照损失发生时的市场价格或者其他方式计算。"由此可见，精神病人造成他人损害的，应由其法定监护人承担相应的民事赔偿责任。

本案中，精神病人魏某侵犯了杜某的合法权益，李某作为魏某的法定监护人，理应承担赔偿责任。

案例五　　　　　　　　雇员受害赔偿纠纷[1]

一、基本案情

2013 年 5 月 12 日，王某受李某雇请从山上运树木到山下。在搬运过程中，王某不慎摔倒，致右手臂尺骨骨折。李某立即送王某到当地医院进行住院治疗，至 5 月 20 日出院。王某在家休养一个半月后到医院复查，确定康复。这期间，所有医疗费、交通费等均由李某支付，共花去人民币 1480 元。6 月 10 日，王某找到李某，要求其赔偿误工费、营养费、护理费等费用共计 6780 元（除已支付的 1480 元医疗费和交通费以外）。李某认为自己已经支付了医药费和交通费，期间还经常带营养品去探望，所以只赔偿 2000 元，其余部分不再予以赔偿。李某不同意。王某见双方谈不拢，就到村调解委员会申请调解。经村调委会近一个星期的协调，双方仍未达成一致意见。6月17日，王某来到司法所申请调解。

二、案件处理与结果

接到调解申请后，司法所所长带领两名调解员到李某家中，详细询问了本案的全部过程。从李某陈述的情况来看，双方对案件事实部分的描述基本一致，但在费用计算依据上存在分歧。李某陈述：王某住院治疗不到半个月，仅以医生要他"休息一个半月"为由，要求按两个半月来计算误工、营养等相关费用，他认为不合理，要求王某出具住院证明书和出院小结，但王某说已经遗失，无法提供医院出具的出院证明等材料，基于这个原因，李某坚决不同意王某要求赔偿6780元的请求。因王某在向司法所陈述案情时隐瞒了此情况，于是，调解员找王某的主治医生核实情况，主治医生说并无所谓"休息一个半月"的说法，证明了李某陈述事实的真实性。

6月20日下午，司法所所长向王某通报了李某反映的情况和向县医院主治医生核实的情况，严肃地指出王某在向司法所反映情况时隐瞒了部分事实的行为是严重的错误行为，并向王某宣传讲解了《劳动合同法》和《侵权责任法》等法律法规的相关内容，要求其依法主张自身的合法权益，不能为了多要一点赔偿而隐瞒事实。经过所长的批评教育，王某表示愿意向李某赔礼道歉，并按法律规定来计算赔偿数额。

在所长的主持下，王某向李某表示了歉意并得到对方的谅解，双方又进一步就赔偿问题进行协商，最终达成一致意见，李某一次性赔偿王某各项费用共计3000元，并制作了调解协议书现场履行。一起纠纷就此画上了圆满的句号。

三、承办人观点

近年来，类似于本案的劳动伤害赔偿纠纷出现过多起，劳动安全问题也引起了全社会的高度关注，相关法律法规的宣传和教育日益显现出其重要性。

本案中，申请人王某在陈述案情时，故意隐瞒了部分事实，如果调解员不能及时发现这个问题，并予以核实，调解方向将会出现严重的偏差，导致调解工作陷入被动局面。本案虽属个案，但其折射出的问题却很常见，一些当事人向调解员反映案件情况时刻意隐瞒对己不利的部分、夸大对己有利的部分，意图从中获取不当利益。这种情况既加大了调解员的工作难度，也考验着调解员的智慧。

四、案件评析

这是一起雇员受害赔偿案件。当事人之间是雇佣关系，《侵权责任法》第35条规定："个人之间形成劳务关系，提供劳务一方因劳务造成他人损害的，由接受劳务一方承担侵权责任。提供劳务一方因劳务自己受到损害的，根据双方各自的过错承担相应的责任。"由此可见，雇员在工作中受到伤害应由雇主承担赔偿责任，但必须有确凿充分的证据作基础。《人民调解法》第24条规定："当事人在人民调解活动中履行下列义务：①如实陈述纠纷事实；②遵守调解现场秩序，尊重人民调解员；③尊重对方当事人行使权利。"

本案的当事人在向调解员陈述案情时，隐瞒了一些纠纷情况，违反了法律规定。这个案件告诉我们，在调解案件时一定要及时核实案情，在查明事实真相的基础上，"以事实为依据，以法律为准绳"，维护各方当事人的合法权益，充分发挥调解的社会作用。

案例六　　　　　道路交通事故致人损害赔偿纠纷[1]

一、基本案情

2015年5月8日，王某骑电动车拐弯时不慎将一位七旬老人田某撞倒，致其头部严重受伤，经医院抢救后病情有所好转。目前，田某在医院已花费数万元，还需进行后续治疗，费用数额较大。王某是地道的农民，两年前到菜市场以卖饼维持生计，生活很困难。双方在事实方面没有争议，但在责任认定、民事赔偿数额等方面存在巨大分歧，一直未达成和解。于是，受害方田某向司法所申请调解。

二、案件处理与结果

司法所接案后，对该起交通肇事纠纷高度重视。2015年7月28日，司法所所长带领调解员先后到当事人家中进行走访，了解案情。调解初期，肇事方王某抵触情绪强烈，调解一时陷入僵局。调解员重新制定了调解方案，在安抚好田某的前提下，重点解决王某的思想问题。2015年8月6日，调解员再次来到王某家

---

〔1〕　案件来源：德州市庆云县尚堂镇司法所。

中，向其出具交通事故认定书和医院诊断书，结合案件的实际情况，耐心细致地向王某讲解《侵权责任法》相关之规定，然后又从情理角度做王某的思想工作，终于消除了王某的抵触情绪，同意再次启动调解程序。8 月 12 日，调解员再次对双方进行调解。为了避免发生冲突，调解员采取"背对背"的调解方式，分别和当事人进行谈话，打消各方的顾虑。首先，依据交通事故认定书的责任划分，调解员和王某进行了深入交谈，引导他以积极的态度解决问题，自身经济状况是现实，对别人造成的伤害也是现实，都是要正视的情况，逃避无济于事，只有双方和解才是正途。经过 2 个多小时的说服劝导，王某终于同意支付一定数额的赔偿金给受害方。随后，调解员又依据交通事故认定书向田某重点讲解了受害方自身应该承担的责任以及王某的家庭情况，劝导其从实际角度出发，各让一步，妥善解决纠纷。经过 4 个多小时的努力，当事双方最终达成和解协议，一场交通事故矛盾纠纷得到了圆满地解决。

三、承办人观点

本案是一起因交通事故而引发的人身损害赔偿案件。调解员立足于案件事实，梳理法律关系，明确法律责任，顺利地解决了纠纷。通过非诉讼的调解途径解决问题，可以最大限度地节约诉讼成本，避免当事人遭受诉讼之累。

所有的调解在应遵循的原则上都是一样的，即自愿的原则。对于道路交通事故人身损害赔偿这种多发性纠纷，我国目前已经形成较为成熟的处理机制和赔偿标准，只要证据充分、分清责任、于法有据，一般来说这类纠纷是能够以调解方式解决的。

四、案件评析

这是一起典型的道路交通事故赔偿案件。随着经济的发展和城市规模的不断扩大，越来越多的市民选择电动车或汽车作为出行的主要方式，由此引发的道路交通赔偿纠纷也大幅增加。调解员在处理该类纠纷时一方面要考虑责任的分担，另一方面要多为受伤或经济困难的一方考虑，尽量在公平公正的前提下，帮助群众渡过难关。《侵权责任法》第 48 条规定："机动车发生交通事故造成损害的，依照道路交通安全法的有关规定承担赔偿责任。"《最高人民法院关于审理人身损害赔偿案件适用法律若干问题的解释》第 17 条第 1 款规定："受害人遭受人身损害，因就医治疗支出的各项费用以及因误工减少的收入，包括医疗费、误工费、护理费、交通费、住宿费、住院伙食补助费、必要的营养费，赔偿义务人应当予以赔偿。"

通过这个案件，我们可以看到人民调解是化解矛盾纠纷的有利平台。通过人民调解的方式处理道路交通事故损害赔偿纠纷，可以大大缩短案件的处理周期，提高工作效率，也可以解开当事人的心结，大大提高赔偿的履约力。此外，人民调解工作还可以免费为当事人提供法律咨询服务，为受害方指明正确的维权途径，进行普法教育，保障广大群众的合法权益，维护社会和谐安定。

案例七　　转让并交付但未办理登记的机动车交通事故损害赔偿纠纷[1]

一、基本案情

2012年10月23日，徐某更换了新车后，便将原来驾驶的一辆桑塔纳轿车以35 000元的价格卖给朋友焦某，因两人交好，未签订车辆买卖协议。同年12月16日，两人在席间吃饭时提到车辆过户问题，但焦某说最近事情多，过两天再去办。

2013年1月25日，焦某酒后驾车行至某路段时，因躲避逆行车辆，急打方向盘，不慎将路边行人张某撞伤，随即入院检查治疗，焦某支付了全部急诊费用，在办理住院手续期间，焦某提出双方私了，并承诺除了承担全部损失外，额外支付张某5000元补偿金。张某表示同意。随后，焦某以回家拿钱为由，一去不返。张某因伤情不算严重，共住院观察治疗5天，花费1300元。出院后，张某找到焦某，要求其支付赔偿费用但焦某以没钱为由拒绝赔偿。无奈之下，张某通过朋友找到肇事车车主徐某讨要医疗费，却被告知，车辆已出售给焦某，拒绝赔偿。张某无奈，又找焦某讨要赔偿，被焦某拒绝。回家后，张某越想越生气，准备好好教训一下焦某。张某父母得知儿子准备教训焦某后，怕儿子干违法的事，遂赶紧来到司法所请求帮助调解。

二、案件处理与结果

司法所工作人员在详细了解案情后，制定调解方案，于2013年2月23日召

---

〔1〕　案件来源：东营市东营区史口司法所。

集当事人焦某、张某、徐某及所在村调解员到司法所进行调解。

调解员在稳定当事人情绪的基础上，组织各方进行调解与沟通。首先，调解员向当事人各方讲解我国法律规定，即《侵权责任法》第50条规定："当事人之间已经以买卖等方式转让并交付机动车但未办理所有权转移登记，发生交通事故后属于该机动车一方责任的，由保险公司在机动车强制保险责任限额范围内予以赔偿。不足部分，由受让人承担赔偿责任。"由此可见，卖车后虽然没有办理过户手续，但依然应当由机动车的受让人即买方承担相应的赔偿责任。因此，徐某将车转卖给焦某的买卖行为是合法有效的，虽未办理机动车过户手续，但不影响焦某依法承担赔偿受害者张某的所有损失的责任。在发生交通事故时，焦某及时带张某入院检查治疗，并支付了全部急诊费用，办理了住院手续，这说明焦某也是积极履行赔偿责任的，是值得肯定的。现在事故已发生了，不如双方都退一步，协商解决问题。通过调解员从法理、情理两方面对当事人进行启发和疏导，焦某认识到了自己的过错和应承担的法律责任。最后，双方达成调解协议：焦某一次性支付张某医疗费、误工费、交通费等各项损失3000元。至此，一件道路交通事故赔偿纠纷案件圆满调解结案。

三、承办人观点

根据最高人民法院《关于连环购车未办理过户手续，原车主是否对机动车发生交通事故致人损害承担责任的批复》的规定，连环购车未办理过户手续，因车辆已交付，原车主既不能支配该车的营运，也不能从该车的营运中获得利益，故原车主不应对机动车发生交通事故致人损害承担责任。在调解过程中，调解员以事实和法律为依据，分析问题，解决问题，使当事各方对案件的处理结果心服口服。

四、案件评析

这是一起因转让并交付机动车但未办理过户登记而引起交通事故损害赔偿纠纷的案件，其争议焦点是卖车不过户，发生事故谁该承担赔偿责任。《侵权责任法》第50条规定："当事人之间已经以买卖等方式转让并交付机动车但未办理所有权转移登记，发生交通事故后属于该机动车一方责任的，由保险公司在机动车强制保险责任限额范围内予以赔偿。不足部分，由受让人承担赔偿责任。"由此可见，卖车后虽然没有办理过户手续，但依然应当由机动车的受让人即买方承担相应的赔偿责任。

解铃还需系铃人，调解员只要从双方的心理调解这方面入手，坚持彼此的沟通与了解，就一定能使当事人消融坚冰，握手言和。本案还告诉我们，交通事故难以预料，车辆所有人出售时应及时办理车辆过户手续，否则一旦发生交通事故，特别是肇事者逃逸或者赔偿困难时，会给原车主带来许多不必要的麻烦。受害者在遭遇交通事故时，不要为贪图一时的便宜，而选择与对方私了，应及时报警，切实维护自己的利益。

案例八　　　　饲养动物致人损害赔偿纠纷[1]

一、基本案情

某日，村民徐某 9 岁的女儿在自家门前玩耍，突然，邻居赵某养的一只大狼狗扑过来狠狠地咬住小女孩的胳膊，吓得女孩大声哭起来。徐某闻声跑出去，被眼前的情景吓坏了，立刻拿起棒子将狗赶走，并急忙把女儿送往医院医治。经过医生的检查治疗、注射狂犬疫苗及后续护理后，徐某女儿的胳膊上留下一道约 2 厘米长的伤疤。在赔偿问题上，徐某要求赵某支付医疗费、误工费、营养费、护理费、精神损失费、伤疤美容治疗费等共 4000 元，赵某认为徐某的赔偿要求不合理，双方未能达成一致意见，于是赵某向司法所申请调解。

二、案件处理与结果

司法所接到申请后，立即派员进行调解。徐某认为，女儿被狗咬伤，精神上受到极度惊吓，而且身上留下伤疤，这是不可弥补的伤害；赵某的狗没有圈养，身为主人应当承担赔偿责任。赵某认为，事情发生后，自己积极承担医疗费和交通费，且徐某在照看孩子上也存在疏忽，自己已经尽到了赔偿义务，不需要再进行赔偿。调解员在听取了双方陈述和争论之后，明确指出双方陈述中的不当之处，组织当事人学习《侵权责任法》和《民法总则》等相关法律条文，让双方在知法懂法的基础上明确自己的过错和应承担的法律责任。随后，调解员从邻里关系的角度对他们进行思想劝导，融化矛盾。最终达成由赵某支

---

[1]　案件来源：菏泽市牡丹区司法局。

付医疗费、交通费、后续治疗等费用 3000 元的调解协议，成功地化解了这场纠纷。

三、承办人观点

在各类侵权行为中，饲养动物致人损害是一种特殊形式，其特殊性在于它是一种由间接侵权引发的责任，加害行为是人与动物的复合，因此，饲养动物造成他人损害的，动物饲养人或管理人应承担侵权责任。本案属于事实清楚、情节简单的纠纷，可以通过直接调解的方式，说服教育当事人，确保矛盾得到妥善解决。

四、案件评析

这是一起典型的饲养动物致人损害的民事侵权责任案件。《侵权责任法》第 78 条规定："饲养的动物造成他人损害的，动物饲养人或者管理人应当承担侵权责任，但能够证明损害是因被侵权人故意或者重大过失造成的，可以不承担或者减轻责任。"第 79 条规定："违反管理规定，未对动物采取安全措施造成他人损害的，动物饲养人或者管理人应当承担侵权责任。"第 80 条规定："禁止饲养的烈性犬等危险动物造成他人损害的，动物饲养人或者管理人应当承担侵权责任。"《民法总则》第 27 条规定："父母是未成年子女的监护人。未成年人的父母已经死亡或者没有监护能力的，由下列有监护能力的人按顺序担任监护人：①祖父母、外祖父母；②兄、姐；③其他愿意担任监护人的个人或者组织，但是须经未成年人住所地的居民委员会、村民委员会或者民政部门同意。"第 34 条规定："监护人的职责是代理被监护人实施民事法律行为，保护被监护人的人身权利、财产权利以及其他合法权益等。监护人依法履行监护职责产生的权利，受法律保护。监护人不履行监护职责或者侵害被监护人合法权益的，应当承担法律责任。"

本案中，赵某对自己饲养的狗没有采取相关安全措施并导致徐某之女被咬伤，赵某应承担赔偿责任，徐某未尽到监护责任也应承担适当的责任。双方在司法所的调解之下明确了责任的分担，互让互谅，圆满地解决了问题。

案例九　　　　建筑物倒塌致人损害赔偿纠纷[1]

一、基本案情

2011 年 8 月 28 日下午，刚下过一场大雨，徐某前往某小学附近自己的责任田里看生姜的长势。当徐某从西往东走至该学校西墙边的一条小路时，发现该院墙要塌，于是徐某急忙往回跑，刚跑了一步该院墙就塌了，倒塌的墙体将徐某背、头等部位砸伤，后徐某住院治疗，花去 4 万余元医疗费。出院后，徐某找到某小学要求赔偿各项损失合计 6 万余元。某小学认为应由承建该院墙的某建筑公司负责赔偿，自己不应当赔偿。双方无法达成一致的意见，徐某到司法所申请调解。

二、案件处理与结果

司法所接到徐某的申请后，将某小学、某建筑公司的负责人找到司法所，了解案件情况，进行调解。首先，调解员从法律的角度与双方进行沟通，公民享有生命健康权，建筑物、构筑物或者其他设施倒塌造成人身损害的，由建设单位与施工单位承担连带责任。这次纠纷中，某小学的院墙倒塌将路过的徐某砸伤，造成徐某的损失，某建筑公司作为施工单位，某小学作为建设单位应当承担连带赔偿责任。其次，调解员又从情理的角度与双方进行沟通，采用换位调解的方法，让某小学和某建筑公司的负责人站在徐某的立场上考虑问题，终于使各方在赔偿问题上达成一致意见：某建筑公司和某小学连带赔偿徐某各项损失共计 5 万余元。

三、承办人观点

建筑物、构筑物或其他设施倒塌造成他人损害，法律规定的是严格责任，只要受害人证明其所受伤害系因建筑物、构筑物或其他设施倒塌造成的，建设单位和施工单位无论主观上是否存在过错，都必须承担赔偿责任，且侵权人之间承担的是法定连带责任，受害人有权向建设单位或施工单位中的任何一方主张全部赔偿责任，这有效地维护了受害者的合法权益。

---

〔1〕　案件来源：临沂市罗庄区册山司法所。

四、案件评析

这是一起典型的建筑物倒塌致人损害的赔偿纠纷案件。《侵权责任法》第86条规定:"建筑物、构筑物或者其他设施倒塌造成他人损害的,由建设单位与施工单位承担连带责任。建设单位、施工单位赔偿后,有其他责任人的,有权向其他责任人追偿。因其他责任人的原因,建筑物、构筑物或者其他设施倒塌造成他人损害的,由其他责任人承担侵权责任。"本条明确了建筑物倒塌致人损害采用的是严格责任,即只要受害人证明其所受损害系因建筑物倒塌造成的,建设单位与施工单位无论是否有过错,都必须承担连带责任,受害人有权向建设单位或施工单位中的任何一方主张全部赔偿责任。

本次纠纷中,徐某只需证明其所受损害系因学校院墙倒塌所致即完成了举证义务,建设单位与施工单位,基于严格责任归责原则,应承担赔偿责任。本案调解员在充分听取当事人陈述的基础上,讲解法律、法规和国家政策,耐心疏导,在当事人平等协商、互让互谅的基础上提出纠纷解决方案,帮助当事人自愿达成调解协议。

案例十　　　　　　地下设施致人损害赔偿纠纷[1]

一、基本案情

2012年,镇二级坝加固工程正式开始施工。在施工段内,有一个村的排水沟,施工方为便于施工,将其改造成一个深3米,宽4米的大沟。2013年1月,由于临近年关,施工方暂时停止施工,但未在大沟旁设置任何警示标志。2013年1月14日11时左右,某村两名儿童李某和张某在沟旁玩耍,嬉戏过程中李某不小心将张某推入排水沟内,造成张某溺水死亡。事发后,溺亡儿童张某的母亲不能接受现实,精神失常。张某家人的情绪非常激动,扬言要将孩子的尸体抬到李某家中去。李某的父亲木讷老实,一筹莫展。村委会得知这个情况后,急忙将该案报给当地司法所,请求调解处理。

---

〔1〕 案件来源:济宁市微山县欢城司法所。

二、案件处理与结果

司法所接到村委会报告后，迅速抵达现场。调解员在了解具体情况后，迅速制定调解方案。首先，调解员劝说张某家人，意外已出，孩子生命不可挽回，采取过激行为于事无益，具体事情具体处理，稳住自己的情绪，解决问题是关键。在调解员的耐心劝解下，张某家人的情绪渐渐稳定下来，面对已经不可更改的事实，表示愿意通过调解的方式解决问题。在调解过程中，双方争议的焦点落在了经济补偿数额上。张某家人表示，赔偿数额不能少于10万元。李某家庭贫困，实在拿不出10万赔偿金，事情就僵在此处。调解员又劝说李某家族的人是否可以出资，帮助李某渡过难关。在调解员的多次居中协调下，双方家族的代表经过多次商谈，最终达成一致意见：李某家族集资5万元，对张某家人进行补偿。双方于2013年1月17日签订调解协议。

因张某是在施工范围内的排水沟里溺水死亡，张某家人便以该排水沟无警示标志为由组织家族人员去施工处讨说法。施工方认为，儿童溺亡是因玩耍推操所致，与施工方无关，拒绝赔偿。双方因此发生纠纷，司法所介入调解。在调解过程中，调解员重点讲解了我国《侵权责任法》的相关内容，从法律的角度明确施工方的权利义务以及应承担的法律责任，让其认识到自己的过错和应承担的责任，转变观念。调解员也对张某家人围堵施工处的行为进行严肃的批评，告诉他们维护自己的权益应采取合法的手段，而不能仗着人多势众，用违法的手段索取赔偿。经过调解员从中斡旋，最终双方达成调解协议，施工方赔偿张某家人4万元。

此外，调解员了解到张某在校时曾参加过意外保险，于是督促校方帮助张某家人办理了保险索赔手续，张某家人获得保险赔偿金3万元。至此，张某溺水死亡事件得以圆满解决。

三、承办人观点

通过此次调解，承办人得出以下体会：其一，在调解过程中，要做到行动迅速。第一时间到达事发现场，防止事态扩大。其二，在混乱的现场中，要学会稳定各方情绪，避免矛盾升级。其三，在调解过程中，要勇于担责，急当事人之所急。其四，在调解过程中，要注意工作的方式方法，善于运用法律规定，让矛盾处理合情合法。

四、案件评析

这既是一起未成年人致人损害赔偿责任纠纷案件，又是一起地下设施致人损害赔偿纠纷案件。《侵权责任法》第 32 条规定："无民事行为能力人、限制民事行为能力人造成他人损害的，由监护人承担侵权责任。监护人尽到监护责任的，可以减轻其侵权责任。有财产的无民事行为能力人、限制民事行为能力人造成他人损害的，从本人财产中支付赔偿费用。不足部分，由监护人赔偿。"第 91 条规定："在公共场所或者道路上挖坑、修缮安装地下设施等，没有设置明显标志和采取安全措施造成他人损害的，施工人应当承担侵权责任。窨井等地下设施造成他人损害，管理人不能证明尽到管理职责的，应当承担侵权责任。"

本案中，张某的死亡是因为李某的推搡所致，李某是未成年人，依法应由其监护人承担赔偿责任。此外，本案的施工方没有按照法律规定在施工现场设置警示标志，实施相应的安全措施，也是造成张某死亡的一个原因，施工方应当承担法律责任。同时，本案中溺亡儿童的家长因为没有尽到对未成年人的监护义务也应承担一定的法律责任。

案例十一　　　　　　　　医疗损害赔偿纠纷[1]

一、基本案情

2011 年 7 月 7 日，贾某（女）因即将分娩入住妇幼保健院待产，晚间，贾某腹内胎动频繁，于是进入产房等待生产。在生产过程中，妇产科大夫在未征得贾某家属同意的情况下，为其实施了剖腹产手术，顺利取出一个女婴。随后，在缝合子宫切口、清理腹腔准备关腹手术时，贾某出现产后大出血、子宫收缩乏力等情况。对此状况，医务人员既未及时告知患者家属真实情况，也未采取相应抢救措施，在贾某子宫仍出血的情况下进行了缝合手术。之后在贾某家属的强烈要求下，妇幼保健院拨打 120 急救热线将贾某转入中心医院进行抢救，中心医院下达了病危通知书，同时告知家属进行子宫切除手术是唯一的抢救措施。无奈之下，贾某家属只能选择切除子宫以保住贾某的性命。

事情发生之后，贾某及其家属认为妇幼保健院在医疗过程中，存在严重的失

─────────────

〔1〕　案件来源：菏泽市单县司法局。

职行为，对手术风险评估不足，没有准备足够的血浆，发生大出血后既不能及时输血，也未能组织有效的抢救，且对家属隐瞒病情，耽误了宝贵的治疗时间，导致贾某子宫被切除。后经医疗鉴定认定，贾某的子宫切除达到伤残七级的程度。贾某及其家人与妇幼保健院发生了激烈的争执，难以达成和解，矛盾进一步激化。

二、案件处理与结果

当地司法局接到报案后，及时赶到现场，进行调解。由于当事人及其家属的情绪比较激动，存在着很强的对抗情绪，不肯做出让步，调解员决定先采用冷处理法，给贾某和家属一个缓冲时间，稳定一下情绪，缓解紧张气氛。待当事人心态平静后，调解员采用"背对背"的调解方法，分别对当事人进行耐心细致的说服教育工作，分析利弊，从情、理、法多方面进行讲解和规劝，使双方不断让步，分歧渐趋于减小。在调解员耐心细致的劝解下，经过数天的调解，终于使双方当事人达成了调解协议，圆满地解决了此次医疗纠纷。

三、承办人观点

在本案中，由于妇幼保健院医务人员术前风险评估不够，手术过程中发生危急情况时，隐瞒病情，既未及时采取紧急抢救措施，也未及时与家属进行沟通，以至耽误了最佳医治时间，造成患者子宫切除的严重后果。依据《侵权责任法》中关于医疗损害责任的规定，应由医疗机构承担赔偿责任。

调解员在处理此类案件时，应立足于案件事实，理清各方法律关系，明确法律责任主体，进而寻求解决问题的最佳途径。通过非诉讼的调解途径解决问题，可最大限度地节约司法成本，更为重要的是通过调解员的积极沟通，可稳定受害人及其亲属的激动情绪，防止发生干扰医疗机构正常工作秩序等过激行为。

四、案件评析

这是一起典型的医疗损害赔偿纠纷案件。医疗损害责任作为一种特殊的民事责任，主要是指医疗机构的医疗过失责任。过失是医疗损害责任不可或缺的要件之一。如果医疗机构及其医务人员的医疗行为不存在过失，即使患者有损害后果发生，医疗机构也不承担损害赔偿责任。医疗过失是因为医务人员在实施具体的诊疗行为时没有充分履行其应尽的注意义务而引起的。医务人员的注意义务是指医务人员在实行医疗行为过程中，依据法律、行政法规、规章以及有关诊疗规范，保持足够的小心谨慎，以预见医疗行为结果和避免损害结果发生的义务。《侵权责任法》第54条规定："患者在诊疗活动中受到损害，医疗机构及其医务人员有过错的，由医疗机构承担赔偿责任。"第55条规定："医务人员在诊疗活动中应当向患者说明病情和医疗措施。需要实施手术、特殊检查、特殊治疗的，医务人员应当及时向患者说明医疗风险、替代医疗方案等情况，并取得其书面同意；不宜向患者说明的，应当向患者的近亲属说明，并取得其书面同意。医务人员未尽到前款义务，造成患者损害的，医疗机构应当承担赔偿责任。"第56条规定："因抢救生命垂危的患者等紧急情况，不能取得患者或者其近亲属意见的，经医疗机构负责人或者授权的负责人批准，可以立即实施相应的医疗措施。"第57条规定："医务人员在诊疗活动中未尽到与当时的医疗水平相应的诊疗义务，造成患者损害的，医疗机构应当承担赔偿责任。"

本案中，妇幼保健院的医务人员存在明显过错，给贾某的身体造成了巨大的伤害，妇幼保健院应承担赔偿责任。另外，根据《侵权责任法》第64条的规定："医疗机构及其医务人员的合法权益受法律保护。干扰医疗秩序，妨害医务人员工作、生活的，应当依法承担法律责任。"本案中，贾某的亲属因为此事而大闹妇幼保健院，对医务人员造成了损害，也应承担法律责任，可适当减轻妇幼保健院的赔偿责任。

案例十二　　　　　　产品质量致人损害赔偿纠纷[1]

一、基本案情

2012年4月6日清晨6时许，在实验中学就读的学生王某像往常一样骑着自行车上学，谁知，途中自行车前叉部位突然向后弯曲变形，导致王某摔倒受伤，经诊断为右手小指骨折、面部及手部多处擦伤，花费医药费6000余元。王某父亲认为，王某的伤害是因为自行车存在严重质量问题导致的，于是找自行车的销售商张某要求赔偿医疗费、护理费、交通费等各项损失合计16 000元。双方因赔偿数额差距过大，未能达成赔偿协议。无奈之下，王某的父亲来到当地司法局寻求帮助。

――――――――――

〔1〕　案件来源：菏泽市巨野县司法局。

二、案件处理与结果

受理案件后，司法局组织指派一名调解员进行调解。首先，根据案情，调解员确定了调解思路——以法为主，调解为先，和谐解决此案。其次，调解员向双方详细讲解了我国《侵权责任法》《产品质量法》《消费者权益保护法》等相关规定，分析案情，让各方当事人明确自己的权利和义务。最后，调解员从情理的角度劝说当事人调整心态，各让一步，顺利解决纠纷。经过耐心细致的劝解，双方终于握手言和，达成调解协议：销售商张某和自行车生产者天津厂家一次性赔偿王某各项损失共计5000元。目前，王某父亲已顺利拿到了这笔5000元的赔偿款。

三、承办人观点

消费者在使用产品过程中因产品缺陷造成人身、财产损害的，可以将产品的生产者和销售者列为共同被告进行诉讼，以便获得及时足额的赔偿。此外，一旦发生产品事故，建议消费者应立即报警，固定损害事实和原因，便于日后索赔。

依据《消费者权益保护法》第40条第2款的规定，"消费者或者其他受害人因商品缺陷造成人身、财产损害的，可以向销售者要求赔偿，也可以向生产者要求赔偿。属于生产者责任的，销售者赔偿后，有权向生产者追偿。属于销售者责任的，生产者赔偿后，有权向销售者追偿。"

四、案件评析

这是一起典型的产品质量致人损害赔偿纠纷案件。对于因产品缺陷造成的人身损害赔偿案件，可以依据《侵权责任法》《产品质量法》《消费者权益保护法》等法律、法规中的规定来处理。《侵权责任法》第41条规定："因产品存在缺陷造成他人损害的，生产者应当承担侵权责任。"第42条规定："因销售者的过错使产品存在缺陷，造成他人损害的，销售者应当承担侵权责任。销售者不能指明缺陷产品的生产者也不能指明缺陷产品的供货者的，销售者应当承担侵权责任。"第43条规定："因产品存在缺陷造成损害的，被侵权人可以向产品的生产者请求赔偿，也可以向产品的销售者请求赔偿。产品缺陷由生产者造成的，销售者赔偿后，有权向生产者追偿。因销售者的过错使产品存在缺陷的，生产者赔偿后，有权向销售者追偿。"《产品质量法》第40条第1～3款规定："售出的产品有下列情形之一的，销售者应当负责修理、更换、退货；给购买产品的消费者造成损失的，销售者应当赔偿损失：①不具备产品应当具备的使用性能而事先未作说明的；②不符合在产品或者其包装上注明采用的产品标准的；③不符合以产品说明、实物样品等方式表明的质量状况的。销售者依照前款规定负责修理、更换、退货、赔偿损失后，属于生产者的责任或者属于向销售者提供产品的其他销售者（以下简称供货者）的责任的，销售者有权向生产者、供货者追偿。销售者未按照第 1 款规定给予修理、更换、退货或者赔偿损失的，由产品质量监督部门或者工商行政管理部门责令改正。"《消费者权益保护法》第 40 条规定："消费者在购买、使用商品时，其合法权益受到损害的，可以向销售者要求赔偿。销售者赔偿后，属于生产者的责任或者属于向销售者提供商品的其他销售者的责任的，销售者有权向生产者或者其他销售者追偿。消费者或者其他受害人因商品缺陷造成人身、财产损害的，可以向销售者要求赔偿，也可以向生产者要求赔偿。属于生产者责任的，销售者赔偿后，有权向生产者追偿。属于销售者责任的，生产者赔偿后，有权向销售者追偿。消费者在接受服务时，其合法权益受到损害的，可以向服务者要求赔偿。"即销售商、批发商和生产商要承担连带赔偿责任，受害者可以选择一个或几个主体向其要求赔偿。现实中，销售商、批发商往往以不是自己的过错为由推脱应当承担的法律责任，致使受害人难以及时得到赔偿费用，这是不符合法律规定的。

本案中，王某的损害是因为自行车存在产品缺陷造成的，王某有权向自行车生产厂商或销售商请求赔偿。本案调解员通过说服、疏导等方法，促使当事人在平等协商的基础上自愿达成调解协议，顺利解决了纠纷。

第 二 章

合同纠纷人民调解案例

案例一　　　　　　　买卖合同纠纷[1]

一、基本案情

2013 年 7 月，王某以每斤 3 元钱的价格订购了本村郭某销售的水貂肉 1 吨。货到之后王某发现水貂肉质量不好，有损坏，且价格偏高，想退货。郭某不同意退货，双方产生纠纷。王某向司法所申请调解。

二、案件处理与结果

司法所接案后，派员前去调解。调解员先去村委会了解事情经过，又去王某家实地查看货物，发现郭某销售的水貂肉的确存在质量问题，有些水貂肉已经变质。王某称：自己购买时价格不高，但现在市场行情不好，水貂肉的整体价格下降，自己的买入价太高，现在货物质量不好，这批货根本卖不上价，搞不好要赔钱，因而要求退货。随后，调解员去郭某家了解情况。郭某承认收了王某的定金，也承认由于运输时间过长，货物有些质量问题，但称如果王某退货，这车水貂肉就全赔了，损失太大，自己承担不起。双方争议的焦点在于是否解除合同，退还货款。在弄清案件关键点后，调解员将当事人请到司法所进行调解，先对双方讲解我国《合同法》的相关法律知识，使郭某意识到自己的货物质量没有达到合同约定的标准，就应承担相应的法律责任。同时，调解员也做王某的思想工作，世上没有只赚不赔的买卖，如果坚持全部退货，会给郭某造成严重的损失，也会损伤大家的情分，希望王某能退一步，体谅郭某的难处。最后，在调解员的斡旋下，双方各让一步，顺利达成口头调解协议：王某收下质量达标的货物，郭某将质量不合格的水貂肉运走，价格按原价结算。

---

〔1〕　案件来源：临沂市兰陵县贾庄司法所。

三、承办人观点

本案当事人缺乏法律意识，双方约定的内容，没有完全写入书面合同中，对交货的方式、时间、货物质量等没有明确具体的约定，导致在发生纠纷时，双方各执一词，互不相让。在调解过程中，调解员需要先对当事人进行普法宣传教育工作，使双方都了解法律的具体规定，在懂法的基础上，让双方意识到自己在处理问题时存在过错，各让一步，协调利益，最终圆满解决此事。

四、案件评析

这是一起典型的买卖合同纠纷案件。《合同法》第 130 条规定："买卖合同是出卖人转移标的物的所有权于买受人，买受人支付价款的合同。"第 60 条规定："当事人应当按照约定全面履行自己的义务。当事人应当遵循诚实信用原则，根据合同的性质、目的和交易习惯履行通知、协助、保密等义务。"第 154 条规定："当事人对标的物的质量要求没有约定或者约定不明确，依照本法第 61 条的规定仍不能确定的，适用本法第 62 条第 1 项的规定。"第 61 条规定："合同生效后，当事人就质量、价款或者报酬、履行地点等内容没有约定或者约定不明确的，可以协议补充；不能达成补充协议的，按照合同有关条款或者交易习惯确定。"第 62 条规定："当事人就有关合同内容约定不明确，依照本法第 61 条的规定仍不能确定的，适用下列规定：①质量要求不明确的，按照国家标准、行业标准履行；没有国家标准、行业标准的，按照通常标准或者符合合同目的的特定标准履行。②价款或者报酬不明确的，按照订立合同时履行地的市场价格履行；依法应当执行政府定价或者政府指导价的，按照规定履行。③履行地点不明确，给付货币的，在接受货币一方所在地履行；交付不动产的，在不动产所在地履行；其他标的，在履行义务一方所在地履行。④履行期限不明确的，债务人可以随时履行，债权人也可以随时要求履行，但应当给对方必要的准备时间。⑤履行方式不明确的，按照有利于实现合同目的的方式履行。⑥履行费用的负担不明确的，由履行义务一方负担。"第 107 条规定："当事人一方不履行合同义务或者履行合同义务不符合约定的，应当承担继续履行、采取补救措施或者赔偿损失等违约责任。"第 111 条规定："质量不符合约定的，应当按照当事人的约定承担违约责任。对违约责任没有约定或者约定不明确，依照本法第 61 条的规定仍不能确定的，受损害方根据标的的性质以及损失的大小，可以合理选择要求对方承担修理、更换、重作、退货、减少价款或者报酬等违约责任。"本案的当事人对于货物的质量要求不明确的地方，应当依据法律规定来确定。《人民调解法》第 28 条规定："经人民调解委员会调解达成调解协议的，可以制作调解协议书。当事人认为无需制作调解协议书的，可以采取口头协议方式，人民调解员应当记录协议内容。"第 30 条规定："口头调解协议自各方当事人达成协议之日起生效。"

本案中调解员采用的调解方法符合基层调解的要求。首先，调解员多方面了解信息，调查清楚双方当事人的争议售焦点。其次，在调解工作中，调解员耐心做疏导和普法工作，让当事人明白法律的具体规定，明确自己的权利和义务，转变思想，放弃不合理的要求，使案件得以顺利解决。本案当事人认为案件比较简单，采取口头协议的方式解决纠纷。

案例二　　　　　　商品房买卖合同纠纷[1]

一、基本案情

2010 年初，孟女士与某房地产开发商签订商品房买卖合同，购买当地社区在建商品房一套，建筑面积 114 平方米，单价 1300 元，总房款 148 200 元。孟女士按照购房合同，付清了全部款项。在办理交房手续时，孟女士被告知房屋实测面积与合同面积有出入，房屋实测面积为 116.6 平方米，需补齐多出来的 2.6 平方米的价款，即 3380 元，才可以到售楼处领取钥匙。孟女士觉得这是开发商故意多要钱，自己已经付清了所有的款项，多出来的面积费用应该由开发商承担，与自己无关，拒绝交钱，开发商应当根据合同约定交付房屋，并称如果开发商不交房就是违约行为，要支付违约金，自己可以要求解除合同，退还全部房款和利息。双方争执不下，发生纠纷。无奈，孟女士来到便民服务大厅，寻求法律帮助。

二、案件处理与结果

孟女士问："我已经按照合同交完全部房款了，房子已经是我的了，我把门砸开，自己换把锁住进去，行吗?"了解事情全部经过后，调解员为孟女士进行了耐心细致的法律解释："在我国，不动产物权的转移是以登记为生效要件的，

---

〔1〕　案件来源：德州市宁津县时集镇司法所。

你虽然交了钱，但是没有进行房屋产权登记，没有《房屋所有权证》，房子就不是你的，你去砸人家房门，是要承担法律责任的。此外，法律是允许合同面积和实测面积存在一定的误差的，面积误差比绝对值在 3% 以内（含 3%），按照合同约定的价格据实结算，如果你请求解除合同，法律是不予支持的。"在了解法律规定后，孟女士明白了自己的想法是不合法的。随后，司法所所长与开发商进行了电话沟通，指出开发商存在的问题和应该承担的法律责任。开发商同意和孟女士协商解决此事。在司法所的帮助下，孟女士与开发商进行协商，顺利解决了问题，并且开发商在孟女士购买车库时给予了 1500 元的优惠。

三、承办人观点

在我国，房地产市场正在如火如荼地发展着，商品房管理方面的法律法规及配套规章还不够健全，房地产商处于强势地位，消费者处于弱势地位，房地产买卖合同一般是格式合同，具体内容均由开发商事先规定好，消费者在签订购房合同时一般不允许对合同条款进行更改，所以时常会因此而发生纠纷。国家应加快制定良好可行的房地产法律规范，切实维护购房者的利益。

四、案件评析

这是一起典型的商品房买卖合同纠纷案件。目前，因商品房买卖引发的纠纷时有发生。本案涉及的法律关系比较简单，因购房合同约定的建筑面积与开发商实际交付的建筑面积之间存在差距引起纠纷，对此类纠纷法律有明确的规定。《最高人民法院关于审理商品房买卖合同纠纷案件适用法律若干问题的解释》第14 条规定："出卖人交付使用的房屋套内建筑面积或者建筑面积与商品房买卖合同约定面积不符，合同有约定的，按照约定处理；合同没有约定或者约定不明确的，按照以下原则处理：①面积误差比绝对值在 3% 以内（含 3%），按照合同约定的价格据实结算，买受人请求解除合同的，不予支持；②面积误差比绝对值超出 3%，买受人请求解除合同、返还已付购房款及利息的，应予支持。买受人同意继续履行合同，房屋实际面积大于合同约定面积的，面积误差比在 3% 以内（含 3%）部分的房价款由买受人按照约定的价格补足，面积误差比超出 3% 部分的房价款由出卖人承担，所有权归买受人；房屋实际面积小于合同约定面积的，面积误差比在 3% 以内（含 3%）部分的房价款及利息由出卖人返还买受人，面积误差比超过 3% 部分的房价款由出卖人双倍返还买受人。"

本案调解成功的关键就在于调解人员耐心细致地为当事人讲解法律知识，使其明白法律的具体规定，为双方协商解决问题奠定了基础。由此可见，人民调解是化解基层矛盾，消除纷争的有效手段之一，不愧有"东方之花"的美称。

案例三　　　　　　　房屋租赁合同纠纷[1]

一、基本案情

2011 年，杨某向外出租一套三居室住房。不久，杨某就与赵某签订了租房合同，合同约定：租期 1 年，自 2011 年 3 月 15 日起到 2012 年 3 月 14 日止，中途不得退房；如有特殊情况需要退房，赵某应提前一个月以书面形式通知出租方；如果赵某违约，押金 1000 元不退；赵某预交半年租金，合计 5800 元。合同签订后，承租人赵某一直没入住。4 月 13 号，赵某找到杨某说自己不想租住该房屋了，要退房，并提供水费、电费清单，证明自己一直没有居住。在谈到如何结算租金问题时，发生纠纷，争执不下，无奈，双方来到司法所请求调解。

二、案件处理与结果

司法所所长受理纠纷后立即进行调解，倾听双方的陈述。承租人赵某承认自己违约，愿意承担违约责任，1000 元押金不要了，并承担实际租赁期间的房租。出租方杨某认为双方有书面合同，赵某必须付清全部房租。同时，杨某还要求赵某缴纳供暖费、物业费。

了解了相关情况后，所长先对出租方杨某说："让承租人付清全部房租的理由不足，同时，你要求赵某交清取暖费、物业费，也缺乏法律依据，再加上对方已经承认违约并答应承担相应的违约责任，你应该做出一些让步，一直这样僵着对你不利。"随后，所长又对承租方赵某说："你应该按合同约定履行，你们的房屋租赁合同条款约定虽然有些不规范，但你应该明白，按照合同要求，退房应提前 1 个月通知出租方，虽然你没有居住，但仍然给对方造成了一定的损失，这个因素应该考虑进去。"经过所长耐心细致的疏导，双方最终达成调解协议：①承租方赵某承担 3 月 15 日～4 月 13 日的房租及一个月的物业费 60 元，押金

---

〔1〕 案件来源：淄博市博山区开发区司法所。

1000 元不退还，另外承担损失费 300 元，上述款项共计 2160 元。②出租人杨某退还赵某剩余款项 3640 元，当场即时结清。③此次调解为一次性调解，今后双方互不追究责任。

三、承办人观点

在调解过程中，调解员要学会洞察当事人的心理，了解双方提出调解意见的目的，查找出纠结于他们心中的"病因"，善于从矛盾纠纷的关键点切入，引导当事人之间进行换位思考，启发双方当事人互相站在对方的立场上考虑问题，体察对方的感受和态度，与对方在情感上进行交流，从而理解对方，将心比心，各自做出让步，圆满解决纠纷。同时，对达成的调解协议，必须要保证双方切实履行，这样才能保障当事人的合法利益。本案中，调解人员在调解协议达成后，立即督促双方依约履行义务，并明确今后双方互不追究责任，较好地实现了调解的目的。

四、案件评析

这是一起典型的房屋租赁合同纠纷案件。《合同法》第 212 条规定："租赁合同是出租人将租赁物交付承租人使用、收益，承租人支付租金的合同。"第 216 条规定："出租人应当按照约定将租赁物交付承租人，并在租赁期间保持租赁物符合约定的用途。"第 107 条规定："当事人一方不履行合同义务或者履行合同义务不符合约定的，应当承担继续履行、采取补救措施或者赔偿损失等违约责任。"第 114 条规定："当事人可以约定一方违约时应当根据违约情况向对方支付一定数额的违约金，也可以约定因违约产生的损失赔偿额的计算方法。约定的违约金低于造成的损失的，当事人可以请求人民法院或者仲裁机构予以增加；约定的违约金过分高于造成的损失的，当事人可以请求人民法院或者仲裁机构予以适当减少。当事人就迟延履行约定违约金的，违约方支付违约金后，还应当履行债务。"

本案中，承租方要求提前终止合同，应按照合同约定支付违约金。在调解过程中，调解员在依法调解的前提下，结合日常认知进行调解，取得了良好效果。同时，调解生效后做好跟踪服务，保证事后履行给付，维护了人民调解工作的严肃性。

案例四 土地租赁合同纠纷[1]

一、基本案情

2011 年夏季，旱藕种植户王某因未做好藕池土地防渗处理工作，致使邻近的 8 户村民近 30 亩耕地发生内涝。在司法所的再三调解下，8 户村民与王某签订了土地租赁合同：8 户村民将受藕池渗水影响的近 30 亩耕地租赁给王某，租金为 800 元/亩，租期 10 年，租金一年一付。2013 年夏天，王某因资金不足单方面终止了该土地租赁合同，双方为此发生纠纷。2013 年 11 月，8 户村民来到司法所寻求帮助。

二、案件处理与结果

由于双方签订的土地租赁合同是在司法所的调解下签订的，因此调解员对双方的权利义务比较了解，合同对违约责任也做了详细的约定。结合本案的实际情况，调解员认为调解的重点是依据实际情况做思想工作，妥善解决纠纷。司法所调解员在与王某进行谈话时，重点从法律层面对其进行劝解，阐明一旦违约应承担的法律赔偿义务。经过一番法律讲解，王某终于认识到自己的错误及应承担的法律责任。考虑到王某确有资金不足的实际情况，调解员又多次与 8 户村民进行约谈交流。最终，村民同意适当降低土地的租赁费用。经调解员不懈的努力，当事人几方又重新签订了为期 10 年的土地租赁合同。签订合同的当天，王某不仅支付了拖欠的土地租赁金，还一次性将下一年的土地租赁金如数付给了 8 户村民。

三、承办人观点

依法调解是人民调解工作必须遵循的准则，调解员必须认真学习法律，掌握一定的法律知识，还要学会灵活运用法律知识解决实际问题。本案调解成功的关键就是调解员依法调解，既考虑到法律规定，又考虑到违约方的实际情况，引导村民换位思考，体谅彼此的难处，适当让步，最终圆满解决了问题。

从本案纠纷来看，加强农村法律工作的宣传，提高农民素质，是当前农村工

---

[1] 案件来源：德州市陵县开发区司法所。

作的重中之重。

四、案件评析

这是一起典型的土地租赁合同纠纷案件。《合同法》第212条规定："租赁合同是出租人将租赁物交付承租人使用、收益，承租人支付租金的合同。"第226条规定："承租人应当按照约定的期限支付租金。对支付期限没有约定或者约定不明确，依照本法第61条的规定仍不能确定，租赁期间不满1年的，应当在租赁期间届满时支付；租赁期间1年以上的，应当在每届满1年时支付，剩余期间不满1年的，应当在租赁期间届满时支付。"第227条规定："承租人无正当理由未支付或者迟延支付租金的，出租人可以要求承租人在合理期限内支付。承租人逾期不支付的，出租人可以解除合同。"《人民调解法》第31条规定："经人民调解委员会调解达成的调解协议，具有法律约束力，当事人应当按照约定履行。人民调解委员会应当对调解协议的履行情况进行监督，督促当事人履行约定的义务。"第32条规定："经人民调解委员会调解达成调解协议后，当事人之间就调解协议的履行或者调解协议的内容发生争议的，一方当事人可以向人民法院提起诉讼。"

从本案可以看出，人民调解可以把大量的纠纷解决在基层，解决在萌芽状态，是坚实可靠的化解民间纠纷的"第一道防线"。它可以使纠纷当事人平等协商、互谅互让，化解矛盾、消除隔阂，有助于建立良好的社会秩序，促进安定团结，维护社会稳定。

案例五　　　　　　　　　施工合同纠纷[1]

一、基本案情

2014年秋，许某与孙某口头协商约定：孙某负责给许某在本镇养殖区建设养殖大棚33间。2015年2月份（农历），孙某如期将大棚建好并交付许某使用。2015年6月的一天，大棚突然倒塌。双方就赔偿问题未能达成一致意见，发生纠纷。同年，许某向司法所申请调解，要求孙某重新建好33间大棚并赔偿自己经济损失10 000元。

---

〔1〕　案件来源：潍坊市诸城市百尺河司法所。

二、案件处理与结果

了解案情后，调解员将双方当事人请到司法所进行耐心细致的沟通和交流，从法理和情理两方面做工作，使当事人认识到各自享有的权利和应承担的义务。经调解，双方达成如下协议：①孙某在原处重新给许某建好大棚33间，原倒塌棚的废料能用的充分利用。②孙某于7月30日前开工建设。③孙某确保工程质量符合要求。④孙某赔偿许某大棚倒塌的经济损失8000元。协议签订后，孙某于7月29日开工建设，15日内完成工程。施工过程中，双方没有发生不愉快的事情。

三、承办人观点

在处理这类纠纷时，调解员一定要注意方式、方法，可采用重点突破法、换位思考法、面对面调解法等多种方法，寻找解决纠纷的突破口。在调解过程中，调解员要善于倾听当事人的看法，寻找纠纷解决的关键点，耐心对当事人进行说服、教育，逐步缩小双方之间的分歧，制定双方都能接受的调解方案，促使调解成功。

四、案件评析

这是一起简单的施工合同纠纷案件。《合同法》第269条规定："建设工程合同是承包人进行工程建设，发包人支付价款的合同。建设工程合同包括工程勘察、设计、施工合同。"第270条规定："建设工程合同应当采用书面形式。"第281条规定："因施工人的原因致使建设工程质量不符合约定的，发包人有权要求施工人在合理期限内无偿修理或者返工、改建。经过修理或者返工、改建后，造成逾期交付的，施工人应当承担违约责任。"

本案中，孙某建设的大棚质量明显不符合双方的约定，应当承担违约责任。双方没有按照法律规定签订书面合同，造成纠纷发生时各执一词，影响了纠纷的顺利解决。这个案例告诉我们一定要加大农村的普法力度，让人人知法、懂法、用法。

案例六　　　　　　　　运输合同纠纷[1]

一、基本案情

2013 年 5 月的一天，司法所接到一位来自上海张某的申请调解电话，经询问得知他是上海蔬菜市场贩运蔬菜的商户，前段时间与陈某签订了蔬菜运输合同，约定由陈某负责从威海向上海运送蔬菜，一直合作良好。但在 3 月 15 日的那次运输中，陈某发生交通事故，因车辆超载导致爆胎翻车，一车蔬菜所剩无几，导致张某损失数万元。事发后，陈某悄悄逃走，至今未找到人。双方之间的纠纷就此搁置，现在希望能通过当地司法所帮助协调，解决此事。

二、案件处理与结果

司法所接到张某的申请后，立刻与当地的乡委会联系，询问乡里是否有从事运输的陈某这个人。经调查，调解员发现有 6 个人叫这个名字。调解员通过上门走访，最终确定为张某运输的是某村陈某。调解员想先了解一下陈某的基本情况，看看是否可以通过调解的方式，妥善快速地处理此事。但连续几天，陈某一直避而不见，无奈之下，调解员只能做其家人工作，说明案件的利害关系，希望陈某能露面，积极处理此事。经过努力，陈某终于同意出来处理此事。调解员立即给上海的张某打电话，通知其到司法所进行调解。经过调解员的不懈努力，在互让互谅的前提下，陈某同意赔偿张某的损失，张某也没有进一步要求其他损失，达成双方均满意的赔偿协议。几日后，张某托人给司法所送来锦旗一面，感谢司法所工作人员的辛勤付出，为自己排忧解难。

三、承办人观点

本案为跨界纠纷，如若启动诉讼程序，人力、物力损耗巨大，往往得不偿失，负面影响很大。因而，基层司法所要尽量让纠纷解决在萌芽状态中。本案中，调解员通过对陈某进行法律知识讲解，使其正确认识到自己行为的错误，这对纠纷的解决起到了至关重要的作用。这起案件也告诉我们，调解员不仅要熟知法律，更要灵活运用法律，循序渐进普及法律。这样就能最大程度地解决纠纷，

---

[1]　案件来源：临沂市兰陵县卞庄司法所。

化解矛盾，维护社会和谐稳定。

四、案件评析

这是一起典型的运输合同纠纷案件。《合同法》第 288 条规定："运输合同是承运人将旅客或者货物从起运地点运输到约定地点，旅客、托运人或者收货人支付票款或者运输费用的合同。"第 290 条规定："承运人应当在约定期间或者合理期间内将旅客、货物安全运输到约定地点。"第 291 条规定："承运人应当按照约定的或者通常的运输路线将旅客、货物运输到约定地点。"第 311 条规定："承运人对运输过程中货物的毁损、灭失承担损害赔偿责任，但承运人证明货物的毁损、灭失是因不可抗力、货物本身的自然性质或者合理损耗以及托运人、收货人的过错造成的，不承担损害赔偿责任。"第 312 条规定："货物的毁损、灭失的赔偿额，当事人有约定的，按照其约定；没有约定或者约定不明确，依照本法第 61 条的规定仍不能确定的，按照交付或者应当交付时货物到达地的市场价格计算。法律、行政法规对赔偿额的计算方法和赔偿限额另有规定的，依照其规定。"

本案中，陈某在运输途中，因为自己的原因导致货物毁损、灭失，依法应当承担损害赔偿责任。在处理此类纠纷时，调解员要深入了解事实真相，找到处理问题的关键，对当事人做思想工作时既要用法，更要用情，同时要善于倾听，从不同侧面分析问题，寻找解决问题的方法，必要时也可调动多方力量共同做当事人的思想工作。通过积极主动的调解工作把矛盾及时化解，充分发挥基层司法机关的作用，维护农村的和谐稳定。

案例七　　　　　　　借贷合同纠纷[1]

一、基本案情

2012 年 3 月 12 日，苏某因急需资金开发一个工程项目，遂向张某借钱，双方书面约定：张某借给苏某 15 万元，借期 6 个月，月息为银行贷款利息的 1.5 倍，至同年 9 月 12 日本金和利息一次性付清。借款到期后，因工程项目开发不顺利，苏某无法偿还张某的借款。张某在向苏某催促还款过程中，得知某单位曾向苏某借款 20 万元，现该笔借款已到还款期，某单位正准备还款，但

---

〔1〕 案件来源：东营市河口区义和司法所。

苏某让该单位暂时不用还款，以后再说。于是，张某来到司法所申请进行调解，希望苏某能用某单位的还款来偿还自己的债务。苏某辩称该债权已放弃，无法清偿债务。

二、案件处理与结果

接到申请后，调解员及时对该案进行调查走访。通过调查取证，调解员认为苏某与张某之间的借款合同是自愿订立的，且内容不违法，是符合法律规定的债权债务关系，苏某负有按期清偿本息的义务，张某享有按期收回本金、收取利息的权利。苏某因工程项目开发不顺利，不能如约履行清偿义务，已构成违约行为。依据法律规定，调解员对苏某详细讲解了借款关系中双方的权利义务，讲明了违约行为的严重性，若其坚持不履行清偿义务，张某可以到法院起诉。依照《合同法》的规定，张某可以行使撤销权，撤销苏某主动放弃债权的行为。同时，告之苏某，表面上你放弃对某单位的债权是处分自己的权益，但实际上却损害了张某的债权。经过司法所调解员的努力，苏某最终同意偿还债务，双方达成调解协议。

三、承办人观点

根据《合同法》的规定，在债务人怠于行使自己的到期债权，危及债权人的权利时，债权人可以向人民法院请求以自己的名义代位行使债务人的权利，实现自己的债权。在此案中，若苏某坚持放弃债权，不履行清偿义务，张某可以行使撤销权来保护自己的权利，还可以起诉到法院要求直接向某单位行使代位权。债权人对于自己享有的债权，完全可以根据自己的意志，决定行使或者放弃。但是，当该债权人又是其他债权人的债务人时，如果他放弃债权的行为使其他债权人的权利无法实现，他的债权人享有依法获得救济的权利。

四、案件评析

这是一起典型的借款合同纠纷案件。这类案件一般事实清楚，证据确凿，适用法律明确，问题的核心在于债务人是否具有偿债能力。《合同法》第 196 条规定："借款合同是借款人向贷款人借款，到期返还借款并支付利息的合同。"第197 条规定："借款合同采用书面形式，但自然人之间借款另有约定的除外。借款合同的内容包括借款种类、币种、用途、数额、利率、期限和还款方式等条款。"第 201 条规定："贷款人未按照约定的日期、数额提供借款，造成借款人损失的，应当赔偿损失。借款人未按照约定的日期、数额收取借款的，应当按照约定的日期、数额支付利息。"第 206 条规定："借款人应当按照约定的期限返还借款。对借款期限没有约定或者约定不明确，依照本法第 61 条的规定仍不能确定的，借款人可以随时返还；贷款人可以催告借款人在合理期限内返还。"第 207 条规定："借款人未按照约定的期限返还借款的，应当按照约定或者国家有关规定支付逾期利息。"第 210 条规定："自然人之间的借款合同，自贷款人提供借款时生效。"第 211 条规定："自然人之间的借款合同对支付利息没有约定或者约定不明确的，视为不支付利息。自然人之间的借款合同约定支付利息的，借款的利率不得违反国家有关限制借款利率的规定。"第 74 条规定："因债务人放弃其到期债权或者无偿转让财产，对债权人造成损害的，债权人可以请求人民法院撤销债务人的行为。债务人以明显不合理的低价转让财产，对债权人造成损害，并且受让人知道该情形的，债权人也可以请求人民法院撤销债务人的行为。撤销权的行使范围以债权人的债权为限。债权人行使撤销权的必要费用，由债务人负担。"第 75 条规定："撤销权自债权人知道或者应当知道撤销事由之日起 1 年内行使。自债务人的行为发生之日起 5 年内没有行使撤销权的，该撤销权消灭。"《人民调解法》第 3 条规定："人民调解委员会调解民间纠纷，应当遵循下列原则：①在当事人自愿、平等的基础上进行调解；②不违背法律、法规和国家政策；③尊重当事人的权利，不得因调解而阻止当事人依法通过仲裁、行政、司法等途径维护自己的权利。"

本案的事实清楚，证据确凿，适用法律明确，问题的核心在于债务人放弃自己对第三人的债权行为是否有效，是否损害了债权人的利益。调解人员在调解时应坚持依法调解、据理调解、用情调解，把法律规定讲清楚，这样当事人才有一个分析判断是非曲直的标准，才能正确认识自己应享有的权利和承担的义务，从而心悦诚服地接受调解。

案例八　　　　　　　　劳动合同纠纷[1]

一、基本案情

2013 年 11 月，外出务工人员王某在青岛某工厂工作时右手中指不慎被机器

---

〔1〕　案件来源：枣庄市山亭区水泉司法所。

夹伤，住院治疗期间做了右手中指前端截肢手术，花去医疗费、交通费等各项费用共计 9800 元。出院后，王某多次和工厂负责人李某进行交涉，要求赔偿所有费用，但李某认为厂里没有和王某签订书面用工合同，也没有为他缴纳工伤保险，不存在劳动关系，拒绝赔偿。时近年关，王某在多次与厂里协商无果的情况下，只得自认倒霉，收拾行李回家。回家后，由于手伤，王某暂时没有出门打工，但是家里几口人等着吃饭，在经济和心理的双重压力下，他几乎有些无所适从了，每天都闷在家里不动。2013 年 12 月 16 日，司法所"走、改、联"活动排查小组到村里走访，从王某一个比较相熟的朋友口中得知此事，便迅速赶到王某家中了解具体情况。

二、案件处理与结果

经过案情分析，司法所工作人员认为王某的手伤应属于工伤，可以向厂家进行索赔，虽然王某和该工厂之间未签订书面劳动合同，但有证据证明王某与该工厂之间存在事实劳动关系，根据《工伤保险条例》的相关规定，该工厂应承担王某的工伤赔偿责任。为了更好地解决问题，司法所派出一名专职干警陪同王某奔赴青岛，代表王某与该工厂进行协商，索要赔偿。工厂负责人李某的态度和此前一样，拒绝赔偿王某的手伤。司法所干警见此情况，向李某出示证据，同时拿出相关法律条文与李某进行讲解和沟通，并表示如果厂方再继续推诿责任的话，王某将正式向青岛市劳动局提交工伤认定申请。直到此时，李某才意识到"没有签订书面用工合同就不存在劳动关系"的想法是错误的，在法律面前是站不住脚的。经过与厂方两天面对面的"拉锯战"式调解，双方终于在 12 月 28 日达成了调解协议：①工厂承担王某住院期间的费用 9800 元。②工厂一次性支付王某一次性伤残补助金、医疗补助金、一次性再就业补助金、住院费、误工费、住院补助费、交通费等共计 85 000 元整。工厂当场支付了所有赔偿的金额，案件顺利得到解决。王某激动地表示："本来以为没有签订正式的用工合同出了事就只能自认倒霉了，多亏了司法所干警不辞辛苦地帮我忙碌奔波，这才帮我讨回了公道。"

三、承办人观点

农村外出务工人员由于缺乏法律意识，经常会因没有与用工单位签订劳动合同而产生欠薪和工伤赔偿纠纷问题，因此，作为基层司法行政干警必须加大普法宣传力度，特别是加强对农民工的法治宣传教育，从而增强他们的法律意识，依法办事，养成通过法律手段理性解决纠纷的习惯。

四、案件评析

这是一起典型的劳动合同纠纷案件，其关键点在于确认王某和青岛某工厂之间是否存在劳动合同关系。《劳动合同法》第7条规定："用人单位自用工之日起即与劳动者建立劳动关系。用人单位应当建立职工名册备查。"第10条规定："建立劳动关系，应当订立书面劳动合同。已建立劳动关系，未同时订立书面劳动合同的，应当自用工之日起1个月内订立书面劳动合同。用人单位与劳动者在用工前订立劳动合同的，劳动关系应当自用工之日起建立。"第11条规定："用人单位未在用工的同时订立书面劳动合同，与劳动者约定的劳动报酬不明确的，新招用的劳动者的劳动报酬按照集体合同规定的标准执行；没有集体合同或者集体合同未规定的，实行同工同酬。"

本案中，王某和青岛某工厂之间虽然没有签订书面的劳动合同，但存在事实劳动关系，可以认定存在劳动合同，因而，王某在工作时受伤应属工伤，单位应负责赔偿责任。此案的成功调解充分说明了人民调解在维护社会稳定，维护人民利益方面所发挥的不可替代的作用。

案例九　　　　　　　　　保管合同纠纷[1]

一、基本案情

2013年11月12日，某村村民张某骑电动车赶集，当天集上人员、车辆很多，行走不便。张某就将电动车放到李某的看管处委托看管，并交了1元看车费，李某交给张某一个看车牌作为凭证。后张某去取车时发现电动车丢失，立即报警，派出所出警并做了记录，但案件一直未破。张某认为自己交了停车费，李某就应该看管好自己的电动车，现在电动车丢了，李某应该承担赔偿责任。于是，张某找到李某要求赔偿损失。李某认为车子不是自己偷的，自己没有责任，并且电动车丢失已经报警，应该等待警察破案后再做处理。双方无法达成一致意见，张某向某司法所申请调解。

---

〔1〕　案件来源：菏泽市定陶县黄店司法所。

二、案件处理与结果

调解员了解案件具体情况后，采取"背对背"的调解方式，分头做工作。一方面，对李某耐心讲解我国《合同法》中关于保管合同的相关规定，让李某明确自己的权利和义务，了解自己应承担的法律责任，促使其转变观念，积极赔偿张某的损失。另一方面，对张某进行耐心劝说，采取换位思考法，让张某站在李某的角度看待这件事情，劝说张某适当降低赔偿标准，顺利解决纠纷。经过调解员耐心细致地劝说和帮助，李某和张某最终达成和解协议：李某支付张某 1500 元赔偿费用。

三、承办人观点

本案中李某在看管车辆时收取看车费，属有偿保管，李某应妥善保管电动车，在保管期间，李某因保管不善导致电动车丢失，应依法承担赔偿责任。依据《合同法》第 374 条的规定，保管期间，因保管人造成保管物毁损丢失的，保管人应承担损害赔偿责任。

四、案件评析

这是一起典型的保管合同纠纷案件。《合同法》第 365 条规定："保管合同是保管人保管寄存人交付的保管物，并返还该物的合同。"第 374 条规定："保管期间，因保管人保管不善造成保管物毁损、灭失的，保管人应当承担损害赔偿责任，但保管是无偿的，保管人证明自己没有重大过失的，不承担损害赔偿责任。"《人民调解法》第 21 条规定："人民调解员调解民间纠纷，应当坚持原则，明法析理，主持公道。调解民间纠纷，应当及时、就地进行，防止矛盾激化。"第 22 条规定："人民调解员根据纠纷的不同情况，可以采取多种方式调解民间纠纷，充分听取当事人的陈述，讲解有关法律、法规和国家政策，耐心疏导，在当事人平等协商、互谅互让的基础上提出纠纷解决方案，帮助当事人自愿达成调解协议。"

本案中，李某在看管张某车辆时收取费用，给付凭证，完全符合保管合同的法律规定。电动车在李某保管期间，因为李某保管不善造成丢失，李某应当承担损害赔偿责任。

在本案的调解过程中，调解员积极调查取证，在调解时，依法依规、依理依情，充分运用了法与德相结合的教育和疏导方法，使当事人能正确认识到自己行为的性质，从而心悦诚服地接受调解，这是值得推广的。

第 三 章

婚姻家庭纠纷人民调解案例

案例一　　　　　　　　　婚约纠纷[1]

一、基本案情

李某经人介绍认识了某村 23 岁姑娘韩某，两人见面后互生好感，谈起恋爱。相处近半年后两人感觉还不错，于是在双方家长和媒人的见证下举行订婚仪式。订婚仪式前李某为韩某购买了价值共计 5000 余元的"三金"，即金项链、金戒指、金耳环。订婚当日，李某按当地风俗拿出 66 000 元钱作为彩礼，李某父母给韩某 2000 元"改口费"。依当地的习俗，男方还应在订婚前或订婚后带女方去买几件新衣服，表示男方家对女方的认可。李某觉得自己在订婚前已为韩某购买了"三金"，这比购买衣服的价值高多了，也是对女方的认可，就没有给韩某买新衣服。韩某的父母为此事心里很不高兴，觉得是因为两人已经举行订婚仪式，李某觉得韩某是李家人了，因此不用再买衣服了，这是对韩某的不在乎，担心韩某过门后会受气。于是，韩某父母多次怂恿韩某向李某提起此事并表示强烈不满，李某觉得韩某很不通情达理，不可理喻。因为此事，两人之间越闹越僵，关系也越来越紧张。在一次吵架后，李某因生气提出解除婚约，并要求韩某将彩礼钱、"改口费""三金"及相处期间为其购买其他东西的共计 78 600 余元返还。韩某同意解除婚约，但坚称，是男方先提出退婚的，一分钱也别想要回去。李某和他的家人在多次向韩某索要费用无果后，到司法所请求解决此事。

二、案件处理与结果

听完李某的讲述后，司法所所长对李某一家进行劝解：这种纠纷在农村普遍存在，因为这一点小事两个人没必要闹到这个地步，毕竟两个人相识也是一种缘

---

[1]　案件来源：聊城市茌平县肖庄司法所。

分，谈了半年多恋爱，应该是很有感情的，既然已经订婚了就不要轻易说解除婚约，大家都退让一步，这事就过去了，一切重归于好，这才是最好的结果，不要因为一点小事伤了两家人的和气。李某一家也觉得是这个道理，同意不再解除婚约。但韩某一家不同意，要求解除婚约，且坚称是李某先提出的退婚，根据老辈规矩，女方家拒不退还任何彩礼钱及其他钱物，事情一时陷入僵局。这之后几天里，所长每天都对韩某及其父母进行耐心疏导，还找到了韩某的一些亲属帮忙一起劝说不要解除婚约，但是，韩某坚持要求解除婚约且拒绝退还彩礼。如此一来，工作的重点就转移到如何让韩某一家退还彩礼上。所长考虑到让韩某退还所有钱物是不可能的，于是先找李某一家，劝他们只要回彩礼、"改口费"和"三金"，以前两个人相处的花费就不要再计较了，毕竟两个人相识一场，而且是自愿付出的，李某一家表示同意，只要求韩某家返还 66 000 元彩礼、2000 元"改口费"和"三金"。随后，所长来到韩某家，向他们详细讲解了我国《婚姻法》及其相关司法解释，并说明：虽说是李某先提出解除婚约，但那是一时气话且对方已经不想退婚，现在是你方决意要退婚，所以李某想要回彩礼也是合情合理合法的，现在李某家只要求你们返还订婚前后的花费，以前的花费就不计较了，你们应该认清形势，尽快和平解决此事，若是将来真的对簿公堂对双方都不利。经过一番耐心细致的劝说，韩某一家最终同意退还彩礼、"改口费"和"三金"共计 73 000 余元的钱物，双方签订了调解协议。

三、承办人观点

彩礼，是指以缔结婚姻关系为目的，女方向男方索要的一定数量的财物或者金钱。对于彩礼的性质，司法实践中一般认为是附条件的赠与，常与婚约伴随在一起。我国法律不承认婚约的法律效力，因此，当出现婚约纠纷，不能缔结婚姻时，无法运用我国《合同法》关于撤销赠与的规定要求返还彩礼。从民法理论上来讲，由于双方没有缔结婚姻关系，彩礼的赠与条件不能成就，接受彩礼的一方就失去了占有彩礼的理由，构成了不当得利，给付方有权要求其返还。

《婚姻法》第 3 条第 1 款规定："禁止包办、买卖和其他干涉婚姻自由的行为。禁止借婚姻索取财物。"最高人民法院《关于适用〈婚姻法〉若干问题的解释（二）》作了进一步明确。虽然这些法律条文为处理彩礼纠纷提供了相关的法律依据，但在实践中纠纷发生的原因和形式多种多样，并不是规定中列举的三种情况所能包括的，对这些规定以外的情况如何处理，尺度如何把握，成为处理此类纠纷的难点。因此，妥善处理好彩礼纠纷，对倡导健康文明的婚姻观，促进社会和谐具有重要现实意义。

四、案件评析

这是一起典型的婚约财产纠纷案件，处理结果理想，取得了良好的社会效果。彩礼，有的地方也称聘礼、纳彩等，是中国几千年来的一种婚嫁风俗，是男女双方在确立恋爱关系、准备结婚时所交付的一种礼金，这种礼金是一种附条件的赠与，其成就的条件是男女双方建立合法的婚姻关系。彩礼的多少，随当地风俗、当事人的经济状况等各方面因素而定，但数额一般不在少数。目前，在我国广大农村，结婚给付彩礼的现象比较普遍，许多生活不富裕的家庭，为了给付彩礼而举家债台高筑，造成了极其沉重的经济负担。在处理彩礼纠纷时，一般按照最高人民法院《关于适用〈婚姻法〉若干问题的解释（二）》第10条的规定来处理，即当事人请求返还按照习俗给付的彩礼的，有以下三种情形，可以要求返还：①双方未办理结婚登记手续的；②双方办理结婚登记手续但确未共同生活的；③婚前给付导致给付人生活困难的。适用②、③项的规定，应当以双方离婚为条件。本案就是依据上述规定进行调解的。但需要注意的是，本条规定是为了解决现实中的纠纷，并不是提倡给付彩礼。

《人民调解法》第19条规定："人民调解委员会根据调解纠纷的需要，可以指定一名或者数名人民调解员进行调解，也可以由当事人选择一名或者数名人民调解员进行调解。"第20条规定："人民调解员根据调解纠纷的需要，在征得当事人的同意后，可以邀请当事人的亲属、邻里、同事等参与调解，也可以邀请具有专门知识、特定经验的人员或者有关社会组织的人员参与调解。人民调解委员会支持当地公道正派、热心调解、群众认可的社会人士参与调解。"第21条规定："人民调解员调解民间纠纷，应当坚持原则，明法析理，主持公道。调解民间纠纷，应当及时、就地进行，防止矛盾激化。"第22条规定："人民调解员根据纠纷的不同情况，可以采取多种方式调解民间纠纷，充分听取当事人的陈述，讲解有关法律、法规和国家政策，耐心疏导，在当事人平等协商、互谅互让的基础上提出纠纷解决方案，帮助当事人自愿达成调解协议。"

本案在调解过程中严格依照《人民调解法》的规定，并结合实际情况采取灵活多样的调解方法，取得了良好的调解效果。

案例二 离婚纠纷[1]

一、基本案情

2009 年 12 月，已经有过一次婚姻的赵某（男）与初婚女子袁某（女）登记结婚。二人婚后未生育子女。2011 年 6 月，袁某的父亲因病去世，留下一份遗嘱，将自己名下一处价值 40 万元的房产，留给女儿袁某继承。2011 年 10 月 16 日，袁某将该房屋过户到自己名下。2013 年 7 月，赵某与袁某感情破裂，协商离婚。双方在草拟离婚协议书时约定，现住房归袁某所有，其余财产归赵某所有，但对袁某父亲留给袁某的房产归属问题，双方未能达成一致意见。袁某认为，此房屋是父亲指明留给自己的财产，属于个人财产，不应该予以分割。赵某认为，袁某继承房屋的时间是在婚姻关系存续期间，根据法律规定该房产应为夫妻共同财产，平等分割，且袁某已分得现有住房，若袁某继承的房产再归其个人所有，则有失公平。二人多次协商未果，袁某到司法所寻求帮助。

二、案件处理与结果

司法所调解员在了解纠纷产生的经过后，一边安抚双方的情绪，一边对双方进行调解。在调解过程中，调解员从讲解《婚姻法》《继承法》等法律规定入手，让当事人明白遗嘱是遗嘱人的真实意思表示，作为财产的所有者，遗嘱人有权按照自己的意思处分财产，这种处分应当得到法律的承认和保护。本案中，袁某的父亲因病去世，在自书遗嘱中明确表示了将自己名下一处价值 40 万元的房屋留给袁某继承。按照《婚姻法》的规定，这笔财产不能作为夫妻共同财产进行分割，而属于袁某的个人财产。调解员采取灵活多样的调解方法，开展耐心细致的说服疏导工作，最终促使双方当事人顺利达成离婚协议，和平分手。

三、承办人观点

人民调解员在处理此类案件时，需要特别注意两个问题：①是否存在遗嘱，且遗嘱是否合法有效。②在无遗嘱的情况下，作为继承而来的财产是可以作为共同财产进行分割的，对此应特别注意，区别对待。

---

〔1〕 案件来源：东营市东营区龙居司法所。

在现实生活中，有些父母只愿意将自己的财产留给自己的子女继承，建议可采取自书遗嘱或公证遗嘱的方式来分配自己的财产，在遗嘱中明确表示，将属于个人所有的财产归自己子女个人所有。这样就可以避免子女的配偶将该遗产作为夫妻共同财产来进行分割。

四、案件评析

这是一起典型的离婚财产纠纷案件。遗嘱是遗嘱人的真实意思表示，作为财产的所有者，遗嘱人有权按照自己的意思处分财产，这种处分应当得到法律的承认和保护。我国《婚姻法》第 17 条第 1 款规定："夫妻在婚姻关系存续期间所得的下列财产，归夫妻共同所有：①工资、奖金；②生产、经营的收益；③知识产权的收益；④继承或赠与所得的财产，但本法第 18 条第 3 项规定的除外；⑤其他应当归共同所有的财产。"由此可见，如果没有特殊情况，来源于上述几条的财产，均属于夫妻共同财产。因此，继承所得遗产一般为夫妻共有财产。但《婚姻法》第 18 条又规定："有下列情形之一的，为夫妻一方的财产：①一方的婚前财产；②一方因身体受到伤害获得的医疗费、残疾人生活补助费等费用；③遗嘱或赠与合同中确定只归夫或妻一方的财产；④一方专用的生活用品；⑤其他应当归一方的财产。"

在本案中，袁某按照父亲的遗嘱，继承了房屋，此种情况应属于《婚姻法》第 18 条第 3 项的情形，该财产应属于袁某的个人财产而不是夫妻共同财产，依法不能进行分割。

案例三　　　　　　因一方赌博引起的离婚纠纷[1]

一、基本案情

2011 年 3 月 5 日早晨，司法所接到村委打来的求助电话，妇女王某因丈夫杜某近两年染上了赌博的恶习，对家庭生活造成了巨大的影响，王某要离婚，杜某不离，双方发生争执，王某要喝农药自杀，谁都劝阻不了，希望司法所能派员到现场解决纠纷。接到电话后，司法所万所长带着一名调解员火速奔赴该村，赶到现场后发现情况十分危急，王某把自己关在屋里，手拿一瓶剧毒农药，哭着喊

---

〔1〕　案件来源：菏泽市牡丹区吴店乡司法所。

道："杜某，你到底离不离婚，不离我就死给你看。"门外一群人包括村委成员都急得团团转，想破门而入又怕刺激到王某，一时束手无策。此时，院子里围观的群众已越来越多，人员嘈杂，这种情形王某随时都有可能因控制不了自己的情绪而喝下农药。

二、案件处理与结果

所长找到村委成员详细了解情况后，立即展开工作。所长先让村委成员把围观的群众劝走，让王某先冷静下来。接着，所长来到门前做起了王某的思想工作，从王某和丈夫之间的感情说到这些年他们小两口如何经营家庭，从他们的一双儿女说到离婚后孩子教育的难题。在所长苦口婆心地劝说下，王某终于放下了农药瓶把门打开，所长连忙让人拿走农药，并准备趁热打铁，把隐患彻底消除。

所长把王某带到东屋，采用唤起旧情法，从两个人自由恋爱谈到结婚生子，从杜某的忠厚老实谈到他们刚结婚时的美好，真诚朴实的话语，终于打动了王某，王某感动地说："其实我也不想离婚，只要他能改掉赌博的毛病，我什么都听您的。"随后，所长又把村委成员和杜某叫到东屋，严厉批评了杜某赌博的错误行为，分析离婚对家庭和孩子造成的伤害，经此一事，杜某也认识到了赌博的危害，对自己以前的行为追悔莫及。最后，在所长和村委成员的监督下，杜某诚恳地向妻子王某承认了错误，承诺一定会改掉赌博的恶习，妻子王某也原谅了杜某，一个濒危的家庭终于和好如初。

三、承办人观点

本次调解面临的情况万分危急，随时都有可能闹出人命，制定正确的调解策略，熟知农村实际情况是保证调解成功的关键。调解员先让村委成员劝走围观群众，又以政府工作人员的身份出面劝说王某，让其产生信任感，随后抓住王某夫妻原来感情较好，有一双可爱儿女这一关键点，着重劝说王某原谅杜某，最后，让杜某当面做出痛改前非的承诺，终于实现了这场家庭纠纷的顺利解决。

在农村，因为男方游手好闲、不务正业而导致家庭产生矛盾，甚至危及婚姻的情况比较常见，司法所调解的矛盾纠纷中有很大一部分属于这类情形。农村有句俗语叫"宁拆十座庙，不破一桩婚"，离婚对国家、社会、双方家庭都会产生许多不稳定因素，所以，司法所在调解婚姻纠纷时都会尽量劝解双方维持婚姻。

四、案件评析

这是一起典型的因一方赌博而引起的离婚纠纷案件。《婚姻法》第32条规定："男女一方要求离婚的，可由有关部门进行调解或直接向人民法院提出离婚诉讼。人民法院审理离婚案件，应当进行调解；如感情确已破裂，调解无效，应准予离婚。有下列情形之一，调解无效的，应准予离婚：①重婚或有配偶者与他人同居的；②实施家庭暴力或虐待、遗弃家庭成员的；③有赌博、吸毒等恶习屡教不改的；④因感情不和分居满2年的；⑤其他导致夫妻感情破裂的情形。一方被宣告失踪，另一方提出离婚诉讼的，应准予离婚。"《人民调解法》第17条规定："当事人可以向人民调解委员会申请调解；人民调解委员会也可以主动调解。当事人一方明确拒绝调解的，不得调解。"

本案的处理结果很好，在调解员耐心细致的劝导工作中，夫妻二人最终和好如初。家庭是社会的细胞，家庭和睦是社会安定的有力保证。在处理此类纠纷时，调解员应在查明事实，分清是非的基础上，根据当事人的特点和离婚的原因，判断夫妻双方是否还存在感情基础，采取灵活多样的方式和方法，开展耐心细致的说服疏导工作，促使双方当事人互让互谅，消除隔阂，解决纠纷。

案例四　　　　　因重男轻女引起的离婚纠纷[1]

一、基本案情

2015年7月15日清晨，一名满面愁容的女子来到司法所，见到调解员，就泪流满面地大喊："日子没法过了，我男人要跟我离婚，我不愿意，他就打我。请司法所为我主持公道。"在这名王姓女子的哭诉中，调解员了解了她与丈夫朱某之间的矛盾。

2001年初，经朋友介绍，某村的王某（女）与某村的朱某（男）认识，后双方谈起了恋爱并于2002年5月结了婚。婚后丈夫朱某在外面打工，王某在家操持家务，夫妻感情一直很好，矛盾从2003年王某生下女儿开始产生。朱某虽然对生女儿有些失望，但是毕竟是自己的骨肉，仍然很疼爱女儿。关键是朱某的父母嫌弃儿媳生了孙女，认为朱家无人传宗接代，便极力怂恿他们生二胎。但因

---

[1]　案件来源：菏泽市曹县曹城司法所。

王某在生女儿时落了病，几年下来，虽也怀孕但一直没有保住孩子，多次流产，身体严重受损。朱某的父母一看儿媳再要孩子的可能性不大，便时常唆使朱某离婚。时间长了，朱某也渐渐有了离婚的想法，夫妻感情出现裂痕。家里三天一小吵，五天一大吵，但一直没有动过手。直到昨天晚上，两人又因为离婚的事情吵了起来，这次，朱某竟因言语不和，动手打了王某两个耳光。王某表示已经对丈夫感到失望，决定与朱某离婚。

二、案件处理与结果

听完王某的陈述后，调解员首先通知王某的丈夫朱某来到司法所，向其询问是否同意由司法所进行调解后，根据双方的意愿进行调解。首先，调解员询问朱某王某叙述的事实是否属实。朱某承认确实因为妻子没有生育男孩的事情两人经常吵架，并曾向妻子提出过离婚。昨天晚上，自己因为喝了点酒，情绪一激动，就控制不住打了妻子，今天早晨酒醒以后自己也很后悔。弄清了事情的真相后，调解员首先严厉批评了朱某重男轻女的思想，并表示根据《妇女权益保障法》第 51 条第 1 款的规定："妇女有按照国家有关规定生育子女的权利，也有不生育的自由。"朱某应该体谅妻子生儿育女的艰辛，也应该尊重妻子生育的权利和自由，不应以要男孩为理由强迫其生育甚至提出离婚，又向两人讲解我国《婚姻法》的有关规定。接着调解员又从情理的角度出发对二人进行劝说，俗话说"一日夫妻百日恩""家和万事兴"，一个幸福美满的家庭比什么都重要。调解员真情的劝说使二人之间的关系有所缓和，朱某当即向妻子道歉说以前只看重没有男孩的事，没在意妻子的病情，对女儿也不够关心，还动手打了妻子，自己很后悔，并保证以后一定好好对待她们母女。王某也在调解人员的开导下，表示愿意给丈夫一个机会，回去以后好好过日子。

两人的思想工作做通了，但朱某的父母也是一个不可忽视的重要因素。调解人员又趁热打铁，把朱某的父母请到司法所，向他们宣传了国家的计划生育政策，并告诉他们《婚姻法》《继承法》上有关儿子、女儿受教育权、继承权完全相同的法律规定，并列举了社会上一些养儿不孝、闺女比儿子孝顺的案例，劝说二老改变养儿防老和传宗接代的旧思想。鲜活的事例，入情入理的分析，聊家常式的劝说方法，使两位老人认识到了自己的想法是错误的，并表示以后不会再逼儿子与儿媳离婚，会好好疼爱儿媳和孙女。一场离婚纠纷最终以双方和好落下了帷幕。

三、承办人观点

在男女人数比例严重失调的今天，养儿防老和传宗接代的思想仍然在农村大行其道。为了生子，许多家庭甘愿非法生育第三胎，第四胎，甚至花钱买个男孩。像案例中这样，因不能生子而离婚另娶的也不是个案。"男女平等"的观念宣传了很多年，但在农村依然有些人保持着旧思想不放手。这说明"男女平等"思想的普及工作仍然任重而道远，仍要与某些传统守旧思想进行顽强的战斗。这也对我们的调解工作提出了新的任务，新的挑战，引导我们去思考。

四、案件评析

这是一起典型的因重男轻女引起的离婚纠纷案件。夫妻之间、父母子女之间应当互敬互爱、互相关心、互相体贴、互相照顾，这样家庭才能和睦。《人民调解法》第21条规定："人民调解员调解民间纠纷，应当坚持原则，明法析理，主持公道。调解民间纠纷，应当及时、就地进行，防止矛盾激化。"

本案中调解员和风细雨式地拉家常、闲聊天，从感情上拉近与当事人的距离，稳定当事人的情绪，使当事人认识到自己的错误，解开自己的心结，幡然悔悟，珍惜眼前人，最终促成和解。同时，调解员还趁热打铁对朱某的父母进行教育和政策宣传，有效地化解纠纷产生的源头，增进家庭成员相互理解，促进家庭成员团结，维护家庭和谐稳定。这次案件也提醒我们在农村进行普法教育的必要性和紧迫性。

案例五　　　　因包办婚姻引起的离婚纠纷[1]

一、基本案情

女青年田某和小伙何某都是某村人。2010年，经媒人介绍确立恋爱关系，何某有空就常去田家帮忙。两家老人彼此都觉得两人很合适。但经过一年多的相处，两个年轻人感到关系合不来。男方父母看在眼里急在心上，与媒婆和女方家长商定尽快给孩子们办理婚事。田某父亲考虑到两家都在一个村里，又是本村人介绍的婚事，何某常到家里帮忙，就为女儿做主将婚期确定下来。田某知道此事

---

[1]　案件来源：济宁市汶上县寅寺司法所。

后表示不同意结婚，但在父母、亲戚多方胁迫下，田某于2012年2月与何某办理了结婚登记手续，后按当地风俗举行了结婚仪式。婚后第3天田某就离家出走，跑到了云南省，并电话告知何某要求离婚。何某接到电话后向父母说明了田某要离婚的事情。何某父母听到田某要离婚的消息后非常生气，便纠集亲朋好友前去田家闹事要人。村长见此情况急忙给司法所打电话，希望派人前去调解。

二、案件处理与结果

司法所工作人员接到申请后，立即派员前去调解。到达现场后，调解员了解到此次纠纷的主要原因是两人婚前感情基础差，婚事纯属父母包办，违背了女方的意愿。司法所工作人员通过讲解《婚姻法》的相关规定，耐心地说服，先稳住了男方家人的情绪，避免出现过激行为。随后，司法所工作人员多次电话联系女方并进行沟通交流，在女方表示坚决离婚的情况下，询问男方的意见，男方也同意女方离婚要求。调解员见时机成熟，立即将村组干部及媒人、亲戚、两家人都约到场，就彩礼、婚礼花费、女方陪嫁等事情进行充分地沟通、冷静地协商。最终，何、田两家互让互谅达成协议。随后，在司法所工作人员耐心说教下，田某从云南赶回来办理了离婚手续，并按照协议退还了相关聘礼费用。

三、承办人观点

在农村，包办婚姻的现象依然存在，本案就是一个典型案例。婚前，夫妻双方没有感情基础，在父母的操纵下匆匆结婚，婚后，这样的感情经不起生活的考验，往往以离婚收尾。

四、案件评析

这是一起典型的因包办婚姻而引起的离婚纠纷案件，本案的处理结果很理想，取得了较好的社会效果。《婚姻法》第2条规定："实行婚姻自由、一夫一妻、男女平等的婚姻制度。保护妇女、儿童和老人的合法权益。实行计划生育。"第3条规定："禁止包办、买卖婚姻和其他干涉婚姻自由的行为。禁止借婚姻索取财物。禁止重婚。禁止有配偶者与他人同居。禁止家庭暴力。禁止家庭成员间的虐待和遗弃。"第5条规定："结婚必须男女双方完全自愿，不许任何一方对他方加以强迫或任何第三者加以干涉。"所谓包办婚姻，是指婚姻关系以外的第三人（包括父母）违反婚姻自由原则，在完全违背婚姻当事人意愿的情况下，强迫其缔结的婚姻。

在处理此类纠纷时，调解人员应在兼顾当地风俗民情的前提下，遵循法律规定，晓之以理，动之以情，尽力维护双方的权益。

案例六　　　　　残疾人离婚纠纷[1]

一、基本案情

2013 年 7 月 29 日早上，司法所工作人员刚上班就看见一个个子矮小的男人蹲在司法所门口抽着闷烟，经了解，他是某村村民董某，找司法所调解他和媳妇的婚姻纠纷。原来，董某和媳妇王某都是残疾人，董某身材矮小，王某下肢残疾。前几年他俩刚认识的时候，董某的父亲还活着，还能挣点钱，家里经济情况还算可以，王某的父母就把女儿嫁给了董某。结婚没多久，两人领养了一个男孩，一家人过得很幸福。去年，董某的父亲去世了，家里的顶梁柱没了，光靠董某在泥沙厂挣的几百块钱养活不了全家人，日子过得很艰难。见此情况，王某的父母要求女儿离婚，并已经给女儿找好了对象，准备让女儿再嫁。现在，王某已在娘家住了好几个月，董某去请了几回都不回来，非离婚不可。董某走投无路，来到司法所寻求帮助。

二、案件处理与结果

司法所调解员认真听取了董某的诉说，进行耐心安慰，让其先回家等消息，待找到其媳妇王某了解详细情况后会给他一个满意的答复。随后，调解员来到了王某家了解情况。通过攀谈，调解员发现王某自己没有主见，所有事情全听父母的安排，王某父母的意思是让女儿离婚，王某也表示出离婚的意思，原因是婆婆及丈夫打她，自己也不想和董某过了。见此情形，调解员心里有了调解的思路。

次日，董某和王某以及双方的家人齐聚到司法所调解室，调解员认真询问了两家人的真实想法，双方都表示没有再维持婚姻的必要性，同意离婚。王某的父母提出孩子由男方抚养、分割家产、男方给女方适当补偿的要求。王某父母的要求遭到董某及家人的强烈拒绝，董某称，房子是父亲在自己结婚之前就盖好的，不是夫妻共同财产，不能分割，孩子归自己抚养没问题，但自己一个月

---

[1]　案件来源：济宁市曲阜市石门山司法所。

就几百块钱，仅够维持基本家用，没有什么剩余的，无法给女方补偿。但是王某的父母表示自己的女儿不能白白浪费了十几年的青春，男方一定要给补偿。双方就此问题僵持不下。无奈，调解员采取了"背靠背"和换位思考的调解方法，分别对双方进行了劝说，经过几次迂回劝说，最终促成双方各自让步，达成了离婚协议：①王某与董某自愿离婚，择日到民政部门办理离婚手续；②孩子由男方抚养，女方无需支付抚养费；③男方一次性给付女方经济帮助金4000元。随后，调解员帮助起草了离婚协议书，并陪同二人去民政部门办理了离婚手续。

三、承办人观点

残疾人是一个特殊的群体，他们的权益必须依法进行维护。司法所工作人员对本案及时进行调解，合法、合理、合情，最大限度地维护了残疾人的合法权益，树立了基层司法工作者的良好形象。

四、案件评析

这是一起残疾人离婚纠纷案件。调解员在处理残疾人离婚的案件中应注意三个问题：①婚姻当事人的民事行为能力认定问题。②是否存在合法的婚姻关系。③如何认定"残疾人之间的夫妻感情是否确已破裂"问题。《人民调解法》第3条规定："人民调解委员会调解民间纠纷，应当遵循下列原则：①在当事人自愿、平等的基础上进行调解；②不违背法律、法规和国家政策；③尊重当事人的权利，不得因调解而阻止当事人依法通过仲裁、行政、司法等途径维护自己的权利。"第31条规定："经人民调解委员会调解达成的调解协议，具有法律约束力，当事人应当按照约定履行。人民调解委员会应当对调解协议的履行情况进行监督，督促当事人履行约定的义务。"

本案中，婚姻的当事人都是残疾人，但具备完全民事行为能力，其婚姻的成立也符合法律规定。在调解过程中，调解员并没有听信一方的说词，而是耐心走访，了解具体情况，在掌握夫妻双方之间真正的离婚原因及双方家庭的态度后，没有一味地劝和，而是从法理、情理两方面做工作，就离婚中的财产分割、子女抚养问题进行了妥善解决，效果良好。

案例七　　　　　　离婚后的经济帮助纠纷[1]

一、基本案情

秦某，男，35 岁，在某砖窑厂上班，月工资为 3500 元。其妻王某，今年 32 岁，在家管理家务。双方有一儿子今年刚满 10 岁。家里除秦某夫妻及孩子外，秦某父母也与他们一起生活，全家的生活来源主要依靠秦某的上班收入。

几年前，王某患上了风湿性心脏病，秦某为了给她治病，将家里多年的积蓄都花光了，还跟朋友借了一些外债，已无力继续给王某治病。无奈之下，王某回到娘家，娘家给她看病也花了不少钱。久而久之，王某以夫妻二人分居太久为由，提出离婚。双方同意离婚，只是女方提出孩子要与自己生活，因自己已丧失劳动能力，要求男方给予经济帮助。男方认为，为治疗王某的疾病已欠下许多外债，况且自己还要赡养父母，抚养孩子，生活上很是艰难，已不可能再给予女方一定的经济帮助。双方为此争执不下，找到司法所请求处理。

二、案件处理与结果

司法所接到案件后，立即指派专门的调解员进行调解。为了更好地了解情况，调解员到当地居委会和双方家里了解情况，对当事人及其父母进行了耐心的教育、说服、疏导工作，详细地讲明了婚姻家庭法关于夫妻离婚、子女抚养、离婚时的经济帮助等相关法律规定。在调解员循序渐进、耐心细致的温情劝导下，双方达成如下离婚协议：①双方自愿离婚；②孩子与男方一起生活；③男方付给女方经济补偿费 3000 元。这段持续了半年多的家庭纠葛终于得到解决。

三、承办人观点

本案中，女方患有严重的疾病，肯定需要继续治疗，所以男方给予女方一定的经济帮助，当属合理，但男方既要抚养孩子，又要赡养父母，且因女方生病借有外债，生活上也十分的艰难。根据《婚姻法》的相关规定，首先，离婚时应优先考虑女方和儿童的需要，尽量不要因为离婚而影响女方及子女的正常生活。本案中，男方年龄不大，有相对稳定的工作收入，而女方身患重病，从照顾女方

---

〔1〕　案件来源：东营市东营区东城司法所。

角度出发，可给予女方一定的治疗费用及经济帮助。其次，本案中儿子已满 10 岁，在随父或随母生活选择上，应考虑其本人的意见。经过和孩子交流，孩子更愿意选择和父亲在一起生活，因父亲具有较为稳定的收入，能提供较好的生活和学习环境，有利于自己的成长。

四、案件评析

这是一起离婚后的经济帮助纠纷案件。本案的双方当事人均同意离婚，但在子女的抚养和经济帮助问题上存在严重分歧。《婚姻法》第 42 条规定："离婚时，如一方生活困难，另一方应从其住房等个人财产中给予适当帮助。具体办法由双方协议；协议不成时，由人民法院判决。"《关于人民法院审理离婚案件处理子女抚养问题的若干具体意见》第 5 条规定："父母双方对 10 周岁以上的未成年子女随父或随母生活发生争执的，应考虑该子女的意见。"

本案中，由于当事人缺乏沟通的技巧，在一些小问题上互不相让，导致矛盾升级。调解员在解决纠纷时，恰当地运用了解决思想问题和实际问题相结合的方法，既注重对当事人进行法律宣传，又注重对当事人实际问题的解决，主动保护当事人的合法利益，帮助他们解决实际生活中的困难，这是值得肯定和赞扬的地方。

案例八　　　　　　　　同居纠纷[1]

一、基本案情

1999 年，19 岁的男青年钱某只身到北京打工，经过一番漂泊后，终于在一家塑料管厂找到一份送货的工作。因为他勤奋肯干，很快得到了老板的赏识，工资也水涨船高。2001 年，钱某认识了同在北京某饭店打工的河南籍女青年李某（19 岁），二人一见钟情，很快开始了同居生活。

同居期间，李某多次向钱某提出结婚，但钱某觉得在北京结婚花费太高，仅靠二人的收入不仅解决不了住房问题，婚后还要养孩子，肯定是入不敷出。于是便向李某承诺，等两人再挣几年钱，就回老家，风风光光举行婚礼。李某欣然同意。

---

〔1〕 案件来源：泰安市泰山区泰前司法所。

2012 年 2 月，钱某接到老家一位朋友电话，要其回老家一起经营塑料管生意。钱某感觉自己有经验，又有一定的资金，生意肯定不错，遂跟李某商议。李某提出与其一起返乡。钱某以"生意前景不明，说不定很快又回来了"予以拒绝，但向其保证：等老家生意稳定后，马上将李某接回老家举行婚礼。无奈之下，李某只好同意。

2012 年 3 月份，钱某回到老家，马上着手准备开店，4 月新店正式对外营业。同年 5 月，钱某通过网络认识了住同城的女青年林某，并一见如故，很快坠入了爱河。恋爱期间，钱某向林某隐瞒了李某的事情。后来，李某多次打电话催问何时去老家，但钱某始终顾左右而言他，甚至更换了电话号码，断绝了与李某的联系。李某感到事态严重，便于 2013 年 6 月 12 日追寻到老家，将相拥在店里一起看电影的二人逮个正着。李某顿时火冒三丈，不仅动手扇了钱某耳光，还将店内一些设施打烂，在拉扯中，林某脸部也被李某抓伤。6 月 15 日，钱某向司法所提出调解申请。

二、案件处理与结果

调解员在对钱某提出严厉批评后，召集各方当事人进行调解。调解中，李某提出，自己与钱某同居 10 余年，现在青春不再，双方必须结婚。钱某声称两人已经没有感情了，坚决不同意与李某结婚。李某见钱某分手之意已决，便提出分手可以但必须给 30 万青春损失费。

经过调解员的多次努力，双方最终达成调解协议：钱某自愿一次性支付李某补偿金 6.5 万元，双方和平分手，双方不得再以任何形式干扰对方生活。

三、承办人观点

本案争议的焦点在于男女双方分手时，一方要求支付青春损失费有无法律依据。

我们要明确一下，"青春损失费"是什么？青春损失费一般是指在男、女双方因恋爱分手或婚姻关系解除后，男方或女方自觉为对方付出较多，希望对方对自己的青春损失进行一定经济上的补偿，我国法律条文中从未出现过，它不是严格意义上的法律名词。

索要"青春损失费"有无法律依据？绝大多数情况下，双方的同居关系是一种自愿行为，在这样的前提下，女方若以青春损失赔偿、贞操权等为理由向另一方要求赔偿显然是不合理的，并且在《最高人民法院关于确定民事侵权精神损害赔偿责任若干问题的解释》中也无赔偿青春损失费一说，即"青春损失费"不属精神损害赔偿的范畴，所以青春损失费的赔偿请求是没有法律依据的。

在现实生活中以调解方式结案的婚姻家庭纠纷案件中，一般有两种情况可能会出现青春损失费，一种是双方在同居（恋爱）期间，自愿签订协议并约定：一方若提出分手，另一方需赔偿青春损失费；另一种情况比较特殊，即男女双方在分手时，由男女双方达成调解协议，一方向另一方支付补偿金。

四、案件评析

这是一起典型的同居纠纷案件。同居是指未婚的男女双方以夫妻名义在一起共同居住生活的行为。《最高人民法院关于适用〈婚姻法〉若干问题的解释（二）》第 1 条规定："当事人起诉请求解除同居关系的，人民法院不予受理。但当事人请求解除的同居关系，属于婚姻法第 3 条、第 32 条、第 46 条规定的'有配偶者与他人同居'的，人民法院应当受理并依法予以解除。当事人因同居期间财产分割或者子女抚养纠纷提起诉讼的，人民法院应当受理。"

同居尽管为社会大众接受，但仍不可取。同居行为没有法律依据，因此也不产生法定的权利义务关系，双方在同居期间所承担的更多是道义上的责任，不管恋爱的结果能否促成婚姻关系的成立，任何一方都无须对对方在感情上、精神上的失落承担任何法律上的责任。当前法律上的空缺很可能为部分居心叵测的男子提供玩弄女性的机会，一旦同居关系解除，损失最大的还是女性。

案例九　　　　　　　子女抚养权变更纠纷[1]

一、基本案情

2009 年 4 月，汤某（男）与柳某（女）自愿在民政局办理了结婚登记手续。2010 年 3 月 2 日柳某生育一个男孩，取名汤小（化名）。2012 年 2 月，汤某向法院起诉，要求与柳某离婚。2012 年 4 月，法院作出一审民事判决，准许原、被告离婚，考虑到婚生男孩汤小尚在哺乳期内，判决由被告柳某抚养。双方均未提起

---

〔1〕　案件来源：潍坊市诸城市司法所。

上诉，判决生效。2013 年 4 月 22 日，汤某以汤小已满两岁且其有更稳定的收入来源为由，向柳某提出变更汤小抚养权的要求，柳某不同意变更孩子的抚养权，双方为此发生争议。汤某向司法所申请调解。

二、案件处理与结果

司法所选派了资深的调解员为汤某提供帮助。在交流中，调解员告诉汤某：虽然你比柳某有更为丰厚的收入，但你们在离婚时，已确定了孩子的抚养权归柳某，在你不能证实小孩由柳某抚养存在不利的情况下，你要求对抚养关系进行变更，于情于法都不适宜。即使你起诉到法院，法院也会认定你提出变更汤小抚养关系的诉讼请求证据不足，理由不充分，依法不予以支持。在此情况下，调解员提出以下建议：汤某作为父亲，既然有相对稳定的收入，就应当在平时多给汤小一些物质上的帮助，也要多给汤小一些情感上的关怀，血浓于水，只要你做好父亲的角色，汤小会对你感之于心，从而建立起和谐的父子关系。最终，汤某打消了要回孩子抚养权的想法。

三、承办人观点

离婚纠纷中处理子女抚养权问题，是以有利于子女身心健康、保障子女合法权益为原则的。在处理子女抚养关系变更问题上，有两种形式，一种是双方协议变更，一种是一方要求变更。只有直接抚养孩子的一方存在不利于孩子成长的事由，才能考虑对孩子的抚养关系进行变更。

离婚纠纷与变更抚养关系纠纷中都会涉及子女抚养问题，但审查侧重点却不同。在离婚诉讼中，法院裁判由谁抚养孩子要遵循抚养有利原则，即谁对孩子今后的成长、学习、生活更为有利，就由谁抚养。法院要从双方的品德性情、教育和健康状况、家庭及亲友环境、抚养能力和抚养条件、男女双方的具体情况等各方面做出综合判断。

汤某诉柳某离婚纠纷一案中，法院将小孩判与柳某一起生活并不是认为汤某存在不利于小孩抚养的情形，而是审理时小孩尚在哺乳期且柳某也有一定的经济来源，小孩由柳某抚养更有利于小孩的健康成长。而在变更抚养关系中，是否裁判变更小孩的抚养关系要遵循的是抚养不利原则，即直接抚养小孩的一方存在不利于小孩成长的事由，才能考虑对抚养关系进行变更。

四、案件评析

这是一起典型的子女抚养权变更纠纷案件。《关于人民法院审理离婚案件处理子女抚养问题的若干具体意见》第 15 条规定:"离婚后,一方要求变更子女抚养关系的,或者子女要求增加抚育费的,应另行起诉。"第 16 条规定:"一方要求变更子女抚养关系有下列情形之一的,应予支持。①与子女共同生活的一方因患严重疾病或因伤残无力继续抚养子女的;②与子女共同生活的一方不尽抚养义务或有虐待子女行为,或其与子女共同生活对子女身心健康确有不利影响的;③10 周岁以上未成年子女,愿随另一方生活,该方又有抚养能力的;④有其他正当理由需要变更的。"第 17 条规定:"父母双方协议变更子女抚养关系的,应予准许。"

在处理子女抚养权问题时,应当优先考虑子女的利益,即适用"未成年子女利益优先"原则。其一,应当考虑抚养者是否具有足够抚养未成年子女的基本经济能力,而不是哪一方能提供更多的物质财富条件;其二,应当考虑抚养者能否提供让子女心理得以健康成长的安全的环境和关爱。在处理子女抚养问题时,双方的经济条件仅是一个较为重要的因素,而不是决定性因素。本案从实际情况出发,妥善地解决了子女抚养权变更的问题。

案例十　　　　　　　非婚生子女抚养权纠纷[1]

一、基本案情

2013 年 2 月 20 日下午,一名女子胡某来到司法所,请求司法所帮其要回自己 10 周岁的女儿。2002 年,胡某与前去打工的孙某相识,很快两人确立了恋爱关系。同年,两人未婚同居,没几个月,胡某怀孕,次年,生育双胞胎——女儿小阳,儿子小翔。两年后,因孙某经常在酒后对胡某实施家庭暴力,加之两人性格不合,决定分手。两人商定,女儿小阳的抚养权归胡某,儿子小翔的抚养权归孙某。分手之后,两人之间因相互看望孩子,偶有交往。2013 年 1 月,孙某说为了让自己母亲高兴,想将女儿小阳接到自己家里过年,年后送回,胡某同意了。到 2 月 18 日,离开学还有两天,孙某仍未将孩子送

---

〔1〕　案件来源:济宁市嘉祥县卧龙山司法所。

回，为不耽误孩子上学，胡某催促孙某将女儿送回。不料孙某突然翻脸，说："女儿是我的，凭什么给你送回去。"无奈，胡某来到孙某家里催要孩子，孙某以"谁来要孩子我就杀了谁"相要挟，并把胡某轰赶出去。无奈，胡某来到司法所，寻求法律帮助。

二、案件处理与结果

司法所接到请求，立即展开调查，并派出调解小组进行调解。调解员来到孙某家里，还没等孙某说话，就先开口："你们的事，我们已经有所了解，当务之急是把孩子送回去，别耽误孩子的学业。"孙某愤愤道："在哪上学不是一样啊，在这里也能上学。""人家那边经济条件比咱好，学习环境也比咱好，咱总不能把父母的恩怨牵扯到孩子的身上吧"，调解员说。见孙某不吱声，调解员又说："你们未婚生育已经愧对孩子，可不能再影响孩子受良好教育的权利了。我国《婚姻法》规定，非婚生子女与婚生子女享有同等的权利，法律保护不直接抚养子女的父或母探望子女的权利。你可以享受自己的权利，但也不能剥夺别人的权利。现在孩子已经年满10周岁，一旦真走到法庭上，她有自己选择父母的权利。真走到那一步，孩子要是选择了跟妈妈，你不是更伤心？"这时，孙某坐不住了，光头上的青筋爆出，说道："我是愧对孩子，所以我想加倍弥补，可她胡某为什么擅自给小阳改姓胡？她可是我们孙家的骨肉！"说着拿出手机，打给了胡某，大声吼着："你想鱼死网破是不是？告诉你，谁跟我要孩子，我就杀他全家。"这话是说给胡某的，也是说给整个调解小组的。村主任颇有威信，他指着孙某呵斥道："你这是什么态度！小王，把他刚才说的都记起来，今后胡某出任何事你都脱不了干系！"小王忙着在笔录上写起来，孙某赶紧起来盯着小王的笔录本看。村主任继续说："你说咱家有啥？咱条件不如人家，咱在农村，人家在城里，你常年在外打工，孩子让谁照看？都让年迈的爷爷奶奶照顾？人家小阳在邓州上的是'贵族学校'，学习成绩那么突出，咱别耽误了孩子的前程。孩子别管姓啥，血脉里流的永远都是你们孙家的血，孩子大了还能忘了你这个当爸的？"一席话说得孙某哑口无言，顿时陷入了短暂的沉默。善开玩笑的调解员老丁说："你小子魅力还挺大，忽悠人家这么个漂亮的富家女，给你生了个这么漂亮的娃。"气氛有所缓和，孙某面色也平和了许多。孙某又点起一支烟，说道："她想要孩子，我可以给，但我也有条件。"调解小组的成员顿时松了口气，说："你说说，只要让孩子回去上学，我们尽量满足你的条件。""我也没啥要求的，我只想每年见见孩子，经常跟孩子通通电话,我也想孩子。"说着有些哽咽起来。调解员说:"这是人之常情,一定满足你的要求。你要是愿意,把两个孩子都带上,到咱司法所,一家人坐到一块,咱签个协议。"

在调解小组的耐心调解下,孙某终于同意将女儿送还,并与胡某签订了调解协议。

三、承办人观点

调解中学会采用恰当的调解方法很重要,单纯的法律宣讲,只能将法条传达到位,若能将法律的内容适当加在情理中传达,则更容易发挥法律的规范作用。社会的和谐与稳定得益于矛盾纠纷的及时化解,结合当地民俗、民风、民情,调解员因地制宜,多讲群众能够接受的道理,正确引导群众寻求法理和情理的交融点、矛盾纠纷的平衡点,有利于妥善化解纠纷,发挥司法所调解矛盾纠纷的作用。

四、案件评析

这是一起非婚生子女抚养权纠纷案件。《婚姻法》第 25 条规定:"非婚生子女享有与婚生子女同等的权利,任何人不得加以危害和歧视。不直接抚养非婚生子女的生父或生母,应当负担子女的生活费和教育费,直至子女能独立生活为止。"第 38 条第 1、2 款规定:"离婚后,不直接抚养子女的父或母,有探望子女的权利,另一方有协助的义务。行使探望权利的方式、时间由当事人协议;协议不成时,由人民法院判决。"最高人民法院《关于适用〈婚姻法〉若干问题的解释(一)》第 32 条规定:"婚姻法第 48 条关于对拒不执行有关探望子女等判决和裁定的,由人民法院依法执行的规定,是指对拒不履行协助另一方行使探望权的有关个人和单位采取拘留、罚款等强制措施,不能对子女的人身、探望行为进行强制执行。"

本案的当事人在同居分手后,商定了子女抚养权归属事宜,即女儿小阳的抚养权归女方,儿子小翔的抚养权归男方。但后因男方不愿将女儿抚养权归还而起争议。在调解员和村主任耐心细致的调解下,最终解决了纠纷,皆大欢喜。

案例十一　　　　　　　家庭暴力纠纷[1]

一、基本案情

2006 年，28 岁的孙某经人介绍认识了 22 岁的李某，二人相处一段时间后结婚。婚后最初几个月孙某对李某温柔、体贴，但是时间一长，李某发现孙某嗜酒成性，而且酒后不能自制，经常耍酒疯，甚至还动手打人。李某开始一直忍让，希望孙某能够改正，但孙某没有变化，依然一喝醉回来就对李某动手，而且骂得还越来越过分。李某在忍无可忍的情况下，找来双方父母进行调解，父母们当然希望他们好好过日子，一阵劝说后二人终于和好。此后，孙某不经常喝酒，也不动手打人骂人了，二人的日子过得很幸福。但几年过去了，李某仍然没有为孙家添个一儿半女，后经检查发现李某不能生育。这让孙某很生气，认为自己娶错了人，又开始喝酒打人，李某认为自己不能生育，有错在先，也不敢再说什么。在一次家暴后，李某终于忍无可忍地离开孙家回到娘家。李某父母看到女儿身上的多处伤痕，很气愤，于是到司法所寻求帮助。

二、案件处理与结果

司法所工作人员仔细了解情况后，主动来到了孙家进行调解。调解员先是单独和孙某谈心，问他为何与妻子产生矛盾。此时，孙某已有悔改之心，称对不住妻子，但喝了酒就控制不了自己。其实，妻子对自己照顾的很周到，对父母非常孝敬，自己很感动，但是她不能生育，这点自己的父母不能接受，所以孙某想离婚。了解到孙某的想法后，调解员仔细地给孙某讲解了相关法律知识，包括酒后犯罪要负法律责任、家庭暴力导致离婚的对方有请求赔偿的权利等。接着，调解员又对孙某进行道德上的劝说，因为妻子不能生育就离婚，这会让邻里乡亲说闲话的，以后自己的良心上也会觉得过意不去。最后，调解员决定采用"唤起旧情""换位思考"的方法，让孙某回忆以前的美好生活，唤起感情的力量，"毕竟是夫妻，一起生活这么多年，她对你那么好，你怎么能忍心离婚，再说现在医疗水平那么高，你们要积极治疗，会有希望的"。同时，劝说孙某站在妻子的立场考虑问题，"一个女人不能生育，没有自己的孩子，本身就已经很伤心了，要

---

〔1〕　案件来源：菏泽市郓城县郭屯镇司法所。

是因为这个原因再失去家庭，那么她这一生还有什么希望。如果你们治疗无效后可以考虑收养孩子，这样既满足了你们要孩子的愿望，也为国家做出了贡献，还能够帮助那些孤儿获得新的人生，何乐而不为呢？"孙某被调解员的真诚打动，也意识到了自己的错误行为造成的严重后果，于是同意向妻子道歉和好。然后，孙某和调解员又一起去劝说孙某的父母。孙某的父母本来就很喜欢这个儿媳，只是因为无法生育的问题才对李某有抱怨，现在孙某答应一定会让他们抱上孙子，老人自然也就没意见了。因为家庭暴力而将要走向离婚的当事人在调解员的耐心劝解下，终于和好如初。

三、承办人观点

家庭暴力给社会带来了不稳定因素，严重影响、破坏家庭和谐。一个经常发生家庭暴力的家庭，夫妻感情必然会受到影响，当妻子无法忍受丈夫的暴力时，会选择离婚、离家出走，甚至以暴抗暴等途径摆脱暴力的侵害。

调解员在对家庭暴力案件进行调解时，需要选择恰当时机，同时要分析案情，运用多种调解技巧，对不同的人采用不同的调解方法，灵活运用多种调解技巧，如换位思考法、冷处理法、模糊处理法等，妥善解决家庭暴力纠纷。

四、案件评析

这是一起典型的家庭暴力纠纷案件。《反家庭暴力法》第2条规定："本法所称家庭暴力，是指家庭成员之间以殴打、捆绑、残害、限制人身自由以及经常性谩骂、恐吓等方式实施的身体、精神等侵害行为。"第33条规定："加害人实施家庭暴力，构成违反治安管理行为的，依法给予治安管理处罚；构成犯罪的，依法追究刑事责任。"依据《婚姻法》第43条第1款、第3款规定，实施家庭暴力或虐待家庭成员，受害人有权提出请求，居民委员会、村民委员会以及所在单位应予以劝阻、调解。实施家庭暴力或虐待家庭成员，受害人提出请求的，公安机关应当依照治安管理处罚的法律规定予以行政处罚。依据《刑法》第260条第1款、第2款规定，虐待家庭成员，情节恶劣的，处2年以下有期徒刑、拘役或者管制。犯前款罪，致使被害人重伤、死亡的，处2年以上7年以下有期徒刑。《人民调解法》第17条规定："当事人可以向人民调解委员会申请调解；人民调解委员会也可以主动调解。当事人一方明确拒绝调解的，不得调解。"第19条规定："人民调解委员会根据调解纠纷的需要，可以指定1名或者数名人民调解员进行调解，也可以由当事人选择 1 名或者数名人民调解员进行调解。"

家庭暴力侵害了受害者的人格尊严和身心健康，甚至会威胁受害者的生命安全，如不及时有效地遏止家庭暴力，其引发的社会后果往往会非常严重，危害社会。受害者在长期忍气吞声、遭受暴力的扭曲心态下，极易采取法律禁止的手段，如故意杀人，酿成恶性事件。家庭暴力是对人权的侵犯，是社会公害，其影响远远超出了家庭范围，需要全社会的关注。反对和消除家庭暴力是一个国家应负的责任，也是全社会的共同责任。

案例十二　　　　　　　家庭赡养纠纷[1]

一、基本案情

2013 年 5 月 17 日，王某来到司法所申请调解家庭赡养纠纷。王某陈述如下：其父多年前因病过世，其母已 83 岁高龄，卧病在床，生活不能自理。母亲膝下有四个子女，两个女儿也已年迈多病，无法照料母亲，大儿子王大某近年来一直没有看望与护理母亲，也不尽赡养义务，因此，母亲主要是由自己照料，医药费用等也由自己承担。现在，工作、家庭与护理母亲的重任让自己自顾不暇，希望调委会的工作人员做做大哥的思想工作，让大哥也要承担一部分赡养母亲的义务。

二、案件处理与结果

司法所的工作人员在询问王大某。王大某表示接受调解后，受理此案，并立即派专门调解员对此案进行调解。调解员到村里先进行走访调查，后向当事人王大某询问事情的始末。在调查过程中，调解员发现，王大某一直对母亲有偏见，认为母亲从小就偏爱王某，还把大部分财产都给了王某。前些年，母亲身体好时一直在王某家里帮忙照顾子女，而自己在遇到困难时却得不到老人的帮助。在父亲逝世前，四个子女曾签写了一份协议书，主要内容为王大某负责承担父亲的赡养义务，王某负责承担母亲的赡养义务，所以，王大某认为自己无需对母亲承担赡养义务，根据协议应该由王某承担赡养母亲的义务。王某称："当初是签过协议的，但大哥并未完全按协议履行，只是父亲的丧葬费由大哥承担，但父亲病重

---

〔1〕　案件来源：济宁市兖州区新兖司法所

时却一直是我在照顾的,大哥未尽护理义务。"

调解员在掌握所有矛盾纠纷的症结后,将双方当事人叫到司法所进行调解。首先,调解员宣读了我国《婚姻法》《老年人权益保障法》中的相关法律条文,说明成年子女应赡养父母,这是子女应尽的法定义务,父母对子女、对家庭贡献了毕生的精力,尽到了责任,到老了理应得到子女的关心、帮助和照料。其次,调解员又从情理的角度出发,运用唤起旧情法,让王大某好好想想母亲从小到大对自己的付出,能让母亲在年老时无人照顾吗?然后,调解员又运用换位思考法,让兄弟两人互换位置,站在对方的立场上去考虑问题,劝解当事人不要计较一些个人得失而对老人产生怨恨。最后,调解员又对兄弟俩做进一步的思想开导,兄弟之间血脉相连,亲情可贵,遇到困难时应互相扶持与帮助,互相谦让。调解员的一席话感动了两兄弟,二人表示要珍惜这份手足之情,愿意共同承担赡养母亲的义务。因双方在父亲逝世时曾签订过赡养协议,故王某承诺母亲的经济费用由自己承担,王大某也当即承诺以后会多照料母亲的日常生活。

三、承办人观点

许多因赡养老人引发的矛盾纠纷,表面看是因子女不尽孝道,究其本源却多是经济物质利益之争。有相当一部分子女将个人利益与应承担的赡养义务相比较,认为谁享受了权利谁就该尽赡养义务,谁多分财产谁就应多尽义务,不分或少分财产的就可以不尽赡养义务,甚至把父母的财产分配作为赡养父母的前提条件。一旦出现这种所谓的"权利"和"义务"之争,就会产生矛盾纠纷。

调解员在调解赡养纠纷的过程中,要做好"三字功":一是"听"。在发生矛盾冲突后,当事人大多比较激动,各执一词,争执不下。这时不妨耐心聆听,通过聆听平复双方的情绪,了解事情的原委。二是"劝"。等双方各自倾诉一番,情绪稍微平稳一些时,选择恰当的方法进行劝说,如先顺着双方的想法提出假设,推论出相反的结果,然后进行换位思考,从对方的角度分析,劝说双方各退一步。三是"调"。梳理矛盾,分清责任,结合案件的实际情况提出一套合理的解决方案,彻底化解纠纷。对于一些法律上没有明确规定的情况,可以通过亲情或道德教育感化途径达到和解的目的。

四、案件评析

这是一起典型的赡养纠纷案件。赡养是指子女对父母在物质上、经济上提供必要的生活条件，包括经济上的供养，生活、体力上的照料、帮助和精神上的尊敬、慰藉和关怀。《婚姻法》第 21 条规定："父母对子女有抚养教育的义务；子女对父母有赡养扶助的义务。父母不履行抚养义务时，未成年的或不能独立生活的子女，有要求父母付给抚养费的权利。子女不履行赡养义务时，无劳动能力的或生活困难的父母，有要求子女付给赡养费的权利。禁止溺婴、弃婴和其他残害婴儿的行为。"《老年人权益保障法》第 13 条规定："老年人养老以居家为基础，家庭成员应当尊重、关心和照料老年人。"第 14 条规定："赡养人应当履行对老年人经济上供养、生活上照料和精神上慰藉的义务，照顾老年人的特殊需要。赡养人是指老年人的子女以及其他依法负有赡养义务的人。赡养人的配偶应当协助赡养人履行赡养义务。"第 15 条规定："赡养人应当使患病的老年人及时得到治疗和护理；对经济困难的老年人，应当提供医疗费用。对生活不能自理的老年人，赡养人应当承担照料责任；不能亲自照料的，可以按照老年人的意愿委托他人或者养老机构等照料。"第 18 条规定："家庭成员应当关心老年人的精神需求，不得忽视、冷落老年人。与老年人分开居住的家庭成员，应当经常看望或者问候老年人。用人单位应当按照国家有关规定保障赡养人探亲休假的权利。"第 19 条规定："赡养人不得以放弃继承权或者其他理由，拒绝履行赡养义务。赡养人不履行赡养义务，老年人有要求赡养人付给赡养费等权利。赡养人不得要求老年人承担力不能及的劳动。"《人民调解法》第 17 条规定："当事人可以向人民调解委员会申请调解；人民调解委员会也可以主动调解。当事人一方明确拒绝调解的，不得调解。"第 19 条规定："人民调解委员会根据调解纠纷的需要，可以指定 1 名或者数名人民调解员进行调解，也可以由当事人选择 1 名或者数名人民调解员进行调解。"第 21 条规定："人民调解员调解民间纠纷，应当坚持原则，明法析理，主持公道。调解民间纠纷，应当及时、就地进行，防止矛盾激化。"

　　赡养父母是我国的传统美德，也是子女应尽的义务，子女不履行赡养义务时，无劳动能力的或生活困难的父母，有要求子女给付赡养费的权利，赡养费的给付数额，应根据父母的实际需要和子女的给付能力确定。赡养老人是法律规定的义务，不需要附加任何条件，成年子女应该尽力让年老的父母享受天伦之乐，而不应在赡养问题上斤斤计较。此外，子女也应该意识到自己也会有年老的一天，自己的一言一行在影响着下一代的成长，如何为自己的子女起到好的榜样作用，这也涉及自身利益，希望子女能换位思考，让年迈的父母有饭吃，有衣穿，精神上给予抚慰，让老人安享晚年。

案例十三　老人改嫁后，子女是否应继续承担赡养义务纠纷[1]

一、基本案情

2013 年 2 月，刘大娘的老伴去世。2014 年 6 月，经人介绍，刘大娘与丧偶多年且无儿女的本市退休职工王师傅结婚。王师傅体弱多病，收入较低，两位老人生活十分困难。2015 年初，刘大娘要求儿子和女儿履行赡养义务，却被儿女以母亲再婚有人赡养为由予以拒绝。无奈之下，刘大娘来到司法所请求调解。

二、案件处理与结果

司法所受理案件后，立即安排调解员对此案进行调解。经过对刘大娘儿女的调查，调解员了解到事情的原委：当年，因再婚一事，刘大娘曾征求过儿女的意见，大家都不同意其再婚，但刘大娘执意要再婚，儿女无奈之下，只能默认。再婚后，刘大娘生活很困苦，儿女们认为她是自找苦吃，都不愿意管。了解事情原委后，调解员把双方当事人请到了司法所进行调解。首先，调解员宣读了我国《婚姻法》《老年人权益保障法》等相关法律条文，让刘大娘的儿女明白子女有赡养父母的义务，这是子女应尽的法定义务，老年人也有再婚的自由，这和子女履行赡养义务没有必然的法律关系。经过调解员一上午深入细致的思想教育工作，刘大娘的儿子和女儿最终同意不再同母亲怄气，接受调解，赡养老人，并达成了如下协议：每人每月给老人 400 元生活费，并且定期去照看老人。刘大娘对这一调解结果非常满意。

三、承办人观点

在一些地区，相当一部分人认为，母亲改嫁或父亲再婚后，便与自己脱离了原有的家庭关系，其养老问题便由新组成的家庭子女承担。这种观念是错误的，子女应当尊重父母的婚姻权利，不得干涉父母再婚以及婚后的生活，也不能以此为由拒绝履行赡养义务。

---

〔1〕　案件来源：潍坊市安丘市兴安司法所。

四、案件评析

这是一起比较有代表性的赡养纠纷案件，本案的核心问题是老人改嫁后，子女是否还要继续承担赡养义务。《婚姻法》第 30 条规定："子女应当尊重父母的婚姻权利，不得干涉父母再婚以及婚后的生活。子女对父母的赡养义务，不因父母的婚姻关系变化而终止。"依据《婚姻法》第 21 条的规定，子女对父母有赡养扶助的义务。子女不履行赡养义务时，无劳动能力的或生活困难的父母，有要求子女付给赡养费的权利。《老年人权益保障法》第 21 条规定："老年人的婚姻自由受法律保护。子女或者其他亲属不得干涉老年人离婚、再婚及婚后的生活。赡养人的赡养义务不因老年人的婚姻关系变化而消除。"由此可见，老人的再婚并不是子女拒绝履行赡养义务的法定条件，老人再婚后，子女依然要承担赡养父母的义务。

本案中，刘大娘的子女以老人再婚为由，拒绝对自己的母亲履行赡养义务，显然是不符合法律规定的。

赡养老人既是中华民族的传统美德，也是我国法律规定每个公民应该履行的义务。司法所在调解赡养纠纷时，一方面，要遵循法治与德治相结合的原则，坚持依法调解，以德感化；另一方面，要通过合情入理的教育，使当事人回顾亲情的可贵和因反目成仇带来的情感伤害，使双方能求大同、存小异，大事化小、小事化了。在调解过程中，调解员要讲究语言艺术性，将大道理转化为贴近实际生活的小道理，同当事人的现实生活联系起来。

人民调解是对群众的思想、价值观进行调解，对调解员的耐心、热心、细心和责任心等品质有较高要求，一定要本着公平公正的原则，认真进行调解。

案例十四　　继子女对继父母是否承担赡养义务纠纷[1]

一、基本案情

2013 年 6 月 15 日，71 岁的王某（女）来到司法所寻求帮助。老人自述：自己于 20 世纪 60 年代和老伴结婚，并照顾老伴前妻留下的孩子李某，一直到他长大成人、结婚生子。老伴在世时，自己和李某的关系还不错，但在老伴死后，情

---

〔1〕　案件来源：潍坊市诸城市枳沟司法所。

况发生了变化，两人之间的关系开始变差。继子李某在自己不知情的情况下，将自己与老伴共有的房产过户到李某名下。后来，自己因一点生活琐事与李某的妻子发生争吵，被李某妻子赶出家里，现在自己无处可去，只能找政府帮忙解决问题。

二、案件处理与结果

司法所受理案件后，立即将李某叫到司法所里，并派专门调解员进行调解。一方面，调解员对李某讲解了我国法律对继父母和继子女关系的相关规定；另一方面，调解员又从本案的实际情况出发，运用"唤起旧情法"和"舆论压力法"，与当事人进行深入沟通交谈，让当事人意识到自己行为的错误和应承担的法律责任，转变思想，妥善解决纠纷。在耐心细致的沟通下，当事双方自愿达成如下赡养协议：①李某将房屋归还给王某居住。②李某自此协议生效时起每月向王某支付赡养费用400元。③李某承担起照顾老人的责任。④其他问题双方互不追究。

三、承办人观点

子女对父母的赡养义务，不仅发生在婚生子女与父母之间、非婚生子女与生父母之间、养子女与养父母之间，也发生在有事实扶养教育关系的继子女与继父母之间。为保障老人的合法权益，《婚姻法》规定，子女不履行赡养义务时，无劳动能力的或生活困难的父母，有要求子女付给赡养费的权利。对拒不履行者，可以通过诉讼程序解决问题，情节恶劣构成犯罪者，可依法追究其刑事责任。

四、案件评析

这是一起典型的赡养纠纷案件，本案的特殊性在于，其涉及继父母与继子女之间关系的问题。《婚姻法》第27条第2款规定："继父或继母和受其抚养教育的继子女间的权利和义务，适用本法对父母子女关系的有关规定。"由此可见，只有在一起共同生活、形成抚养教育关系的继父母、继子女间，才具有法律上的拟制血亲关系，产生父母子女间的权利义务关系。没有形成抚养教育关系的继父母、继子女间仅产生姻亲关系，不产生法律上的权利和义务，也就是说，继父母与继子女之间是否形成事实上的抚养教育关系，是区分继父母、继子女之间有无权利义务的依据。本案中，老人王某一直照顾老伴前妻留下的孩子李某，至其长大成人，双方之间已经形成了事实上的抚养关系，应当适用父母子女关系的法律规定，即李某应当承担法定的赡养老人的义务。

《老年人权益保障法》第 13 条规定："老年人养老以居家为基础，家庭成员应当尊重、关心和照料老年人。"第 14 条规定："赡养人应当履行对老年人经济上供养、生活上照料和精神上慰藉的义务，照顾老年人的特殊需要。赡养人是指老年人的子女以及其他依法负有赡养义务的人。赡养人的配偶应当协助赡养人履行赡养义务。"

人民调解是对群众的思想、价值观进行调解，要求调解员要有较高的耐心、热心、细心和责任心，调解员一定要本着公平公正的原则，认真进行调解。本案调解员从情理和法理两方面出发，耐心开导，最终使老人有了良好的归宿，解决了赡养问题。

案例十五　　　　　家庭财产纠纷[1]

一、基本案情

2012 年 5 月 25 日上午，某村村主任张某带着一位 40 多岁的妇女来到司法所寻求帮助。所长接待了他们，仔细询问了该妇女的家庭情况，了解其诉求解决的问题。这位妇女哭着说："我叫李某，今年 51 岁。今天，我来到司法所是想请求你们调处我和娘家弟弟李大、李小等人的家庭财产纠纷。我娘家村里因修路征地，娘家妈分得 17 万元人民币的征地补偿款。我受娘家妈的委托，帮助保管这笔钱。自去年以来，弟弟李小以翻建房屋为由，多次向我要钱。我告诉李小说这钱不是我的，我没权利把钱给他。因为这件事李小很生气，不仅经常辱骂我，还多次到我家里去闹，扬言要砸我家的电视机、摩托车等。"村主任张某说，有两次李小闹得太凶，村里人报了警，乡镇派出所还出警到现场进行调解，并做了双方的工作，但实质问题一直没有得到解决。双方矛盾非常尖锐。

二、案件处理与结果

根据李某的陈述和请求，司法所所长迅速与相关负责人联系，并到村里进行深入调查，了解案件的事实情况，与当事人进行前期的沟通，并进行劝解。在弄

---

〔1〕　案件来源：临沂市费县南张庄司法所。

清了案件基本情况和双方争议的焦点后，所长确定了调解方案，随后通知当事人于 2012 年 5 月 26 日上午到司法所进行调解。

在李某、李大、李小等当事人均到场后，所长告知他们自己经调解查明的情况：修路征用李家土地及房屋确实补偿了 17 万元人民币，李某受母亲的委托只是暂时保管这笔钱，李某的母亲并没有将这笔钱给李某；接着，所长又依据《继承法》《治安处罚管理条例》的有关规定，严肃地警告李小再去李某家胡闹，就要接受治安处罚。在调解过程中，所长动之以情，晓之以理，让当事人平心静气地处理问题，最终，李某提出愿意放弃家庭财产继承权，并把 17 万元征地补偿款交还给母亲，让母亲自己处理。最后所长按法律规定将 17 万元补偿款进行了合理的分配，各方当事人都表示同意，顺利达成调解协议。

三、承办人观点

在农村，家庭财产纠纷是很常见的案件。一般情况下，当事人因家庭琐事或缺少沟通，经常会引起误会，在矛盾不断堆积的情况下，双方的对立情绪极大，直接当面调解的难度很大。一般先通过"背对背"方式，分别与当事人进行沟通，这既能缓和当事人的情绪，又能全面地了解当事人想法，为下一步调解打下扎实的基础。在调解的过程中，调解员要重新唤起当事人的家庭观念、亲情伦理，在唤醒双方良知、修补亲情的基础上，抓住有利时机，充分运用调解技巧，使双方心态平和、理性协商，化解矛盾解决纠纷。但在调解过程中，调解员也不能一味地"和稀泥"，而是要对双方进行批评教育，指出其认识上的不足，开展普法教育工作，达到"通过一案，教育一片"的作用。

四、案件评析

这是一起典型的家庭财产纠纷案件，也是基层常见的家庭案件，如果处理不好，会导致严重的家庭内部纷争。《人民调解法》第 22 条规定："人民调解员根据纠纷的不同情况，可以采取多种方式调解民间纠纷，充分听取当事人的陈述，讲解有关法律、法规和国家政策，耐心疏导，在当事人平等协商、互谅互让的基础上提出纠纷解决方案，帮助当事人自愿达成调解协议。"

财产纠纷一般都涉及当事人的切身利益，不易调解，因而，调解员在调解这类纠纷时，应根据案件的性质和具体情况，选择合适的调解方法。对此，调查员可采用如下方法：其一，深入调查，访问每个家庭成员，弄清他们各自的想法、意见和要求，做到心中有数。其二，召开全体家庭成员会，确定哪些是家庭的共有财产，哪些是属于个人所有的财产，不参加分割，对不可分物作出如何分割的具体意见。其三，提出分家析产的具体方案，逐一征求家庭成员的意见，合理的即采纳，不合理的，要做好工作，防止矛盾激化。其四，拟制协议书。在工作过程中，调解员要时刻注意事态发展，一旦发现矛盾有激化的苗头，要立即采取措施缓和矛盾。

本案中，调解员的调解工作很成功，取得了良好的社会效果。

案例十六　　　　　　　　收养纠纷[1]

一、基本案情

2005 年初，张某与丈夫商某协议离婚，刚出生不久的女儿跟随母亲张某生活。因张某没有固定工作，生活来源无法保障，无法独自一人将孩子抚养长大，于是，通过别人介绍，张其将孩子送给了邻村的樊某夫妇。随即，张某外出打工，几年下来有了一些积蓄，便想要回孩子。她多次找到樊某夫妇商议，希望对方归还孩子。但樊某夫妇认为，当初是张某自愿将孩子送给他们抚养的，现在孩子长大懂事了又想要回去，简直就是想"捡便宜"，所以，樊某夫妇坚决不同意归还孩子，还拒绝张某与孩子见面。无奈之下，张某来到司法所咨询自己是否有希望将孩子要回。

二、案件处理与结果

本案的核心问题是确认樊某夫妇收养孩子的行为是否有效。在咨询过程中，调解员了解到，张某将女儿送给樊某夫妇时，他们已有一个一岁多的男孩，因此，樊某夫妇不符合收养人无子女的条件，并且樊某夫妇虽然对孩子有实际抚养行为，但双方并未办理收养登记手续。所以，依据我国《收养法》的规定，樊某夫妇收养孩子的行为无效，张某可以主张要回孩子。

经过调解员的多次调解劝说，樊某夫妇终于同意将孩子归还给张某，双方签订调解协议：①樊某夫妇将孩子归还给张某抚养。②因樊某夫妇抚养张某的女儿确实有所付出，张某自愿给予对方4.2万元的经济补偿。③孩子与樊某夫妇之间

---

〔1〕　案件来源：聊城市荏平县菜屯司法所。

确已存在感情，樊某夫妇可以在适宜时探视孩子。

三、承办人观点

在本案中，樊某夫妇没有按照法律规定及时办理收养登记，并且在已有一男孩的前提下，又收养了张某的女儿，不符合《收养法》对收养人条件的规定，故其与张某女儿之间的收养关系不能成立。此外，调解员在处理本案时，也充分考虑到樊某夫妇的心情，毕竟孩子是由他们抚养长大的，彼此之间存在难以割舍的感情，所以，协调张某同意日后樊某夫妇可以探视张某女儿。这样的处理既维护了法理，也顺应了情理，使本案得以圆满解决。

四、案件评析

这是一起收养纠纷案件。收养是指自然人依法领养他人子女为自己的子女，在收养人和被收养人之间建立拟制的父母子女关系的民事法律行为。收养关系是一种身份上的法律关系。1991 年 12 月 29 日，我国颁布了《收养法》，并于 1998 年修订，对收养行为进行了规范。《收养法》第 4 条规定："下列不满 14 周岁的未成年人可以被收养：①丧失父母的孤儿；②查找不到生父母的弃婴和儿童；③生父母有特殊困难无力抚养的子女。"第 5 条规定："下列公民、组织可以作送养人：①孤儿的监护人；②社会福利机构；③有特殊困难无力抚养子女的生父母。"第 6 条规定："收养人应当同时具备下列条件：①无子女；②有抚养教育被收养人的能力；③未患有在医学上认为不应当收养子女的疾病；④年满 30 周岁。"第 15 条第 1 款规定："收养应当向县级以上人民政府民政部门登记。收养关系自登记之日起成立。"由此可见，收养关系的成立必须同时满足实质要件和程序要件，即收养人、被收养人和送养人不仅应满足相应的法律条件，还应当向县级以上人民政府民政部门登记，收养关系自登记之日起成立。《人民调解法》第 29 条规定："调解协议书可以载明下列事项：①当事人的基本情况；②纠纷的主要事实、争议事项以及各方当事人的责任；③当事人达成调解协议的内容，履行的方式、期限。调解协议书自各方当事人签名、盖章或者按指印，人民调解员签名并加盖人民调解委员会印章之日起生效。调解协议书由当事人各执一份，人民调解委员会留存一份。"第 31 条规定："经人民调解委员会调解达成的调解协议，具有法律约束力，当事人应当按照约定履行。人民调解委员会应当对调解协议的履行情况进行监督，督促当事人履行约定的义务。"第 32 条规定："经人民调解委员会调解达成调解协议后，当事人之间就调解协议的履行或者调解协议的内容发生争议的，一方当事人可以向人民法院提起诉讼。"

　　本案中，樊某夫妇收养张某的孩子时没有办理相应的收养登记手续，且樊某夫妇本身也不符合法律关于收养人的要求，因而，收养关系不能成立。调解员依法进行调解，适当照顾情理，使纠纷得到圆满解决。

第四章

继承纠纷人民调解案例

案例一　　　　　　　法定继承纠纷[1]

一、基本案情

70 岁的老汉王某有两个儿子，长子王大、次子王小。自 1970 年老伴去世后，王某独自辛苦地抚养两个孩子，直至他们都长大成人，并先后为他们盖房娶妻。随着年龄的增长，王某的身体状况急剧下降。

2009 年 6 月，他感觉自己胸部出现持续剧烈疼痛，经市人民医院检查确诊是肺癌，自此一病不起。王某是老实巴交的农民，一生以种地为生，并未有多少积蓄，原本辛苦积攒下的钱都用来治病了。长子王大是当地某企业的部门主管，收入颇丰，但为人刻薄自私，平时很少照顾父亲，在父亲生病期间，偶尔带点营养品、几百块钱回家探望一下即走。次子王小在家务农，虽收入平平，但对父亲不离不弃，并把父亲接到自己家中悉心照料，甚至多次举债为父亲治病。对王小的行为，长子王大很是不屑。

2012 年 8 月，因村庄整体拆迁安置，王某分得拆迁安置款 15 万元，其中 8 万元用来偿还次子王小为其治病所借的款项，余款 7 万元准备后事之用。长子王大听说父亲分得了拆迁安置款，就以买房为由多次向父亲索要，未果。同年 12 月底，王老汉病逝，办理后事后尚余 6 万元。在如何分配父亲遗产的问题上，两个儿子发生争执，甚至大打出手。2013 年 2 月 26 日，在村委会的建议下，双方来到司法所请求调解处理老人遗产的分割问题。

二、案件处理与结果

调解员仔细听取了双方当事人的表述，并详细询问村委会人员，了解了双方

---

〔1〕　案件来源：泰安市新泰市小协司法所。

对老人的抚养情况。调解员告知双方当事人，我国《继承法》对于法定继承范围、继承顺序、遗产分割、扶养义务承担与继承分配的关系等有明确的法律规定。本案中，长子王大、次子王小虽均符合第一顺序继承人身份，但长子王大在有赡养条件和能力的情况下，得知父亲病重时逃避赡养义务，只是偶尔探望，得知父亲得到安置款后竟开口索要，于情于理、于法于德明显不合，未尽子女应尽的赡养义务，依法在分配遗产时可以少分或不分。次子王小虽然不富裕，但在照顾父亲时尽心尽力，甚至举债为父治病，显然是尽了主要赡养义务，分配遗产时，可以多分。经调解，当事人双方最终达成调解协议：王某所遗留的6万元，长子王大分得1万元，次子王小分得5万元。

三、承办人观点

赡养老人是中华民族的传统美德，也是为人子女应尽的义务。如今，因财产继承而引发的家庭纠纷不在少数，对于遗产纠纷案件的调解，我们要严格按照相关的法律规定进行。继承人之间应当团结友爱，遇到继承纠纷时，应当和平协商解决，避免产生不必要的纠纷，影响亲人之间的感情。若实在无法和平协商解决的纠纷时，继承人可以选择法律途径或者请求人民调解委员会调解，而不应当采取暴力或者强硬的手段解决纠纷。

四、案件评析

这是一起典型的法定继承纠纷案件。法定继承是指由法律直接规定继承人的范围、继承的先后顺序和遗产分配原则或比例的一种继承方式。依据《继承法》第10条的规定，遗产按照下列顺序继承：第一顺序：配偶、子女、父母。第二顺序：兄弟姐妹、祖父母、外祖父母。继承开始后，由第一顺序继承人继承，第二顺序继承人不继承。没有第一顺序继承人继承的，由第二顺序继承人继承。《继承法》第13条规定："同一顺序继承人继承遗产的份额，一般应当均等。对生活有特殊困难的缺乏劳动能力的继承人，分配遗产时，应当予以照顾。对被继承人尽了主要扶养义务或者与被继承人共同生活的继承人，分配遗产时，可以多分。有扶养能力和有扶养条件的继承人，不尽扶养义务的，分配遗产时，应当不分或者少分。继承人协商同意的，也可以不均等。"

遗产继承纠纷是农村较为普遍存在的一类矛盾纠纷，虽然发生在家庭成员之间，但若不能及时化解，也会成为影响农村社会稳定的不安定因素。运用人民调解的方式解决纠纷，能有效地将矛盾化解在基层，化解在家庭。本案的圆满解决，充分说明了人民调解在现实社会中具有预防矛盾、化解矛盾纠纷和法制宣传教育三大功能，在缓和社会冲突、协调各方利益关系、预防和减少民间纠纷、维护社会和谐稳定等方面发挥了重要作用。

案例二　　　　　　　代位继承纠纷[1]

一、基本案情

何某是一名下岗职工。何某的祖父于 2012 年 6 月去世，祖母薛某云依然健在。何某的祖父母有一处院落，2012 年 10 月因拆迁获得补偿款 88 万元。何某的祖父母生了五个子女，分别为：大儿子，即何某的父亲，已于 2000 年 1 月遇车祸身亡；大女儿，已于 1980 年 3 月自杀身亡，无子女；二女儿何某凤，健在；三女儿何某霞，健在；二儿子何某元，健在。何某因下岗收入很低，还要照顾年迈多病的母亲，生活很困难，所以希望可以代位继承其父应当继承的其祖父的遗产份额。为此，何某多次找其叔叔及两个姑姑协商此事，但是一直没有结果。无奈之下，何某来到司法所，希望通过调解的方式，解决问题，维护其合法权益。

二、案件处理与结果

司法所接到申请后，立即联系了何某的叔叔及两个姑姑。调解员通过与各当事人沟通了解到，何某和她母亲在其父去世后，一直未赡养过祖父母。房屋拆迁补偿款下来之后，她们多次上门讨要，干扰了何家人的正常生活，致使双方矛盾激化，所以，他们才不想将遗产分配给何某。调解员在了解到事情的始末后，一方面，耐心细致地向何家人解释相关的法律法规，使他们认识到何某作为法定继承人，同样享有继承权；另一方面，调解员也对何某进行说服教育，使她认识到自己的过激行为已干扰到别人的正常生活，虽然其父已经去世，但是自己也应当力所能及地关心、照顾祖母。在调解员坚持不懈的努力下，双方当事人都认识到自己的错误，并表示一定会互谅互让。于是，在司法所的主持下，双方达成了如下协议：①被申请人何某元、何某凤、何某霞、薛某云一次性给予何某应得遗产 7 万元。②申请人何某放弃对何家财产的继承权

---

[1]　案件来源：济宁市兖州区鼓楼司法所。

利。人们常说清官难断家务事，这一起家庭矛盾纠纷在司法所有理有据的调解下圆满达成了调解协议，一方面，为当事人节省了诉讼费用；另一方面，使得双方冰释前嫌、亲情回归，一家人又和好如初，当事人连连感谢司法所工作人员。

三、承办人观点

在调解这起家庭矛盾纠纷的过程中，司法所工作人员首先对事件的始末进行了深入细致的调查，在了解了事情的来龙去脉后，分别对当事人进行教育和劝解，使得当事人都能够认识到自己的错误，做到互谅互让，使这起矛盾纠纷得以顺利解决。在开展人民调解工作的过程中，只有对矛盾纠纷的始末进行深入细致的调查，才能在调解的过程中做到有理有据，令当事人信服，从而顺利地解决矛盾纠纷。

四、案件评析

这是一起典型的代位继承权纠纷。代位继承，是指被继承人的子女先于被继承人死亡，被继承人的子女的晚辈直系血亲有权继承其父（母）应继承的遗产份额的制度。我国《继承法》第 11 条规定："被继承人的子女先于被继承人死亡的，由被继承人的子女的晚辈直系血亲代位继承。代位继承人一般只能继承他的父亲或者母亲有权继承的遗产份额。"第 26 条规定："夫妻在婚姻关系存续期间所得的共同所有的财产，除有约定的以外，如果分割遗产，应当先将共同所有的财产的一半分出为配偶所有，其余的为被继承人的遗产。遗产在家庭共有财产之中的，遗产分割时，应当先分出他人的财产。"《最高人民法院关于贯彻执行〈继承法〉若干问题的意见》第 25 条规定："被继承人的孙子女、外孙子女、曾孙子女、外曾孙子女都可以代位继承，代位继承人不受辈数的限制。"第 26 条规定："被继承人的养子女、已形成扶养关系的继子女的生子女可代位继承；被继承人亲生子女的养子女可代位继承；被继承人养子女的养子女可代位继承；与被继承人已形成扶养关系的继子女的养子女也可以代位继承。"第 27 条规定："代位继承人缺乏劳动能力又没有生活来源，或者对被继承人尽过主要赡养义务的，分配遗产时，可以多分。"可见，代位继承在表现形式上是一种间接继承，而不是由继承人直接继承。

代位继承权纠纷一般都涉及纠纷当事人的切身利益，不易调解，调解员在调解这类纠纷时，应注意调解的方式、方法。首先，应深入调查，访问每个继承人，弄清他们各自的想法、意见和要求，做到心中有数。其次，依据法律和事实，提出遗产分配的具体方案，逐一征求每个继承人的意见，合理的采纳，不合法的，做好工作，防止矛盾激化。最后，拟制协议书。在工作过程中，调解员要注意事态的发展，从情理与法理两方面深入细致地做说服劝导工作，最终合法有效地解决问题。

案例三　　　　　　　　转继承纠纷[1]

一、基本案情

李老汉早年丧妻，将儿子李大、李二含辛茹苦地拉扯大。李大与陈某结婚后生下女儿李某娟。年逾古稀的李老汉本来可以安享晚年，可是他偏偏闲不住，在街道上开了个小店修车，生意红红火火。

2013 年 5 月 11 日，李老汉突然病逝，未留下任何遗嘱，只留下修车积攒的10 万元钱。李大、李二因忙于处理父亲后事，未对该笔存款进行分割。5 月 18日，李大在办理父亲后事的途中遭遇车祸，不幸去世。陈某与女儿李某娟要求继承其祖父李老汉遗产中属于其父李大应继承的份额，但遭到李二的拒绝，理由是大哥已经去世，无权再继承父亲李老汉的遗产。陈某及李某娟却认为，李老汉遗留下的 10 万元存款中本就有李大的一半，李大虽然去世，但应继承的 5 万元应归其母女二人所有。双方为此多次发生口角，陈某的娘家人知道该事后，气愤不过，准备到李二家中闹事。调解委员会知道这个消息后，马上派人员帮助调解处理。

二、案件处理与结果

在调解过程中，调解员首先指出，遵守法律是每个公民应尽的义务和责任，每个人都必须依法办事，接着将《继承法》《最高人民法院关于贯彻执行〈继承法〉若干问题的意见》等相关法律规定对李二进行了详细讲解，并对李二的错误思想进行了纠正。通过学习，李二意识到自己原来的想法是不正确的，嫂子和侄女是可以继承遗产的。在司法所工作人员耐心细致的劝解下，双

---

〔1〕　案件来源：东营市垦利县郝家司法所。

方调解成功，最终达成协议：李老汉留下的 10 万元遗产，由李二继承 5 万元，陈某和李某娟继承 5 万元。纠纷圆满解决，皆大欢喜。

三、承办人观点

本案中涉及两个法律问题，一是继承权的问题，二是转继承的问题。在继承权问题上，依据《继承法》的规定，配偶、子女、父母均为第一顺序的继承人，享有同等的继承权利。因而，李老汉的遗产应由李大、李二共同继承。在转继承问题上，李大在继承开始后因车祸意外死亡，在其没有放弃继承权的情况下，其应继承的遗产应由其合法继承人——陈某和李某娟继承，这在法律上被称为转继承。

四、案件评析

这是一起转继承纠纷案件。我国《继承法》第 25 条第 1 款规定："继承开始后，继承人放弃继承的，应当在遗产处理前，作出放弃继承的表示。没有表示的，视为接受继承。"《最高人民法院关于贯彻执行〈继承法〉若干问题的意见》第 52 条规定："继承开始后，继承人没有表示放弃继承，并于遗产分割前死亡的，其继承遗产的权利转移给他的合法继承人。"转继承，是指继承人于继承开始后实际接受遗产前死亡，该继承人的法定继承人代其实际接受其有权继承的遗产，实际接受遗产的已死亡的继承人的法定继承人称为转继承人。转继承的性质是继承遗产权利的转移，所以，转继承又称为再继承或者第二次继承，转继承有以下几个特征：其一，转继承权必须在继承人于继承开始以后，分割财产以前死亡时方才产生，如果继承人先于被继承人死亡则为代位继承；其二，转继承人继承的份额仅以已死亡的继承人的法定继承份额为限；其三，如果已死亡的继承人在继承开始以后，财产分割后才明确表示放弃遗产，那么就不存在转继承的问题；其四，转继承不仅存在于法定继承中，而且还存在于遗嘱继承之中，遗嘱继承人在继承开始以后，财产分割以前死亡的，他的法定继承人同样可转继承遗嘱继承人的那份该继承的遗产份额。

《人民调解法》第 17 条规定："当事人可以向人民调解委员会申请调解；人民调解委员会也可以主动调解。当事人一方明确拒绝调解的，不得调解。"本案就是由人民调解委员会主动进行调解的案件。

案例四　　　　　　　口头遗嘱纠纷[1]

一、基本案情

李某（男）与黄某（女）于 1978 年登记结婚，婚后育有两女，长女李某玲，次女李某珑。1995 年，李某与黄某商议后，在县城繁华地段购得一套 87m² 的住房。1999 年 10 月，黄某因病去世。为给女儿们一个完整的家庭，李某于 2003 年 4 月 18 日与侯某再婚。婚后，继母侯某与两个女儿不睦，李某也常为此感到烦闷。2012 年 7 月，李某经医生诊断为胃癌晚期，同年 12 月 12 日去世。李某在弥留之际将李某玲叫到床前，当着前妻黄某的大哥和二哥的面说："等我走后，将现有 87m² 住宅楼房留给你和妹妹所有，你们俩给做个见证"。李某玲也对此事做了录音。李某去世后，各继承人进行遗产分配。李某玲拿出父亲的口头遗嘱，要求继承这部分遗产。但是，继母侯某不承认李某口头遗嘱的效力，认为该遗嘱是无效的，不能确定录音里的声音是否是李某的声音，也不能确定李某当时神智是否清醒，所以遗嘱无效，李某的遗产应按照法定继承的规定分配。双方多次争执未果，李某玲与妹妹到司法所申请调解。

二、案件处理与结果

司法所的调解员受理案件后，认为该案的关键是确认口头遗嘱的效力问题。调解员经过详细调查，查明以下事实：①遗嘱中提到的争议房屋是李某玲的父亲李某与其生母黄某的夫妻共同财产，不是李某与侯某的夫妻共同财产。②黄某去世后，按照法定继承的规定，该房屋应先进行夫妻共同财产分割，即黄某和李某各占二分之一，属于黄某二分之一的房产应作为黄某的遗产由李某、李某玲和李某珑三人分割。所以，李某对该房屋拥有三分之二的产权，这部分应作为李某的遗产进行分配。③当时，李某的病情突然恶化，在临终前确实曾以口头遗嘱的形式表示将此房屋留给李某玲和李某珑所有，现场有黄某的大哥和二哥作证，还留有录音资料，完全符合口头遗嘱"危急情况"的规定。④黄某的大哥和二哥既不是李某的近亲属，又不是李某的债权人、债务人或共同经营合伙人，他们之间并没有利害关系，符合法律上对见证人条件的要求。综上所述，调解员认定李某

---

〔1〕　案件来源：东营市垦利县黄河口司法所。

的口头遗嘱符合法定条件，属于合法有效的遗嘱，房产应归李某玲和李某珑所有。随后，调解员通知争议双方到司法所进行调解。在调解过程中，调解员以事实为根据，以法律为准绳，从法理和情理两方面对当事人进行劝解，最终使侯某转变观念，顺利签订了调解协议。

三、承办人观点

本案中，争议住房的部分产权是李某的婚前个人财产，他有处分的权利和自由，但争议的房屋还有部分产权是属于李某玲和李某珑的，李某对这部分财产是无权进行处分的。对于李某没有处分的其他财产，根据我国法律的规定，应按照法定继承的方式进行遗产的分配。

在现实生活中，口头遗嘱十分常见，也极易产生纠纷。调解员在处理口头遗嘱纠纷时，应注意有效的口头遗嘱应具备以下几个条件：①口头遗嘱只能在危急情况下"订立"。法律规定只有在这种情况下被继承人所立的口头遗嘱才有法律效力。②若"危急情况解除"，而立遗嘱人没有死亡的，口头遗嘱即失效。如果处在生命垂危中的立遗嘱人经抢救而恢复了采用其他方式立遗嘱的能力的，那么该口头遗嘱也视为无效，此时，应采用其他方式立遗嘱。③口头遗嘱必须有"两个以上见证人在场见证"方为有效。④遗嘱人要以口述形式表示其处理遗产的真实意思。

四、案件评析

这是一起典型的口头遗嘱继承纠纷案件。本案争议的核心是口头遗嘱的效力问题。我国《继承法》第17条规定："公证遗嘱由遗嘱人经公证机关办理。自书遗嘱由遗嘱人亲笔书写，签名，注明年、月、日。代书遗嘱应当有2个以上见证人在场见证，由其中一人代书，注明年、月、日，并由代书人、其他见证人和遗嘱人签名。以录音形式立的遗嘱，应当有2个以上见证人在场见证。遗嘱人在危急情况下，可以立口头遗嘱。口头遗嘱应当有2个以上见证人在场见证。危急情况解除后，遗嘱人能够用书面或者录音形式立遗嘱的，所立的口头遗嘱无效。"《继承法》第18条规定："下列人员不能作为遗嘱见证人：①无行为能力人、限制行为能力人；②继承人、受遗赠人；③与继承人、受遗赠人有利害关系的人。"依据我国法律的规定，口头遗嘱应是在危急情况下，有2个以上见证人在场见证才有效。本案完全符合上述法律规定，因而，应认定李某的口头遗嘱有效。

调解员在处理继承纠纷时，首先要理清遗产的范围，应注意的是，遗产是被继承人生前个人所有的合法财产。

本案的调解员在调解时从法理和情理两个角度出发，对当事人做耐心细致的思想工作，既分析、解决了问题，又促使继母与继女三人间消除隔阂，达成和解协议，社会效果良好。

案例五　　　　　　　　　　遗嘱变更纠纷[1]

一、基本案情

张某和赵某是一对结婚多年的夫妻。2014年，两人年事已高，且赵某身患疾病，所以，夫妻二人共同订立了一份公证遗嘱：现所居住的房屋及3万元存款由同住的小儿子继承，其余4万元存款和张某购买的2万元国债由大儿子继承。2015年，赵某因病去世，张某继续和小儿子住在一起。小儿媳妇见老人年纪越来越大，无法做事，就心生嫌弃，与张某矛盾激增，时常打骂虐待张某。张某见小儿子对自己漠不关心，十分伤心，便决定搬去敬老院居住，还决定更改遗嘱，将原先由小儿子继承的3万元存款捐献给敬老院，并重新去公证处做了公证。小儿子和儿媳妇知道此事后拒绝将3万元存款交给敬老院，理由是当初的遗嘱是张、赵二人共同订立的，现在赵某去世了，张某没有权利自己更改遗嘱，张某后来所立遗嘱无效。双方协商无果，小儿子来到司法所请求调解。

二、案件处理与结果

受案后，司法所所长带领工作人员到敬老院找到张某了解具体情况。张某说："我以前买彩票曾中了4万元钱，当时和老伴约定这部分钱是我个人的钱，我可以自由处理，后来立遗嘱的时候，我留了1万元在身边，将剩余的3万元作为遗产由小儿子继承。老伴去世后，小儿子和媳妇竟然虐待我，我一怒之下就更改了遗嘱，要将这3万元钱捐给敬老院。这钱是我个人的，我想给谁就给谁。"明白了事情的原委后，所长将小儿子和媳妇叫到敬老院进行调解。首先，所长对

---

〔1〕　案件来源：泰安市宁阳县八仙桥司法所。

小儿子和媳妇进行了严厉的教育和批评，告诫他们赡养老人是法定的义务，敬爱、关心老人是每一个子女应尽的义务，谁都有老的时候，"己所不欲，勿施于人"，要善待老人。其次，所长又从法律的角度进行分析讲解，张某与老伴所立遗嘱无论是否被公证，都可以对遗嘱中属于自己的那部分财产反悔。只要她还健在，没有丧失民事行为能力，就有权对所立遗嘱进行更改或撤销。在所长耐心细致的劝解下，小儿子夫妇认识到了自己的错误，希望能将老人接回家中赡养，让老人安享晚年，一场纠纷至此得以圆满解决。

三、承办人观点

如今，因财产继承而引发的家庭纠纷并不在少数。对于遗产纠纷案件的调解，我们既要严格按照相关的法律规定执行，也要结合实际情况，灵活解决，不能一概而论。赡养老人是中华民族的传统美德，也是为人子女应尽的义务。如何能让老人安享晚年，是每一位子女都要认真思考的问题。当纠纷发生时，当事人应当平心静气，耐心地解决家庭矛盾，避免发生不必要的争吵，以免影响亲人之间的感情。

四、案件评析

这是一起遗嘱变更继承纠纷案件。《继承法》第 20 条规定："遗嘱人可以撤销、变更自己所立的遗嘱。立有数份遗嘱，内容相抵触的，以最后的遗嘱为准。自书、代书、录音、口头遗嘱，不得撤销、变更公证遗嘱。"《最高人民法院关于贯彻执行〈继承法〉若干问题的意见》第 39 条规定："遗嘱人生前的行为与遗嘱的意思表示相反，而使遗嘱处分的财产在继承开始前灭失，部分灭失或所有权转移、部分转移的，遗嘱视为被撤销或部分被撤销。"也就是说，只要立遗嘱人健在，没有丧失民事行为能力，就有权对遗嘱中属于自己的那部分财产进行更改或撤销。

本案是因为小儿子和儿媳的不孝行为，致使老人愤而更改遗嘱，进而引发纠纷。关爱、赡养老人是每个人的责任，不要等到"子欲养而亲不待"的时候空自懊悔、伤悲。

案例六　　　　　　　遗赠扶养协议纠纷[1]

一、基本案情

董某的伯父董某清的妻子早年已去世，有一女儿董某丽在外地工作生活，无法照料老人。董某见伯父独自一人生活，年老体弱，便时常去照顾他。后在董某清的提议下，双方于 2000 年签订了遗赠扶养协议，协议约定：①董某清生前由董某赡养，死后由董某安葬；②董某清死后，将其现在居住的房子遗赠给董某。为了证明协议的有效性，董某清还邀请周围邻居作为见证人在协议上签字。事后，董某一直按照协议的约定照顾董某清。2012 年 9 月，董某清病重，女儿董某丽从外地赶回来照顾，同年 12 月去世，董某协助董某丽将董某清安葬。此后，董某拿出遗赠扶养协议，要求办理房屋过户手续。董某丽却拿出父亲去世前写下的所有遗产全部归女儿所有的自书遗嘱，拒绝将房子交给董某。董某为此十分气愤，到司法所寻求帮助。

二、案件处理与结果

受案后，调解员迅速开展调查，在听取了当事人及其邻居、亲属的陈述后，认为调解的关键是董某丽。调解员对董某丽详细讲解了我国法律对继承效力的有关规定，告诉她自书遗嘱中关于房屋归女儿所有的部分是无效条款，接着，调解员又从情理的角度劝说董某丽，帮她改变认识。通过调解人员耐心细致的说服教育工作，董某丽冷静下来，对纠纷事实有了较为充分明确的认识，也意识到自己在赡养父亲方面付出的确实太少，于情于理自己都有不对的地方。最终，在调解员的不懈努力下，双方当事人达成调解协议：董某继承房屋，偿还董某丽支出的丧葬费用，其他遗产由董某丽继承。

三、承办人观点

在农村，遗产继承纠纷是常见的一类纠纷，若不能得到及时有效的化解，必将成为影响农村社会稳定的不安定因素。

本案争议的焦点在于遗赠扶养协议与遗嘱效力高低的问题。依据我国《继承

---

〔1〕　案件来源：潍坊市寿光市孙集司法所。

法》规定，遗赠扶养协议的效力是高于遗嘱的。本案在调解员的及时介入下，事件得以圆满解决，化解了矛盾，促进了社会和谐稳定。

四、案件评析

这是一起典型的遗赠扶养协议纠纷案件。我国《继承法》第 31 条规定："公民可以与扶养人签订遗赠扶养协议。按照协议，扶养人承担该公民生养死葬的义务，享有受遗赠的权利。公民可以与集体所有制组织签订遗赠扶养协议。按照协议，集体所有制组织承担该公民生养死葬的义务，享有受遗赠的权利。"《最高人民法院关于贯彻执行〈继承法〉若干问题的意见》第 5 条规定："被继承人生前与他人订有遗赠扶养协议，同时又立有遗嘱的，继承开始后，如果遗赠扶养协议与遗嘱没有抵触，遗产分别按协议和遗嘱处理；如果有抵触，按协议处理，与协议抵触的遗嘱全部或部分无效。"在本案中，董某的伯父在遗嘱中关于房屋归女儿所有的部分，同遗赠扶养协议相抵触，因而，遗嘱中对此部分的规定是无效的，但不影响遗嘱其他部分的效力。

借助于此类案件的调处，调解员可在当地开展一次有效的普法宣传教育工作，让百姓清楚地了解我国《继承法》的相关规定，提高大家的法律意识，扩大人民调解的社会影响力，达到"调解一案，教育一片"的社会效果。

案例七　　　　　　再婚遗产继承纠纷[1]

一、基本案情

2013 年 10 月初，老人窦某孤身一人来到司法所，请求工作人员帮助解决她所反映的问题。老人情绪激动，没说几句就开始流泪。司法所工作人员端上热茶，安抚老人情绪，仔细倾听老人的诉求。经了解，2006 年，窦某嫁给老干部徐某，2013 年 3 月，徐某因病去世，留下房产一处和抚恤金 23 000 余元。在遗产如何分配的问题上，窦某与继子女的意见不同，产生了矛盾。窦某膝下没有子女，孤身一人。

---

〔1〕 案件来源：泰安市宁阳县伏山司法所。

二、案件处理与结果

接案后，调解员一方面做好安抚老人的工作，一方面立即联系当地领导调查核实相关情况。随后，调解员约谈了徐某的子女，更加详细地了解案情。在调解员不懈的努力下，窦某同其继子女互相体谅，互相让步，最终达成如下协议：①徐某留下的房产归窦某居住，若窦某再婚或者故去，则房子由徐某子女收回；②窦某孤身一人，年事已高，无收入来源，因此，抚恤金全部归窦某所有。双方对事情的处理结果表示满意。2013 年 10 月 28 日，窦某同其继子女来到司法所，送上锦旗，感谢司法所工作人员解决了双方的矛盾，对工作人员全心全意为困难群众服务，热情、扎实、尽职尽责的工作精神提出了赞扬。

三、承办人观点

赡养老人是中华民族的传统美德，也是为人子女应尽的义务。本案中，窦某与被继承人的子女是继父母与继子女的关系，在彼此相处中是会有感情存在的，因而，调解员在调解纠纷时应注重团结友爱，和平协商，避免产生不必要的纠纷，影响亲人之间的感情。

四、案件评析

这是一起再婚遗产纠纷案件。《礼记·礼运篇》中写道："故人不独亲其亲，不独子其子，使老有所终，壮有所用，幼有所长，矜（同"鳏"）寡孤独废疾者，皆有所养。"尊老爱幼是中华民族的传统美德，但如今因财产继承而引发的家庭纠纷不在少数，对于遗产纠纷案件的调解，我们要严格按照相关的法律规定执行，但是，法律只是大方面的规定，具体到现实生活中，我们要详细了解现实状况，不能一概而论。就本案而言，如果一味地以法律的规定来处理遗产的分配，老人窦某将处于不利的状态，所以，调解员在处理本案时更多是从情理的角度出发，让徐某的子女做出让步，处理结果皆大欢喜。

案例八　　　　　　　服刑人员遗产继承纠纷[1]

一、基本案情

1973 年，张某（女）与王某结婚，婚后生育一子王甲，后二人因性格不合离婚，儿子王甲跟随母亲张某生活。2012 年，王甲因交通肇事罪被判刑，入狱 3 年。2013 年 10 月份，王某去世，留下 4 间房屋给王甲，现在王甲的叔叔见王甲在狱中服刑，便将这 4 间房屋占去。张某多次前去协商，想为儿子讨回房屋，均未果。为维护儿子王甲的合法权益，张某向司法所求助。

二、案件处理与结果

司法所接到申请后，先后走访了数名知情人员，查清了事情的真相。正如张某所述，王甲的叔叔在王某死后，私自占用了王某的房屋，侵犯了王甲的利益。调解员来到王甲的叔叔家，让其搬出所占房屋。但王甲的叔叔坚决不同意，声称王甲随母亲改嫁，已经不是"王家的人"，无权继承王家财产，况且王甲现在正在监狱服刑，也无法继承父亲的财产。调解员不辞辛苦，多次登门拜访，不断做王甲的叔叔的思想工作，向其讲述法律的相关规定和要求。最终使其改变了观点，同意搬出房屋。在司法所的主持下，双方自愿达成如下协议：①王甲的叔叔在 2013 年 12 月 1 日之前自行搬出所占房屋；②此事做一次性处理，双方不得为此事再发生争执。

三、承办人观点

本案是一起典型的维护服刑人员合法权益的继承纠纷案件。一方面，在调解过程中，调解员并没有因为王甲身陷囹圄而放弃维护他的合法权益，而是尽力为其争取权利，使其安心服刑；另一方面，在遗产继承方面，王甲的叔叔封建思想尚存，家族观念明显，可见，我们的普法工作仍任重而道远。

四、案件评析

这是一起典型的服刑人员遗产继承纠纷案件。依据《继承法》第 10 条的规定，遗产按照下列顺序继承：第一顺序：配偶、子女、父母。第二顺序：兄弟姐

---

[1] 案件来源：日照市岚山区高兴司法所。

妹、祖父母、外祖父母。继承开始后，由第一顺序继承人继承，第二顺序继承人不继承。没有第一顺序继承人继承的，由第二顺序继承人继承。本法所说的子女，包括婚生子女、非婚生子女、养子女和有扶养关系的继子女。本案的特殊之处在于，第一顺序继承人王甲是服刑人员，无法亲自解决纠纷，只能由其母代为处理。人民调解员的及时介入，既有效地保护了服刑人员的合法权益，使其安心服刑，认真改造，又将矛盾纠纷化解在基层，维护了社会的和谐稳定。

案例九　　　　　　　　死亡赔偿金分配纠纷[1]

一、基本案情

郑某在上海某企业工作。2013年6月4日，郑某在工作中突发疾病，当场昏倒，被紧急送往医院，经抢救无效死亡。郑某去世后，其家人与郑某的工作单位就赔偿金数额问题进行协商，双方商定：连同保险公司的赔偿金，郑某的工作单位共计支付427 980元。但郑某单位要求郑某家人先达成赔偿金分配协议，然后才能领取赔偿金。郑某死亡前已与程某结婚并育有一女，郑某的父母也健在。郑某的妻子程某与郑某父母在赔偿金分配数额上产生重大分歧，程某认为，郑某是她的丈夫，二人还有一个未成年的女儿，将孩子抚养长大需要用钱，因此，赔偿金应该全部由她领取；郑某父母认为，儿媳妇将来要改嫁，如果赔偿金全部由儿媳领取，没人给自己养老，最后落得人财两空，因此，坚决不同意由儿媳妇领取。由于双方一直争执不下，故双方找到司法所申请调解。

二、案件处理与结果

司法所工作人员接案后，对纠纷产生的原因进行了调查，详细了解双方的想法和要求，依据相关法律的规定，制定调解方案。调解员结合实际情况，通过与双方讲道理，摆事实，最终促成双方达成如下协议：①郑某之妻和女儿获得赔偿金247 980元，郑某父母获得赔偿金18万元；②允许郑某父母探望其孙女，不许其孙女改姓；③郑某居住的房屋因由郑某父母出资所建，故房屋归郑某父母所有。双方终于握手言和，一场纠纷就此平息。

---

[1]　案件来源：菏泽市鄄城县引马乡司法所。

三、承办人观点

本案的难点集中在死亡赔偿金数额的分配上，郑某父母由于失去了儿子，心情沉重，又考虑到以后儿媳妇可能会改嫁，所以在分配问题上态度比较强硬。针对以上问题，调解员将工作的重点放在了老人的身上，劝说老人要考虑到儿媳妇还很年轻，改嫁之事不可避免，孙女也年幼，需要母亲的照顾。经过调解员耐心细致的工作，双方最终达成了调解协议。

四、案件评析

这是一起死亡赔偿金分配纠纷案件。死亡赔偿金，是死者因他人致害死亡后由加害人给其近亲属所造成的物质性收入损失的一种补偿。《最高人民法院关于审理人身损害赔偿案件适用法律若干问题的解释》第29条规定："死亡赔偿金按照受诉法院所在地上一年度城镇居民人均可支配收入或者农村居民人均纯收入标准，按20年计算。但60周岁以上的，年龄每增加1岁减少1年；75周岁以上的，按5年计算。"所以，死亡赔偿金是对受害者近亲属的赔偿，需要注意以下几点：①死亡赔偿金并非死者的遗产。遗产是死者生前已经合法所有的财产，而死亡赔偿金的形成及赔偿金的实际取得均发生在死者死亡之后。②死亡赔偿金不是夫妻共同财产。夫妻共同财产是指在夫妻关系存续期间，夫妻一方或双方取得的合法财产。死亡赔偿金产生于夫妻关系终结之后。③死亡赔偿金不是对死者自身的赔偿，而是对受害人近亲属因受害人死亡而导致的生活资源的减少和丧失的补偿。

在现实生活中处理此类案件时，建议调解员在严格按照相关的法律规定执行的同时，也要具体考虑到当事人的实际需要，不能一概而论。继承人之间应当注重团结友爱，遇到纠纷时，应当和平协商解决，避免产生不必要的纠纷，影响亲人之间的感情。负责本案的调解员在此问题上处理得很好，值得称赞。

案例十　　上门女婿是否可以继承岳父母遗产的继承纠纷[1]

一、基本案情

1982年，李某（男）与王东（女）（系被申请人妹妹）结婚后，就到岳父

---

〔1〕 案件来源：日照市东港区三庄司法所。

王老汉家做了上门女婿。婚后夫妻二人一直随王老汉一起生活。2008年，王东因病去世，李某便承担起照顾王老汉的责任。2012年3月，王老汉因病逝世，留下房屋3间。2012年4月初，王老汉的另外两个女儿王西和王南要求李某搬出王老汉的房子，因李某是女婿，没有法定继承权。李某无处可去，便拒绝搬出。双方为此争执不休，矛盾不断加深。李某为解决问题便来到司法所寻求帮助。

二、案件处理与结果

调委会受理纠纷后，调解员将李某、王西和王南约到了镇调委会办公室，对三人进行了耐心细致地调解。通过调解员对《继承法》的宣传讲解，王西和王南终于认识到了自己的错误，最终三人达成了调解协议：①房屋3间由李某继承。②李某给王西和王南每人2000元房屋补偿费。

三、承办人观点

在中国，"上门女婿"是一个特殊的词汇，古代称为"入赘"，民间叫做"倒插门"。俗话说："嫁出去的姑娘，泼出去的水，上门的女婿累断腿。"可见，上门女婿在社会上，特别是农村往往会受到歧视，得不到应有的尊重。随着独生子女越来越多，男方到女方家生活的现象也会日益增多，虽然人们不会再像以前一样歧视上门女婿，但在一些家庭事务上还是容易产生一些纠纷。从法律上明确上门女婿应享有的权利，会对调解员在工作中处理此类纠纷提供准确的法律依据，有利于及时有效地化解日常矛盾纠纷。

四、案件评析

这是一起法定继承纠纷案件，其特殊性就在于丧偶的上门女婿是否可以作为法定继承人继承岳父母的遗产。《继承法》第12条规定："丧偶儿媳对公、婆，丧偶女婿对岳父、岳母，尽了主要赡养义务的，作为第一顺序继承人。"一般意义上说，女婿对岳父母家的遗产是没有继承权的，但如果丧偶女婿对岳父、岳母尽了主要的赡养义务，也可以作为第一顺序的法定继承人参与继承。

本案中，李某虽为上门女婿，但在妻子王东因病去世后，一直承担起照顾年迈的岳父王老汉的责任。因而，依据《继承法》第12条的规定，李某有权作为第一顺序的继承人，继承王老汉的遗产。

第五章

所有权纠纷人民调解案例

案例一　　　　　相邻关系纠纷[1]

一、基本案情

姜某（女，66 岁）因患有心脏病，上下楼需要扶着楼梯把手走，但楼内的共同区域里堆放着大量杂物，墙边上也堆着杂物，家门口的楼梯扶手上也被堆放的杂物挡着，无法使用。这些杂物严重影响了自己及家人的出入，有几次，姜某因上下楼梯无处可扶，差点摔倒。经询问，姜某得知杂物是邻居汪某堆放的，便要求汪某把东西搬走，因话不投机，双方发生争吵。无奈，姜某找到司法所反映情况，请求予以调解处理。

二、案件处理与结果

接案后，调解员迅速到现场勘查，又到小区物业查找相关的规定，并向其他居民了解具体情况。在查清事情原委后，调解员找到汪某，从法律规定和邻里关系等方面对其进行劝解。调解员指出："在公用过道里堆放私人物品是不对的，东西完全可以放进储藏室，再说，又不是经常使用的物品。"无奈，汪某道出实情："老伴儿患了脑血栓，行动不方便，东西放在门口，我不在家时方便她取用。"调解员耐心开导他："作为公民，第一要讲法，第二要讲德。你只考虑到自己方便了，却影响了他人的正常出入，这是不应该的。作为邻居，你也应该替别人想一想，你方便了，她就不方便了，万一造成火灾或者人身伤亡，你是要负法律责任的，再说，你们都这把年纪了，为一点小事大吵大闹，给其他邻居留下什么印象，给子女造成什么影响？"听了这些话，汪某答应回去好好想一想，第二天给个答复。第二天，汪某找来子女搬走了杂物，并向姜某道歉。姜某也向

汪某道歉说："自己骂人也不对，以后咱们就是好邻居。"后来，调解员经过几次侧面了解，姜某与汪某两家没了以往的怨气，多了许多和气，汪某不在家时，姜某还经常帮着照顾汪某的老伴，两家你来我往，其乐融融。

三、承办人观点

在社区日常生活中，邻里之间难免会出现一些矛盾和纠纷，如果处理不当，或多或少会影响着社区安定。邻里双方应当按照"方便生活、团结友善和公平合理"的精神正确处理相互间的通行、通风、采光、卫生、噪音等关系。如给对方造成妨碍或损失的，应停止侵害、赔礼道歉或赔偿损失。多数相邻纠纷的产生都是因为人们过度关注自己的权利，对他人的权利缺乏必要的尊重和包容，如果双方都能怀着相互包容的心态和体谅别人的心境去处理事情，大多数相邻纠纷就可通过协商调解的方式解决。

四、案件评析

这是一起典型的相邻关系纠纷案件。相邻权是指不动产的所有人或使用人在处理相邻关系时所享有的基本权利。《物权法》第 70 条规定："业主对建筑物内的住宅、经营性用房等专有部分享有所有权，对专有部分以外的共有部分享有共有和共同管理的权利。"第 72 条规定："业主对建筑物专有部分以外的共有部分，享有权利，承担义务；不得以放弃权利不履行义务。业主转让建筑物内的住宅、经营性用房，其对共有部分享有的共有和共同管理的权利一并转让。"第 84 条规定："不动产的相邻权利人应当按照有利生产、方便生活、团结互助、公平合理的原则，正确处理相邻关系。"《人民调解法》第 31 条规定："经人民调解委员会调解达成的调解协议，具有法律约束力，当事人应当按照约定履行。人民调解委员会应当对调解协议的履行情况进行监督，督促当事人履行约定的义务。"邻里纠纷多是些生活琐事，常因双方互不相让而导致矛盾激化，人民调解委员会分布在每一个城市社区，贴近群众的生活，是生活在群众身边的人。人民调解快捷方便的特点也能满足群众的需要，在处理邻里纠纷中发挥着重要的作用，能有效维护邻里之间的和谐稳定。

本案在调解过程中，调解员对当事人既进行讲法说理，又进行教育疏导，劝说当事人要发扬邻里和睦的优良传统来解决纠纷，最终成功调解了纠纷，取得了良好的社会效果。

案例二　　　　　　　　　相邻土地纠纷[1]

一、基本案情

某村村民王某和刘某的责任田紧挨着，是耕地相邻关系。2014 年春，刘某在放水浇地时因放水过大将自家的地垄打漏，为了堵住漏洞，刘某就近在王某的地里取土。在取土过程中，刘某损坏了王某一垄 30 多米长的麦苗，同时还因取土，在王某地里挖了 3 个 4 平方米左右的大坑。王某要求刘某赔偿自己的损失，但刘某以地界被移，其取土的地方不是王某的地为由拒绝赔偿。二人因此产生纠纷，请求司法所予以调解。

二、案件处理与结果

司法所接到申请后，立刻派员赶到事发地，先实地查看了麦地被毁坏的程度，并拍照保存证据，又找到刘某，认真听取了其对案件的描述，最终分析出双方纠纷的焦点在于地界是否被移动。为了解决矛盾，所长向当地村委会申请重新测量双方地界。在村委会负责人、司法所工作人员、双方当事人均在现场的情况下，测量人员对地界重新进行了丈量，结论是地界未被移动。经调解，双方达成以下协议：①刘某包赔王某所有损失。②刘某在小麦收割后，对王某的土地予以恢复。

三、承办人观点

在农村，因为地界引起争议是常见的事情，俗话说："一年的官司，十年的仇"，如果处理不及时很容易引起各方矛盾，造成更大的人身、财产损失。司法所在处理该起案件时，紧紧围绕着双方矛盾的焦点，以事实为依据，以法律为准绳，充分考虑、照顾双方当事人的感受，最终达成调解协议。

四、案件评析

这是一起典型的相邻土地纠纷案件。相邻关系在本质上是对权利的尊重，是相互间应当给予一定的方便或接受一定的限制。在处理相邻关系纠纷案件时，调

---

〔1〕　案件来源：聊城市东昌府区郑家司法所。

解员应兼顾权利双方的利益，在自愿、公平、合理的基础上促进双方达成和解，正确处理相邻关系。《物权法》第84条规定："不动产的相邻权利人应当按照有利生产、方便生活、团结互助、公平合理的原则，正确处理相邻关系。"第85条规定："法律、法规对处理相邻关系有规定的，依照其规定；法律、法规没有规定的，可以按照当地习惯。"《人民调解法》第20条规定："人民调解员根据调解纠纷的需要，在征得当事人的同意后，可以邀请当事人的亲属、邻里、同事等参与调解，也可以邀请具有专门知识、特定经验的人员或者有关社会组织的人员参与调解。人民调解委员会支持当地公道正派、热心调解、群众认可的社会人士参与调解。"第21条规定："人民调解员调解民间纠纷，应当坚持原则，明法析理，主持公道。调解民间纠纷，应当及时、就地进行，防止矛盾激化。"

本案中，调解员除倾听了当事人对纠纷的看法和各自所持的态度，考察了双方立场的共同点和差异点外，还准确锁定了纠纷的焦点，在查明事实、分清责任的基础上，根据当事人的特点和纠纷的性质，采取灵活多样的方式方法，开展耐心细致的说服疏导工作，帮助当事人端正对纠纷的态度，消除对立情绪，理解对方并改变自己的观点、态度和做法，促使调解成功。

案例三　　　　　　　　　相邻排水纠纷[1]

一、基本案情

村民钟某与其大哥家房屋相邻，在两家房屋间有一条长50余米、宽30公分的住户屋檐排水沟。钟家老大认为院坝中间有一条水沟，既不美观又不利于晒粮食，要把从他家门前通过的排水沟填盖起来做院坝。钟家老二知道后不愿意，他住在大哥房屋的后面，如果把排水沟填埋了，遇到下暴雨时，自己家的排水系统将会受阻，雨水无法正常排出去就会发生倒灌，淹了自家的房子，再加上自己的房屋是土坯修建的，抗水能力差，雨水倒灌会严重危害房屋，甚至会发生房屋倒塌。因此，钟家老二坚决不同意哥哥将排水沟添盖起来，两家为此发生纠纷。每当钟家老大施工时，钟家老二总是阻挡，以至于发生了几次打架事件，险些闹出人命。村、组几次进行调解均未能成功。为了避免出现恶性事件，村调解会把这起矛盾纠纷上报给司法所，希望司法所予以调解。

---

〔1〕　案件来源：菏泽市东明县长兴集司法所。

二、案件处理与结果

司法所接案后，先后两次派调解员与村、组干部现场勘察，深入了解案情。在经过详细调查了解后，调解员决定进行现场调解。首先，调解员从法律的角度对钟家老大进行教育，指出其为了方便自己侵害他人的利益和安全的做法是错误的，造成他人住房不安全的行为更是法律禁止的，应立即停止；其次，调解员从兄弟之情角度对双方进行劝解，指出兄弟之间因为这个问题就互不相让，甚至大打出手，没有顾及一点手足之情，这会使九泉之下的父母无法安心。结合其他因打架而导致的家庭悲剧案例，调解员严肃指出钟家兄弟行为的危害性，告诉他们兄弟之间、邻里之间要互相关心、相互谅解。调解员合理合法的讲解，晓喻利弊的劝导，终于使倔强固执的钟家老大认识到了自己的错误，当场表示把这条已填埋一段的排水沟疏通并恢复原貌，并且愿意承担弟弟钟某因伤花去的 500 元医疗费，还当着司法所及村、组干部的面向弟弟赔礼道歉，钟某也向大哥赔礼道歉，承认自己在处理这件事情上不冷静，方法不正确。兄弟二人当着调解员的面保证以后有事一定先沟通商量，不辜负司法所干警的一番好心。

三、承办人观点

本案在调解过程中，调解员前往现场，认真勘察了解实地情况，及时查明事实，分清责任。随后，调解员耐心细致地向当事人宣讲了法律中有关相邻关系的规定，使双方当事人明白各自的权利义务及相应的法律责任，再通过教育疏导的方式，劝说当事人要念及兄弟之情，将双方的矛盾及时解决，维护社会和谐与稳定。

四、案件评析

这是一起典型的相邻排水纠纷案件。法律设立相邻关系制度，其主要功能是平衡协调相邻各方的利益关系，防止出现一方不正当行使权利，损害相邻权利人利益的现象，实现相邻各方共同生存、和谐相处。《物权法》第 84 条规定："不动产的相邻权利人应当按照有利生产、方便生活、团结互助、公平合理的原则，正确处理相邻关系。"第 86 条规定："不动产权利人应当为相邻权利人用水、排水提供必要的便利。对自然流水的利用，应当在不动产的相邻权利人之间合理分配。对自然流水的排放，应当尊重自然流向。"《人民调解法》第 28 条规定：

"经人民调解委员会调解达成调解协议的，可以制作调解协议书。当事人认为无需制作调解协议书的，可以采取口头协议方式，人民调解员应当记录协议内容。"

本案中，兄弟二人因相邻排水问题而产生矛盾，调解员积极进行现场的调查取证，分析问题的症结所在。调解时，调解员充分运用法与德相结合的教育、疏导方法，坚持依法调解、据理调解、用情调解。调解员只有把法律规定讲清楚、说明白，才能解开当事人的矛盾心结，当事人才能有一个判断是非曲直的标准，正确认识到自己行为的性质，从而心悦诚服地接受调解。

案例四　　　　　　　　相邻通行纠纷[1]

一、基本案情

温某家门前有一块空闲地，这块地的使用权属于白某。白某为了解决自己的住房困难，决定在这块空闲地上建房子。温某看到白某已打好的房屋地基后，发现白某把整个空闲地都利用起来了，一想到如果房子建起来后，自己房屋进出的通道就没有了，温某就向白某提出要给他留出进出通行的通道的要求。白某辩称，土地使用权是自己的，想怎么建就怎么建，不想给他留下通行的过道。两人因此产生纠纷，温某向司法所提出调解申请。

二、案件处理与结果

司法所受理案件后，立即与村委会取得联系，调查案件情况。经核实，白某的建房有合法手续，不存在违法建房问题，而且，温某与白某两家原来关系和睦，只是近年来因为小孩打架的事情关系有些紧张。了解这些情况后，调解员主动找到白某，询问其对待纠纷的态度和想法，并向其讲解了《物权法》关于相邻关系的法律规定。经劝解，白某表示愿意接受司法所的调解。

在调解现场，调解员先给双方当事人介绍我国法律对相邻关系的具体规定，再结合本案的具体情况，告诉白某在建房时要给温某留有必要的通道，如果对温某的通行造成妨碍，白某就应该停止侵害，排除妨碍。然后，调解员又告诉温某说："在使用权属于白某的土地上，他为你的通行留下了必要的通道，这使他的建房面积减少，你应当给予白某适当的补偿。"

_____

〔1〕　案件来源：潍坊市寿光市圣城司法所。

经过一上午的调解，白某、温某心服口服，同意接受调解，并达成相关协议：①白某建房时在房屋东侧留出 2 米的通道供温某通行；②温某提供一次性补偿 1000 元给白某；③本协议一经签订当即生效，双方不得反悔。

三、承办人观点

相邻权纠纷往往因小摩擦开始，若不及时调解，很可能演化成治安或刑事案件。在本案调解中，工作人员深入现场勘查了解，及时查清了事实，分清了责任，然后讲法说理，耐心地向当事人宣讲了有关法律法规，使双方当事人自觉达成了和解协议，确保邻里纠纷的彻底解决。

做基层的人民调解工作，在有些情况下，特别是对文化水平较低、法律意识淡薄的当事人，"理"比"法"有时更能让他们信服，因此，在调解案件的时候，要采取灵活的方法，如果讲不通法，可以先讲理，通过讲理认清案件事实，然后再讲法律，当事人在明理的基础上就易于理解和接受法律规定了。

四、案件评析

这是一起典型的相邻通行纠纷案件。《物权法》第 84 条规定："不动产的相邻权利人应当按照有利生产、方便生活、团结互助、公平合理的原则，正确处理相邻关系。"第 87 条规定："不动产权利人对相邻权利人因通行等必须利用其土地的，应当提供必要的便利。"第 92 条规定："不动产权利人因用水、排水、通行、铺设管线等利用相邻不动产的，应当尽量避免对相邻的不动产权利人造成损害；造成损害的，应当给予赔偿。"

在调解过程中，本案调解员不仅查清了事实，分清了权责，而且对当事人进行了相关法律法规的宣传教育，使双方自愿达成了调解协议并心服口服，调解效果是比较明显的。

案例五　　　　　　相邻采光、日照纠纷[1]

一、基本案情

某镇某村的王某和张某是多年的老邻居。二人的住房与跨村而过的国道距离

---

〔1〕　案件来源：聊城市茌平县韩集乡司法所。

不远，属于村里经济比较繁荣的地段。为了提高收入，王某想在自家靠路边的宅基地上盖门头房搞个体经营。在盖房过程中，因为楼房结构的问题，王某家新楼的房檐高于邻居张某家的楼顶，新盖的院墙过高，挡住了张某家里的采光，按当地的习惯说法，这种情况会影响张某家的风水。为此，张某阻止王某施工盖房。而王某的楼房主体已基本盖好，就差楼顶房檐，如果不盖的话，损失太大，王某不愿意停工。因为此事，两家发生冲突。在争执不下的情况下，王某、张某来到镇上的司法所申请调解。

二、案件处理与结果

2012年3月19日，王某、张某扭打着来到司法所。司法所工作人员见二人情绪比较激动，就采用"背靠背"的调解方法，将二人分别带到不同的房间了解情况。在交流过程中，调解员了解到两家关系一直不好，经常有小摩擦发生。这次纠纷，两家互不相让，大打出手，双方家里的物品都受到了不同程度上的损坏。在充分了解了两家人的要求与想法后，调解员认为应抓住采光和风水这两个问题进行调解。在调解过程中，调解员认真分析了二人之间的法律关系，对王某家盖门头房做买卖、提高自己经济收入的想法给予肯定，但对王某院墙过高影响张某采光权的行为进行了批评，同时，也对张某的封建迷信思想进行了批评教育。接着，调解员又从情理的角度劝说二人，让双方站在对方的立场上去思考问题，互谅互让。两家是多年的老邻居，远亲不如近邻，平时发生急事难事，相互都有个照应，现在国家提倡构建和谐社会，作为老百姓应该响应国家号召，和谐为美，和气生财，这样日子才会越过越红火。经过一段时间的调解，在充分沟通和理解的基础上，张某和王某终于达成如下调解协议：①双方互相赔偿因前期冲突所造成的经济损失；②张某同意王某家继续施工，但王某家檐口要与张某家一样齐；③已建成的院墙需要拆除一部分，院墙高度以不影响张某家采光为准；④双方今后如因建房造成矛盾纠纷，可自行协调解决。

三、承办人观点

这个案例属于相邻关系纠纷，其焦点就是农村迷信的风水问题和采光问题。遇到这种问题时，调解员首先要冷静，可根据案件的具体情况采用恰当的方式进行调解，将情理和法理有效结合，动之以情，晓之以理，使双方相互谅解，从而化解纠纷。此外，针对传统的风水习惯问题，调解员要加强对基层百姓的思想教育，使其摆脱落后的封建迷信思想。

通过本案，我们可以看到，经过多年的法律宣传，群众的法律意识有所提高，知道拿起法律的武器来维护自己的合法权益。但是，我们还应加大法制宣传力度，使百姓不仅知法、懂法，还要学会用法，提高守法的意识。

四、案件评析

这是一起相邻采光、日照纠纷案件。《物权法》第84条规定："不动产的相邻权利人应当按照有利生产、方便生活、团结互助、公平合理的原则，正确处理相邻关系。"第89条规定："建造建筑物，不得违反国家有关工程建设标准，妨碍相邻建筑物的通风、采光和日照。"

司法所受理纠纷后，要进行调查取证工作，应当分别向双方当事人询问纠纷的事实和情节，了解双方调解的要求和理由，根据需要可以向有关单位和人员调查核实，收集证据并对证据进行审查，对于争执标的属于房屋、宅基地、水利设施等的纠纷要到现场进行实地调查。在调解纠纷时，应依据法律法规、国家政策和社会公德，在查明事实、分清责任的基础上，根据当事人的特点和纠纷的性质，采取灵活多样的方式方法，开展耐心细致的说服疏导工作，帮助当事人端正对纠纷的态度，消除对立情绪。

在处理过程中，本案的调解员兼顾了法律和民情两方面，采用"背靠背"这种调解方法，既有利于调解员耐心细致地向当事人宣讲法律中有关相邻关系的法律规定，使双方当事人明白各自的权利义务和法律责任，又可减少当面处理可能引起的摩擦，有助于劝说当事人发扬邻里和睦的优良传统，从而很好地解决纠纷。

案例六　　　　　　　相邻污染侵害纠纷[1]

一、基本案情

2011年7月14日上午9点，贾某带领邻居10余人来到镇政府信访办，反映李某的养鸭大棚距离他们家太近，不足200米远，不符合上级文件规定的建设标准，且大棚造成的污染严重影响了自己的日常生活。贾某称，现在是夏季，鸭棚

---

〔1〕　案件来源：日照市经济开发区司法局。

散发的气味很大，这些气味都飘进自己的家里，让人无法忍受；鸭棚的气味还吸引了大量苍蝇，家里不敢开窗户，因为开窗后大量的苍蝇都会飞到家里去，严重干扰了自己的日常生活。这些居住在鸭棚附近的居民无法忍受，数次与李某交涉均无结果，现在要求政府出面，让李某立即停止养殖，搬走养鸭大棚。镇政府指示本案由司法所依法调解。

二、案件处理与结果

司法所调解员立即联系村委干部，一起到李某的养鸭大棚去实地查看。经现场调查，李某的养鸭大棚确实距离贾某等附近住户家里不足 200 米，且养鸭大棚的卫生环境很差，附近住户家里臭味难闻，苍蝇乱飞。调解员拍照取证后，让村委干部通知养殖户李某和贾某等反映问题的村民到村委会办公室进行调解。

调解过程中，李某拿出了由市畜牧局颁发的养鸭大棚建设手续，坚持所建大棚有合法手续，不是违法建设。李某称，到目前为止，自己为了建这个大棚以及购买鸭苗等一共投资了 10 万多元，本钱还没收回来，坚决不同意拆除。如果拆除了，损失太大，这个损失谁来承担？贾某等人表示，李某建的大棚距离居民住家太近，不足 200 米远，根据《山东省畜禽养殖管理办法》（以下简称《管理办法》）的要求，这个距离不能少于 1000 米，所以，李某建的大棚根本不符合要求，必须拆除。现在居民的院子里都是苍蝇，天热也不敢开窗，家里气味难闻，严重影响了正常生活，李某不能把经济利益建立在别人的痛苦之上。如果李某不拆鸭棚，他们就一直上访到李某拆了为止。经查，李某持有的大棚建设手续是市畜牧局于 2010 年 10 月颁发的，贾某等人说的《管理办法》是 2011 年 4 月 1 日开始实施的。因李某建养鸭大棚的手续办理在先，《管理办法》出台在后，所以，李某建养鸭大棚的行为是不受《管理办法》约束的，是合法的行为。这件事情十分棘手，一方面，李某出资建大棚、搞养殖不容易，立即拆除后损失确实很大；但另一方面，鸭棚的卫生条件确实严重影响了附近村民的日常生活。在这种情况下，如何能找到一个既让养殖户减少损失，又不影响村民日常生活的办法呢？司法所所长忽然想起了前些日子和村支部书记座谈时了解到的一个信息，村里有 80 亩承包地将于今年 9 月份到期，需要重新发包，这块地位于村子的西北方，距离村庄有 2 里多路，附近有水有路有电，正好符合建养鸭大棚的条件，如果把这块地规划成养殖小区，以后村民搞养殖都可以到这块地里发展，既解决了当前的矛盾，又有利于新农村建设。于是，所长和村支部书记协商是否可以这样解决问题。村支部书记认为这个建议很好，可以将该地块规划成养殖小区。在解决了未来用地问题后，调解员再次将双方当事人召集在一起，进行调解。调解员从法理和情理两方面对当事人进行了耐心细致的劝解，让当事人从实际情况出发，多站在对方的立场去考虑问题，理解对方的难处，各自退让一步、解决问题。调解员提出以下调解方案：①李某刚进的这批新鸭苗才养了5天，还需30天才可以出栏，让李某把这批鸭苗养大卖出。此后2个月内李某不能再购新鸭苗进行养殖，最大限度地降低对村民贾某等人的影响。②允许李某在11月后再养殖。天冷后，鸭棚的气味小了，村民所受影响也较小，这样能减少李某的损失。③9月份后，村里的80亩承包地到期后，由村里负责和上级有关部门协调各项事宜，将其规划成养殖小区，李某享有优先承包权。④李某赔偿给贾某等住户每户500元的损失费。李某也认识到，自己搞养殖确实给附近乡亲的生活带来了许多不便，这个建议既考虑到了如何为自己减少损失，又考虑到了自己的长久发展，是很好的解决方案。贾某等人认为，李某的大棚有合法的手续，是合法养殖，且投资很大，刚建成后本钱还没收回来，李某又刚进了一批鸭苗，确实也很不容易，这份协议给了自己一定的赔偿，可以接受。于是，双方当事人在村委大院签订了人民调解协议书，李某也当场支付了贾某等人赔偿款。经过多天努力，调解员终于成功地调解了这场纠纷。随后，司法所帮助村委会将即将到期的80亩承包地规划成了养殖小区，待9月15日承包地到期后，李某优先以每亩每年500元的价格承包了10亩土地，承包期限为15年。

三、承办人观点

这是一个在农村经济发展过程中出现的新问题，调处这类矛盾纠纷，要做到合法、合情、合理，做到从大局出发，从根本上解决问题，本次调解就做到了这一点。

在很多邻里纠纷中，双方当事人公说公有理，婆说婆有理，只从自己的角度出发，维护自己的利益，根本不顾及对方的想法，也不考虑自己的行为和语言给对方带来的伤害和痛苦。其实，如果让双方当事人站在对方的角度想一想，本着公平合理的原则，很多相邻关系纠纷完全可以大事化小、小事化了。本案在调解过程中，调解员成功地运用了"换位思考"的调解方法，引导当事人从对方的角度看问题，理解对方的难处，客观公正、合理合法地处理问题。

人民调解制度是一项具有中国特色的社会主义法律制度。人民调解工作在化解民间纠纷，维护社会稳定，实现群众自治及基层民主政治建设方面作出了重要贡献，人民调解已成为解决基层社会矛盾纠纷的重要途径和有效方法之一，成为维护社会稳定的一支重要力量。

四、案件评析

这是一起相邻污染侵害纠纷案件。《物权法》第84条规定："不动产的相邻权利人应当按照有利生产、方便生活、团结互助、公平合理的原则，正确处理相邻关系。"第90条规定："不动产权利人不得违反国家规定弃置固体废物，排放大气污染物、水污染物、噪声、光、电磁波辐射等有害物质。"

相邻关系的调解原则是公平合理、有利于生产和生活、兼顾相邻关系各方的利益。在相邻关系纠纷的调解过程中，为了实现这三大原则，调解人员必须学会灵活运用各种调解方法。在处理此次纠纷时，调解员采用了"换位思考"的调解方法，让当事人站在对方的立场思考和处理问题，体察对方的感受，有利于双方在情感上进行交流，从而理解对方，改变自己的观点、态度和做法。另外，调解员在进行思想工作时要富有人情味、和风细雨、潜移默化、情真意切地劝说，力戒简单粗暴、空泛说教、平淡枯燥地调解，只有这样调解工作才能取得满意的效果。

实践证明，在基层平安建设和维护社会稳定中，人民调解工作充分发挥了其职能作用，解决了大量社会矛盾纠纷，为维护社会稳定发挥了不可替代的现实作用，是正确处理新形势下人民内部矛盾的有效措施之一。通过对大量民间纠纷的调解，使纠纷当事人平等协商、互谅互让，化解矛盾、消除隔阂，防止矛盾激化，有助于建立良好的社会、生活和工作秩序，促进安定团结，维护社会稳定，使人民调解工作成为化解民间纠纷的坚实可靠的"第一道防线"，尽最大努力把矛盾纠纷解决在基层，解决在萌芽状态。

第六章
其他纠纷人民调解案例

案例一　　　　　　　　土地流转纠纷[1]

一、基本案情

2012 年 7 月 1 日，某村的 99 户农民将自己承包经营的 286 亩土地依法转包给某金银花种植专业合作社，用于种植金银花。合同中约定的土地承包经营期限为 16 年，每年每亩土地的流转费用为 1000 元，该合作社应于每年的 7 月 1 日前支付 1 年的土地流转费用给农户。合同签订后，合作社按约定给付了第 1 年的承包费用，对土地进行了开发管理。2014 年 7 月 1 日，合作社未能如约支付当年的土地承包费用，合作社聘请的承包人也放弃了对土地的管理，造成大量的土地荒芜。该村负责人和村民多次寻找合作社的负责人未果，99 户农民因土地已经流转，不敢盲目复垦，心里既焦急又无助，情绪非常激动，萌发了集体上访的想法。该村负责人急忙来到司法所，申请帮助协调解决问题。

二、案件处理与结果

由于事态比较严重，影响范围较广，司法所受理案件后，迅速研究方案，争取尽快解决问题。司法所调解员牺牲了休息日，冒着酷暑，到该村保全相关证据，帮助农民整理材料。同时，司法所所长将此案汇报给上级单位，希望借助政府和社会的力量，多方寻找合作社的负责人李某。在得知合作社负责人李某目前在山东省某市从事房地产开发业务后，调解员、村负责人与农户代表连夜驱车 200 公里赶往该市。在当地有关部门的帮助下，大家终于找到了李某。双方见面后，调解员详细地了解了情况，向李某耐心地讲解了法律的相关规定及其法律后果，经过沟通，李某自愿解除土地承包合同，将承包的土地即日起交还给 99

---

〔1〕　案件来源：枣庄市台儿庄区邳庄司法所。

户农民，承包土地上种植的金银花等农作物归99户农民自行处置，并按承包土地的面积赔偿农户的相关损失。在调解员的帮助下，金银花合作社和99户农民依法签订了解除合同，并将赔偿款一次性支付给农户。至此，一起严重侵害广大农民合法权益的事件，经过司法所和村干部6天的不懈努力终于成功调解，这既维护了广大农民的合法权益，也减轻了政府信访的压力，确保了社会的和谐稳定。

三、承办人观点

土地是我国大多数农民赖以生存和发展的主要生产资料，近年来，农村土地流转呈现出加速发展的态势，农村种植专业合作社不断涌现，这为农业结构调整、农村经济的发展带来了机遇，但我们也要清楚地看到其中存在的风险。如何在土地流转过程中切实有效地维护农民利益，是处理土地流转纠纷中亟待解决的重要问题。

这是一起典型的农民将承包经营的土地依法转包后，承包方违约造成农民损失的案件，涉及99户共169名农民，社会影响非常大。司法所的工作人员及时介入调解，在最短的时间内，协助农民找到合作社负责人并依法解除了转包合同，收回农民的承包地和赔偿款，最大限度地维护了农民的利益，极大地减轻了政府信访的压力，维护了社会的稳定。

四、案件评析

这是一起土地流转纠纷案件。《农村土地承包法》第32条规定："通过家庭承包取得的土地承包经营权可以依法采取转包、出租、互换、转让或者其他方式流转。"第34条规定："土地承包经营权流转的主体是承包方。承包方有权依法自主决定土地承包经营权是否流转和流转的方式。"《土地管理法》第37条规定："禁止任何单位和个人闲置、荒芜耕地。已经办理审批手续的非农业建设占用耕地，1年内不用而又可以耕种并收获的，应当由原耕种该幅耕地的集体或者个人恢复耕种，也可以由用地单位组织耕种；1年以上未动工建设的，应当按照省、自治区、直辖市的规定缴纳闲置费；连续2年未使用的，经原批准机关批准，由县级以上人民政府无偿收回用地单位的土地使用权；该幅土地原为农民集体所有的，应当交由原农村集体经济组织恢复耕种。在城市规划区范围内，以出让方式取得土地使用权进行房地产开发的闲置土地，依照《城市房地产管理法》

的有关规定办理。承包经营耕地的单位或者个人连续 2 年弃耕抛荒的，原发包单位应当终止承包合同，收回发包的耕地。"

本案中，某金银花种植专业合作社将 286 亩土地闲置，严重违反了该项法律的规定，造成了土地资源的浪费，司法所工作人员在最短时间内化解了矛盾，防止了土地资源的浪费，维护了农民的合法利益。

案例二　　　　　　　土地承包经营权纠纷[1]

一、基本案情

王某和张某都是某村村民。1999 年，王某与村委会签订了 2.24 亩的土地承包合同，并取得了土地承包经营权证书。2006 年，村里进行土地调整，王某因外出打工，当时未在土地调整现场。因王某承包的土地出现了荒废的现象，在村委会主持下，分地人员决定将王某的承包地交给张某种植。因种种原因，这次土地调整后，村委会没有组织发放新的土地承包经营权证书。王某的承包地一直由张某种植至案件受理时。自 2008 年以来，王某拿着土地承包经营权证书多次找到村委会要求张某归还承包地，维护自己的合法承包权，但村里一直未能解决问题。2013 年 3 月，王某申请司法所予以调处。

二、案件处理与结果

司法所受理王某的调解申请后，先后对王某、张某、村委会工作人员和一些村民进行了调查询问，了解案情。通过调查，调解员找出了纠纷发生的真实原因：1999 年，在农村土地承包期间，王某确实与村委会签订了承包合同，并取得了合法的土地承包经营权证书，但由于当时种地收入少，投入高，再加上需要上缴各种费用，每年的种地收入很少。王某在承包土地后耕种了 2 年，就全家外出打工挣钱了，承包的土地也没有耕种，一直荒废着。2006 年，村委会组织村民重新进行土地调整，王某未到现场，分地人员为了不使土地落荒，就指定本村村民张某耕种。现在，国家执行了一系列的惠农政策，对农民承包土地给予了补贴，王某看到种地确实能够增加收入，所以想要收回承包的土地，自己耕种。张某认为自己是从村委会承包的土地，有村里的承包合同，虽然没有土地承包经营

---

〔1〕　案件来源：潍坊市高密市经济技术开发区司法所。

权证书，但土地一直是自己在耕种，土地的各项费用一直是自己缴纳的，与王某没有任何关系，王某想要回土地的要求是无理的，自己的合法权益应该得到维护。双方争议的焦点在于：是维护王某手中持有的土地承包经营权证书，还是维护张某现有的种植权？

在村书记和村长的协助下，调解员将争议双方请到村委会，一起协商解决问题。首先，调解员向当事人宣传了《农村土地承包法》和《最高人民法院关于审理涉及农村土地承包纠纷案件适用法律问题的解释》的相关规定，让双方当事人了解国家土地承包的有关政策，从法律的角度明确自己的权利和义务；其次，调解员又和村委会成员一起做当事人的心理疏导工作，让当事人站在对方的角度考虑问题。经过反复调解，双方最后终于达成协议：①张某种植的土地，属申请人王某合法承包的土地，暂由被申请人张某继续耕种至 2013 年 11 月 1 日。2013 年 11 月 1 日后归王某种植。②因前期张某对土地有投入，王某给予张某 2000 元的补偿金。③在张某种植期间，如遇国家政策调整该土地，土地所有的补偿费用归王某所有，地上物的补偿费用归张某所有。一场纠纷就此化解。

三、承办人观点

依据《农村土地承包法》第 29 条的规定，承包期内，承包方可以自愿将承包地交回发包方。承包方自愿交回承包地的，应当提前半年以书面形式通知发包方。《最高人民法院关于审理涉及农村土地承包纠纷案件适用法律问题的解释》第 10 条规定："承包方交回承包地不符合《农村土地承包法》第 29 条规定程序的，不得认定其为自愿交回。" 2006 年，王某在调整土地时并没有以书面形式通知发包方村委会交回承包的土地，根据上述法律规定，王某没有放弃承包土地的承包权，承包的土地应归王某耕种，但如果这样调解，必定会引起张某的不满，毕竟这几年土地一直是由张某种植，张某对土地的投入也很大，并且地是村委会指定其种植的，张某的利益也应得到法律的保护，鉴于此，调解员又让王某给予张某适当的财产补偿，弥补张某的损失。

四、案件评析

这是一起土地承包经营权纠纷案件。《农村土地承包法》第 22 条规定："承包合同自成立之日起生效。承包方自承包合同生效时取得土地承包经营权。"第

51 条规定："因土地承包经营发生纠纷的，双方当事人可以通过协商解决，也可以请求村民委员会、乡（镇）人民政府等调解解决。当事人不愿协商、调解或者协商、调解不成的，可以向农村土地承包仲裁机构申请仲裁，也可以直接向人民法院起诉。"

本案中涉案的土地承包经营权属于王某。村委会未经正当程序就将土地私自转由张某使用的做法显然不符合法律规定。但是，不能因为村委会的不合法操作就立即强迫张某让出土地使用权，这显然有失公平。本案的调解员在不违反法律规定的前提下，从法理、情理两方面进行调解，在双方自愿的基础上，最终达成调解协议，化解了矛盾，维护了社会的和谐稳定。

案例三　　　　　　　土地承包合同纠纷[1]

一、基本案情

2010 年 4 月，刘某与村委会签订了承包村里 15 亩山林的合同，承包期限为 10 年，每年 7 月 30 日以前，刘某向村委会缴纳 1500 元承包费用。合同签订后，刘某每年按时足额缴纳承包费用。2013 年 6 月 15 日，村委会以刘某未按时缴纳承包费用为由通知刘某要收回承包地。刘某感觉事情很突然，找村委会询问其中的缘由，村委会成员均以不知道为由拒绝答复。无奈之下，刘某找到司法所请求调解。

二、案件处理与结果

司法所接到刘某的调解申请后，立即展开调查。经查，事情的真相是：村里打算今年修建一所幼儿园和小学，规划的用地会占用刘某承包的部分林地。村委会担心刘某可能会以"已签订承包合同"为由拒绝村里收回其承包的林地，便想以未交费为由先收回土地，造成既定事实，强迫刘某答应。弄清楚了事情的原委后，调解就变得很容易了。调解员首先批评了村委会的错误做法，将事情的真相告诉刘某，希望刘某能从村里的大局出发，交回部分林地，做出让步。经过司法所调解员的牵线搭桥，双方进行了有效的沟通，最终达成调解协议：①刘某将规划中占用的林地归还给村里，村里给予刘某 3000 元的补偿款。②双方重新签

---

〔1〕　案件来源：潍坊市临朐县九山司法所。

订林地承包合同，未占用部分继续由刘某承包，承包费降为每年 1000 元。事情顺利解决，皆大欢喜。

三、承办人观点

本案其实十分简单，究其矛盾根源，在于双方没有进行有效的沟通。司法所在这起案件中起到了一个桥梁的作用，促进了双方之间的沟通，消除了彼此的不信任感。

一件小事如果没有人调解，任其发展，后果很可能恶化，造成不好的社会影响。作为维护社会和谐的第一道防线，调解工作势在必行。每一位调解员都应该清醒地认识到，发生在群众身上的事情没有小事，都是大事。调解员只有深入群众，才能服务群众，服务社会。

四、案件评析

这是一起土地承包合同纠纷案件，是因村委会擅自中断土地承包合同而引起的。《农村土地承包法》第 24 条规定："承包合同生效后，发包方不得因承办人或者负责人的变动而变更或者解除，也不得因集体经济组织的分立或者合并而变更或者解除。"第 26 条第 1 款规定："承包期内，发包方不得收回承包地。……"第 27 条规定："承包期内，发包方不得调整承包地。承包期内，因自然灾害严重毁损承包地等特殊情形对个别农户之间承包的耕地和草地需要适当调整的，必须经本集体经济组织成员的村民会议 2/3 以上成员或者 2/3 以上村民代表的同意，并报乡（镇）人民政府和县级人民政府农业等行政主管部门批准。承包合同中约定不得调整的，按照其约定。"第 35 条规定："承包期内，发包方不得单方面解除承包合同，不得假借少数服从多数强迫承包方放弃或者变更土地承包经营权，不得以划分'口粮田'和'责任田'等为由收回承包地搞招标承包，不得将承包地收回抵顶欠款。"

本案中，村委会的做法是不符合法律规定的，但在调解员的斡旋下，调解结果还是比较令人满意的，值得称赞。

案例四　　　　　　土地承包合同违法纠纷[1]

一、基本案情

1995 年，李某与某村原支部书记之子孙某私自签订了承包村里 2 口鱼塘及 5 亩多耕地的合同。合同中约定：李某一次性向孙某支付 4000 元承包费，承包期限为 30 年。2015 年 10 月，新任村委会在对全村集体财产进行摸底清查时，发现村委会对该承包合同不知情，合同没有经过村民会议公开表决通过，不符合法定的程序，属于违法合同，遂决定将承包地收回。李某接到村委会的通知后，认为自己手里有书面的承包合同，还有村委会收到承包费的收据，自己有权对池塘及耕地进行使用，所以拒绝将承包地交回村里。村委会和李某均认为自己有理，互不相让，因而产生纠纷。无奈之下，李某来到司法所要求解决纠纷。

二、案件处理与结果

司法所的工作人员接到申请后，立即派调解员对该案进行调解。调解员到现场查看了双方争议的 2 口鱼塘和 5 亩多耕地，深入到村子内部了解具体情况，询问村民的意见。在掌握了相关情况后，司法所召开会议，商议案件的具体调解措施，决定采用"背靠背"和"换位思考"的调解方法，让双方冷静下来，有效解决问题。调解员兵分两路，分别对村委会成员和李某进行调解。一组调解员劝说村委会成员冷静下来，不要再与李某面对面交锋，同时，让村委会成员换位思考，站在李某的角度考虑一下，如果自己也一次性地支付了 4000 元的承包费用，有收款收据，对承包的鱼塘和耕地也已经使用多年，一直没有问题，而现在村委会领导班子换了，就让交出池塘和耕地，自己是否也不愿意呢？村委会的这种做法，是否有些强人所难呢？大家是否可以都退一步，找到一个合理的解决办法。另一组调解员耐心地对李某讲解了我国《土地管理法》《合同法》等相关法律的规定，从法律的角度劝说李某，2 口鱼塘和 5 亩多耕地均属集体财产，其所签订的承包合同主体不对，此合同为无效合同，不具有任何法律效力，强行要求承包的行为属于无理行为。经过调解员多次劝说，双方终于达成调解协议：①原有的承包合同无效，李某与村委会通过合法程序，对 2 口鱼塘和 5 亩多耕地重新签订

---

〔1〕　案件来源：淄博市张店区体育场司法所。

承包合同，期限为 5 年；②5 年之后，村委会公开竞包，在同样的价格下，李某享有优先承包权。

三、承办人观点

案例中，调解人员不辞辛苦，全面了解事情原委，制定可行的调解方案，有效地缓解了双方矛盾，为双方达成一致意见提供了便利条件。最终，调解人员经过努力，依法帮助村委会收回了 2 口鱼塘和 5 亩多耕地的承包权，成功地维护了村集体组织的合法权益，由于本案的特殊性，李某的利益也得到了保护，可谓是两全其美。

人民调解制度是指在当事人自愿的基础上，由人民调解委员会依据国家的法律、法规、规章、政策以及社会公德，对纠纷当事人进行疏导、劝说，使他们在平等协商、互谅互让的基础上，自愿达成调解协议，消除纷争。在日常生活中，我们要充分发挥人民调解的作用，为解决矛盾纠纷提供便利条件，有效地促进社会和谐发展。

四、案件评析

这是一起土地承包合同违法纠纷案件。《土地管理法》第 10 条规定："农民集体所有的土地依法属于村农民集体所有的，由村集体经济组织或者村民委员会经营、管理；已经分别属于村内 2 个以上农村集体经济组织的农民集体所有的，由村内各该农村集体经济组织或者村民小组经营、管理；已经属于乡（镇）农民集体所有的，由乡（镇）农村集体经济组织经营、管理。"第 14 条规定："农民集体所有的土地由本集体经济组织的成员承包经营，从事种植业、林业、畜牧业、渔业生产。土地承包经营期限为 30 年。发包方和承包方应当订立承包合同，约定双方的权利和义务。承包经营土地的农民有保护和按照承包合同约定的用途合理利用土地的义务。农民的土地承包经营权受法律保护。在土地承包经营期限内，对个别承包经营者之间承包的土地进行适当调整的，必须经村民会议 2/3 以上成员或者 2/3 以上村民代表的同意，并报乡（镇）人民政府和县级人民政府农业行政主管部门批准。"《合同法》第 52 条规定："有下列情形之一的，合同无效：①一方以欺诈、胁迫的手段订立合同，损害国家利益；②恶意串通，损害国家、集体或者第三人利益；③以合法形式掩盖非法目的；④损害社会公共利益；⑤违反法律、行政法规的强制性规定。"第 56 条规定："无效的合同或者被撤销的合同自始没有法律约束力。合同部分无效，不影响其他部分效力的，其他部分仍然有效。"

本案中，李某虽有权承包集体所有的池塘及土地，但因其法律意识淡薄，未与村委会签订承包合同，而与原村书记的儿子签订承包合同，合同主体不对，属于无效合同。调解员在处理本案时，能从法理和情理两方面出发，把握调解的节奏和方法，有效地解决了矛盾，维护了双方的合法权益。

案例五　　　　　　承包地征收补偿费用分配纠纷[1]

一、基本案情

2002 年冬天，王某所在村的村委会实行税费改革，将土地全部收归村集体所有，按人均 0.55 亩重新分配责任田，村民按土地等级先交钱后种地。王某全家共 7 口人，分得 3.85 亩责任田。因人多地少，王某及家人无奈外出打工挣钱。村民赵某找王某协商，希望能种植王某分得的责任田，王某同意将 3.85 亩责任田转包给赵某，此后该地一直由赵某种植。2011 年，该地被县人民政府征收为国有土地，并出让给山东普金肥料有限公司使用，征地补偿安置费由山东普金肥料有限公司委托村委会一次性补偿给农户。王某的 3.85 亩责任田共计获得 147 000 元的补偿费用，该笔补偿款被村民赵某全部领取。王某得知此事后，多次找赵某要回 3.85 亩责任田的补偿安置费，均遭到赵某的拒绝。为解决此事，王某到司法所申请调解。

二、案件处理与结果

司法所在接到申请后，立即派调解员对此案进行调解。通过与王某和村委会的沟通交流，调解员了解到整个案件的经过：2002 年，村里分配责任田时，这 3.85 亩责任田确实分给了王某家。随后，王某就将此地转包给赵某，举家外出打工了。此后，该地一直由赵某种植。由于赵某种植的时间较长，王某一家又不经常回村里，久而久之，大家就认为这块地是赵某承包的。期间，村委会又经历了几次换届选举，现任村委会不了解当年的具体情况。后来，在县里进行土地征收登记时，这块地是由赵某申报登记的，于是村委会没有进行认真核实，就将土

---

[1]　案件来源：临沂市沂南县辛集司法所。

地的补偿费用交给了赵某。王某返乡后得知征地补偿的事情，就找村委会和赵某要钱，一直未果。赵某也承认土地不是自己从村里承包的，确实是从王某处转包来的，但土地上的所有庄稼都是自己种植的，因此，土地补偿费应该归自己所有。司法所所长耐心地向他讲明了相关法律规定和各项补偿分配情况，希望赵某将属于王某的补偿费用归还给王某，但赵某仍坚决不交出，案件的调解一下子僵持下来了。无奈之下，王某提出要起诉到法院，以诉讼方式解决纠纷。王所长再次找到赵某，严肃地告诉赵某如果再不交出补偿费用，王某就要通过诉讼方式解决。反复沟通和交流后，赵某终于同意调解解决纠纷。

经调解，双方达成如下协议：①双方自愿达成调解协议；②赵某归还王某3.85 亩土地补偿费用和安置补助费 107 800 元，剩余的 39 200 元有关地上附着物的补偿费用和青苗补偿费用由赵某领取；③王某赔偿赵某 1200 元的土地承包费用。

三、承办人观点

《农村土地承包法》规定，承包地被依法征收的，承包人有权依法获得相应的补偿。处理类似案件的重点是要明确谁是土地的实际承包人，即承包主体。土地如果存在转承包情况的，应当明确地上附着物的所有权归属，依法处理即可。

司法所工作人员必须多听、多看、多了解情况，准确把握纠纷发生的关键，这样才能在处理问题时有的放矢，保证调解的成功率。这就要求调解员在工作中要不断加强法律法规的学习，不断提升自身的调解能力和调解水平。充分发挥司法调解的职能，为社会的和谐稳定作出应有的贡献。

四、案件评析

这是一起承包地征收补偿费分配纠纷案件。《宪法》第 10 条第 3 款规定："国家为了公共利益的需要，可以依照法律规定对土地实行征收或者征用并给予补偿。"《物权法》第 42 条第 1 款规定："为了公共利益的需要，依照法律规定的权限和程序可以征收集体所有的土地和单位、个人的房屋及其他不动产。"《土地管理法》第 2 条第 4 款规定："国家为了公共利益的需要，可以依法对土地实行征收或者征用并给予补偿。"因而，农村征地具有法律依据，合法征地理应受到保护，也应合法给予农民补偿。土地补偿费是指因国家征收农民集体所有的土地而对土地所有者和土地使用者所作的补偿。按照我国现行法律规定，征收土地补偿包括青苗补偿费、地上物补偿费、土地补偿费、安置补助费和被征地农民的社会保障费用。根据《国务院关于深化改革严格土地管理的决定》（国发〔2004〕28号）文件精神，土地补偿费的主要部分要给被征地的农民。《人民调解法》第26条规定："人民调解员调解纠纷，调解不成的，应当终止调解，并依据有关法律、法规的规定，告知当事人可以依法通过仲裁、行政、司法等途径维护自己的权利。"第27条规定："人民调解员应当记录调解情况。人民调解委员会应当建立调解工作档案，将调解登记、调解工作记录、调解协议书等材料立卷归档。"

随着社会主义市场经济的发展，许多新的纠纷相继出现，纠纷的主体、纠纷的内容日益多样化、复杂化。如何能充分调动人民调解这支队伍的工作积极性，发挥人民调解的优势，对于及时化解新时期的社会矛盾纠纷、建立长期有效的纠纷调解机制，维护国家的长治久安，巩固党的执政地位，具有十分重要的意义。

案例六　　　　　　　　　土地补偿费纠纷[1]

一、基本案情

刘某，女，30岁，系某村村民。1998年，村委会重新调整土地时，刘某分到了3亩地，并办理了土地承包经营权证书。2013年3月，济邯铁路修路时，因施工需要，征收了刘某所承包的3亩土地，土地按每亩4万元给予补偿，合计12万元，拨付到村委会账上。村委会以刘某是出嫁女为由，只发给刘某青苗补偿款2000元，其余款项留在村委会。刘某认为自己应当按规定得到12万元的土地补偿款，村委会不应该私自扣留，双方为此发生争议。为解决矛盾，刘某向司法所申请调解。

二、案件处理与结果

接手案件后，司法所经过调查，查清了以下事实：1998年，经村民代表会议决议，村委会对村里土地重新进行调整，刘某获得3亩承包地，刘某的土地承包证合法有效。2005年，刘某出嫁，丈夫在县城工作，但刘某的户口没有迁走，依然落户在村里。目前，土地补偿款已支付给村委会。村委会曾组织村民开大会

---

〔1〕　案件来源：聊城市茌平县温陈司法所。

讨论这笔款项的分配问题，在会上，大多数村民认为刘某已出嫁，不属于本村人，不应享受土地补偿款，只给她 2000 元青苗补偿款即可。刘某则认为应以土地承包经营权证上的登记为准，自己承包了 3 亩土地，就应该补偿其 12 万元。

根据以上事实，司法所调解员认为本案焦点在于：刘某承包的 3 亩土地的合同效力认定。于是，调解员将双方当事人请到司法所，在调解室里进行法律教育和调解：

首先，土地补偿费用于集体经济组织成员分配需经一定程序。根据《最高人民法院关于审理涉及农村土地承包纠纷案件适用法律问题的解释》（法释〔2005〕6 号）第 24 条规定："农村集体经济组织或者村民委员会、村民小组，可以依照法律规定的民主议定程序，决定在本集体经济组织内部分配已经收到的土地补偿费。征地补偿安置方案确定时已经具有本集体经济组织成员资格的人，请求支付相应份额的，应予支持。但已报全国人大常委会、国务院备案的地方性法规、自治条例和单行条例、地方政府规章对土地补偿费在农村集体经济组织内部的分配办法另有规定的除外。"

其次，认定承包地的亩数，应以土地承包经营权证书的登记为准。依据《合同法》第 10 条的规定，法律、行政法规规定采用书面形式的，签订合同时应当采用书面形式。《农村土地承包法》第 21 条、第 23 条对签订合同的形式作了规定，要求承包方与发包方就土地承包签订书面形式的合同。该合同将成为土地承包证记载面积的依据。在本案中，刘某签订了承包合同，其土地承包经营权证书合法有效，证书中记载刘某承包土地 3 亩，对此，村委会予以认可。

最后，村民大会的会议决定，必须符合法律规定。村委会认为：刘某是出嫁女，只给其青苗补偿款 2000 元，而其不享受土地补偿款的分配，是村民大会的会议决定的，法律法规及其他行政及企事业单位不得干涉。《村民委员会组织法》第 27 条第 2 款规定："村民自治章程、村规民约以及村民会议或者村民代表会议的决定的事项不得与宪法、法律、法规和国家的政策相抵触，不得有侵犯村民的人身权利、民主权利和合法财产权利的内容。"这说明，程序合法的决议，内容不一定合法。本案中，村民大会的决定与法律相抵触，侵犯了刘某的合法财产权益。

2013 年 4 月 5 日，在司法所的调解下，刘某和村委会自愿达成如下协议：①村委会发给刘某土地补偿金 12 万元。②补偿款于 2013 年 4 月 15 日前经司法所过付。

三、承办人观点

在土地补偿款分配问题上，以多数人通过的"合法形式"剥夺他人的合法财产权利，侵犯出嫁女合法权益的行为在农村一些地方是普遍存在的，由此引起的上访案件也时有发生，这严重影响了社会的安定和谐，希望能引起各方的高度重视。

四、案件评析

这是一起土地补偿费分配纠纷案件。《农村土地承包法》第6条规定："农村土地承包，妇女与男子享有平等的权利。承包中应当保护妇女的合法权益，任何组织和个人不得剥夺、侵害妇女应当享有的土地承包经营权。"第16条规定："承包方享有下列权利：①依法享有承包地使用、收益和土地承包经营权流转的权利，有权自主组织生产经营和处置产品；②承包地被依法征收、征用、占用的，有权依法获得相应的补偿；③法律、行政法规规定的其他权利。"第22条规定："承包合同自成立之日起生效。承包方自承包合同生效时取得土地承包经营权。"第23条规定："县级以上地方人民政府应当向承包方颁发土地承包经营权证或者林权证等证书，并登记造册，确认土地承包经营权。颁发土地承包经营权证或者林权证等证书，除按规定收取证书工本费外，不得收取其他费用。"第24条规定："承包合同生效后，发包方不得因承办人或者负责人的变动而变更或者解除，也不得因集体经济组织的分立或者合并而变更或者解除。"第26条规定："承包期内，发包方不得收回承包地。承包期内，承包方全家迁入小城镇落户的，应当按照承包方的意愿，保留其土地承包经营权或者允许其依法进行土地承包经营权流转。承包期内，承包方全家迁入设区的市，转为非农业户口的，应当将承包的耕地和草地交回发包方。承包方不交回的，发包方可以收回承包的耕地和草地。承包期内，承包方交回承包地或者发包方依法收回承包地时，承包方对其在承包地上投入而提高土地生产能力的，有权获得相应的补偿。"第30条规定："承包期内，妇女结婚，在新居住地未取得承包地的，发包方不得收回其原承包地；妇女离婚或者丧偶，仍在原居住地生活或者不在原居住地生活但在新居住地未取得承包地的，发包方不得收回其原承包地。"

本案中，村委会以刘某是出嫁女和决议是由村民大会作出为由，拒不支付刘某土地补偿费的行为是违法的，这说明我国还需要加大农村地区的普法宣传，让大家知法、懂法、守法。

案例七　　　　　　　　宅基地使用权纠纷[1]

一、基本案情

2013 年 6 月 13 日，孙某和张某两家人到司法所要求调解宅基地纠纷。事情要从 1985 年说起，两家人住在一起已有几十年了，从他们父辈起，两家就因为宅基地地界不明而发生过矛盾。1985 年 7 月间，镇司法所和村委会就处理过两家的宅基地纠纷案件，当时还签订了一份调解协议书，因种种原因，双方一直没有很好地履行这份调解协议。如今，由于房屋年久失修，双方的孩子也都长大，步入婚龄，急需重建房屋，那几平方米的宅基地又重新成为两家争夺的焦点，20年来一直未触及的矛盾再次被提起，双方始终僵持不下。

二、案件处理与结果

司法所受理案件后，立即派员与村委会联系，对两户村民产生矛盾的具体情况进行了调查，核实双方提供的证据。由于双方在 1992 年办理的《土地使用证》均已丢失，因此，调解员去国土资源局调阅两户办证的原始材料，并对材料上的图纸、地界、标识等进行详细研究，结果发现两家人争夺的几平方米宅基地并不属于他们的使用范围。但是，因为两家为了这几平方米的土地结下 20 多年的积怨，工作人员和村委会还是根据实际情况，按照谁最需要、谁多使用的原则，制定了详细的调解方案，并邀请双方亲戚朋友共同参加调解，把这几平方米的土地重新进行了划分。经过多次调解，最终促使双方达成了协议，这起长达 20 年之久的纠纷得以圆满解决。

三、承办人观点

这是一起非常典型的"宅基地"纠纷，孙某和张某两家因这几平方米的宅基地发生纠纷长达 20 年之久，期间争执无数，但始终没有有效地解决问题。调解这起纠纷的关键是明确两家宅基地的产权界限。由于双方的土地使用证均丢失，无有效证据证明各自宅基地的范围。调解员只能去国土资源局调阅双方曾经

---

〔1〕 案件来源：潍坊市昌邑市饮马司法所。

办理《土地使用证》的原始资料，对双方的权属进行认定，用证据明确了双方争议的土地属于村集体所有，与双方无关。但由于双方之间的矛盾已长久存在，单纯从产权上调解两家的纠纷是不可取的，即使划清了宅基地的界线，双方长久累积的积怨也是无法消除的。因此，在随后的调解过程中，调解员在掌握了事实证据的情况下，动员多种力量参与调解，最终促使双方达成一致意见，圆满解决了纠纷。

四、案件评析

这是一起宅基地使用权纠纷案件。依据《土地管理法》的规定，使用国有土地的单位或者个人，由县级以上人民政府登记造册，核发证书，确认使用权。土地使用权受法律保护，任何单位或者个人不得侵犯。宅基地的使用及使用面积都是由宅基地使用权证确认，发生宅基地纠纷时，调解员首先应做好思想工作，并采取及时、慎重的措施，防止矛盾激化，依法合理妥善解决，维护社会的安定团结。

《人民调解法》第20条规定："人民调解员根据调解纠纷的需要，在征得当事人的同意后，可以邀请当事人的亲属、邻里、同事等参与调解，也可以邀请具有专门知识、特定经验的人员或者有关社会组织的人员参与调解。人民调解委员会支持当地公道正派、热心调解、群众认可的社会人士参与调解。"

本案的一大亮点是：调解员善于根据案件的具体情况，灵活准确地运用多种调解方式。如邀请双方有威信的亲戚朋友参与调解，他们与当事人有一定的信任基础，请他们帮助做工作，效果会更好，而且他们对当事人的约束力和舆论监督也可以促使当事人更好地履行协议。

案例八　　　　　　申请宅基地使用权纠纷[1]

一、基本案情

李某是某村人，从年轻时起一直在外地打工。2006 年，李某与妻子郑某结婚，婚后与妻子住在淄博，但李某的户口还在某村。2012 年夏天，李某带着妻子和女儿从淄博搬回老家居住。回到村里后，李某发现家里的 4 间新房被都分给

---

〔1〕 案件来源：淄博市张店区马尚司法所。

弟弟家了，自己一家人没地方住，无奈之下，只得与父母挤在2间不足70平方米的老年房里居住。随后，李某向村委会申请宅基地，但村委会以现有宅基地不足为由，未批准李某的申请。李某见父母老年房前面有块空闲地，想在那里盖4间新房，作为自己的家。村委会再次接到李某在空闲地盖房的申请后，进行了实际勘察测量，发现依照村里的统一规划，李某想要盖房的空闲地是村里用来规划养殖小区的集体用地，不能作为宅基地使用，而且，李某在此处空闲地上盖房，不仅会引起其他没有宅基地的村民的不满，还会使李某父母门前的道路变窄，阻碍周围村民的通行。因此，村委会拒绝了李某在门前空闲地上建房的申请，同时建议他可以拆除现在与父母同住的2间老年房，在老年房的原址上翻盖新房子，考虑到原址面积不够4间房的面积，可批准其在翻盖新房时向东边的空闲地延伸12米，等村里再重新规划老年房时，可以给其父母规划新的老年房。李某认为，拆除老年房翻盖新房不合理，而且将来父母分了新的老年房，自己还要掏钱重新给父母盖，既浪费又麻烦，因此不同意村委会的建议，坚持要保留2间老年房，在空闲地上盖房。双方因为此事产生纠纷，李某与村委会多次协商不成后，向司法所提出申请，要求司法所出面调解。

二、案件处理与结果

接到李某的申请后，司法所工作人员立即开展走访调查工作，询问相关知情人员，从整体上把握案件实情。调解员发现：李某一家的住房确实存在困难，一家三口与父母同住在老年房里，人均居住面积还不到15平方米，厨房与卧室几乎是混在一起使用的。这样的居住条件严重影响了李某的夫妻感情，夫妻之间争吵不断，李某的父母夹在中间，也是有苦难言。但如果村里同意李某在老年房前面的空闲地上盖房子，不仅会打乱村里的统一规划，导致养殖小区的面积不够，还会引起其他尚没分到宅基地的村民的不满。另外，如果李某在空闲地上盖房子后，老年房门前只剩下了不到2米宽的小路，也会影响到周围邻居的通行。在查找到纠纷的根源问题后，司法所出面召集村委会干部、李某及周边的邻居，召开了调解会，就如何解决李某的住房问题进行协商。经过多方努力，双方最终达成一致意见：①李某在父母2间老年房的旧址上，向东边的空闲地延伸12米用来翻盖4间新房子，其余空闲地仍归集体所有，允许李某使用；②因李某已经与父母分家，不在一个户口本上，实际上属于两户，因此，村委会同意以后给李某的父母重新规划一处老年房，现暂时和李某夫妻居住在一起；③因为拆除老年房给李某造成了一定的经济损失，村委会同意给予李某补偿款 500 元整；④李某保证以后不再因为此事与村委会发生纠纷；⑤本协议自双方签字之日起生效。

三、承办人观点

这是典型的农村宅基地纠纷问题。目前，农村里有一部分村民利用自己的经济优势，私自占有村集体的空闲土地盖房出卖或者购买村里淘汰掉的老房子重新翻盖后出卖，进而获取经济利益；与之相对的是，村里有一些经济困难的群众，他们的住房紧张的问题却一直得不到有效解决，这种反差大大激化了村委会与个别群众之间的矛盾，也扭曲了部分村民处理问题的观点，严重影响了村委会的威信，导致村委会的许多工作难以开展。

本案中，司法所调解员在掌握案件具体事实后，摆事实、讲道理，从法理和情理两方面劝说当事人，成功地化解了村集体与群众个人的矛盾，赢得了大家的一致好评。

四、案件评析

这是一起申请宅基地使用权纠纷案件。《土地管理法》第 62 条规定："农村村民 1 户只能拥有 1 处宅基地，其宅基地的面积不得超过省、自治区、直辖市规定的标准。农村村民建住宅，应当符合乡（镇）土地利用总体规划，并尽量使用原有的宅基地和村内空闲地。农村村民住宅用地，经乡（镇）人民政府审核，由县级人民政府批准；其中，涉及占用农用地的，依照本法第 44 条的规定办理审批手续。农村村民出卖、出租住房后，再申请宅基地的，不予批准。"根据规定，农村村民建住宅需要使用宅基地的，应向本集体经济组织提出申请，并在本集体经济组织或村民小组张榜公布。因子女结婚等原因确需分户，缺少宅基地的村民有权向村委会提出申请。

本案中，李某从外地搬回村里居住，因无房而导致居住紧张，向村委会申请宅基地遭拒后发生纠纷。调解员准确地把握了纠纷的关键点，采取有效的调解方法，依法合理妥善地解决了纠纷，维护社会的安定团结。

案例九　　　　　　　　非法侵占宅基地纠纷[1]

一、基本案情

2013 年 5 月，村民郭某遭遇了一场意想不到的纠纷。郭某正准备翻盖自家房屋时，被本村村民张某纠集几人拦住，以非法侵占宅基地为由阻止其建房。双方互不相让致使矛盾不断激化，随时有发生械斗的可能。司法所调解员在接到申请后及时赶到现场，一方面，协助公安机关控制现场局势，稳定双方的情绪；另一方面，认真了解事情的前因后果。

二、案件处理与结果

调解员经过调查了解到：1992 年，某镇修路经过该村时占用了郭某的宅基地，因此，村里需要重新分给郭某一处宅基地。原任村干部在未经该宅基地所有人陈某（一直独身且患有疾病）及其监护人张某同意的情况下，就把一块空闲地连同陈某的一部分宅基地划分给郭某使用，郭某一直使用至案件受理时。在此期间，陈某和张某一直找村委会要求归还被占去的宅基地，但都没有结果。此前，郭某和张某也曾因郭某刨除宅基上的树木发生过争吵。现郭某想翻盖旧房，双方再次发生争议。

调解员清醒地认识到，如果双方此次冲突不能及时解决，新旧矛盾叠加在一起，后果不堪设想。为此，调解员制定了详细的调解方案：首先，调解员对郭某和张某进行心理疏导，缓解双方的激动情绪，有效地遏制了事态的继续发展。随后，调解员来到村委会，找到村干部，明确指出原村委会的做法是错误的，在未经权利人同意的情况下擅自将陈某的一部分宅基地划分给郭某使用，是纠纷产生的根源。解铃还须系铃人，要想顺利解决纠纷，村委会成员必须要参与到调解中。

鉴于郭某已经使用宅基地多年，重新划分不合适。经过调解员坚持不懈的沟通，双方都同意退让一步，最终达成和解协议：①张某同意郭某继续使用宅基地；②郭某补偿张某 1000 元；③村委会补偿张某 3000 元。最终，双方化干戈为玉帛，圆满地解决了此事。通过回访，双方对处理结果都比较满意，郭某已把新

---

〔1〕　案件来源：德州市武城县广运司法所。

房建好，双方没有再起纠纷。

三、承办人观点

本案中，因村委会干部的错误做法，郭某和张某之间产生宅基地纠纷，在调解员耐心细致地劝导中，三方终于握手言和，一纸协议化解了两家多年的恩怨。

这场纠纷的顺利解决说明人民调解工作得到了群众的广泛认同，赢得了群众的赞许，起到了良好的教育宣传作用。

四、案件评析

这是一起非法侵占宅基地使用权纠纷案件，这类纠纷在农村是很常见的。《人民调解法》第31条规定："经人民调解委员会调解达成的调解协议，具有法律约束力，当事人应当按照约定履行。人民调解委员会应当对调解协议的履行情况进行监督，督促当事人履行约定的义务。"

调解员在处理这类纠纷时，一定要注意方式方法，特别要考虑到邻里感情问题。在调解过程中，调解员要结合实际情况解决当事人的思想问题，善于将大道理转化为贴近实际生活的小道理，注意把法律规定与当事人的实际生活联系起来，用通俗易懂的语言讲解抽象的法律条文，使当事人易于明白和接受，逐步缩小当事人之间的分歧，形成双方都能接受的调解方案，促使调解成功。调委会对经调解达成协议的有民事权利义务内容的纠纷和疑难、复杂、容易激化的纠纷，应当及时进行回访，并留下记录。通过回访了解、掌握、检查调解协议的履行情况，发现激化苗头要及时采取措施，防止纠纷反复和矛盾激化。

案例十　　　　　　　　追索劳动报酬纠纷[1]

一、基本案情

郭某等13人在郑某的工厂里打工，受多种因素的影响，工厂效益一直不好。2012年下半年，工厂最终因资金短缺停产。郭某等人要求厂方支付拖欠数月的工资共计43 500元，但厂方以没有钱为由拒绝支付。郭某等人来自外地，在厂里等了半个月后，已无力支付日常生活开支的费用。2013年1月13日，他们一

---

〔1〕 案件来源：日照市莒县中楼司法所。

行 10 多人来到当地镇政府信访办，要求由政府出面为他们解决工资纠纷问题。

二、案件处理与结果

镇人民调解委员会接到通知后，立即会同镇劳保所、企业办等相关机关的工作人员对该案进行处理。经了解发现，郑某原是市燃料公司的职工，后辞职下海承包一家工厂，并从银行贷款 50 万元投入到工厂，招来郭某等一批工人进行生产。谁知产品的销路不好，加上经营管理不善，工厂一直处于低迷状态，到 2012 年 9 月，工厂支付完银行贷款利息后，已无力支付拖欠工人的工资。郭某等人多次索要未果，双方矛盾逐渐升级。调解员和企业办等工作人员找法人郑某谈话，明确告诉他侵犯工人权益的严重性，希望郑某能站在工人的角度考虑问题，从大局出发，积极妥善地解决纠纷。郑某也认识到自身行为的错误，表示愿意积极筹措资金，补发工人工资。经过多方的努力，双方达成如下调解协议：①工厂于 2013 年春节前即公历 2013 年 2 月 9 日前，支付所欠工人工资的 80%，共计 34 800 元；②剩余 20% 的工资于 2013 年 3 月 31 日前付清；③郭某等人领取工资后，不能继续滞留在郑某厂内。在镇调委会的主持下，厂方已于 2 月 4 日支付给郭某等 13 人 80% 的工资。

三、承办人观点

这是一起厂方拖欠工人工资的劳务纠纷，在政策和法律面前，通过工作人员合情合理的劝说，最终使纠纷圆满解决，劳动者的合法权益得到保障。这个案件也反映了劳动者的法治意识不断加强，开始学会运用法律武器维护自己的权益的现象。

四、案件评析

这是一起追索劳动报酬纠纷案件。《劳动法》第 3 条规定："劳动者享有平等就业和选择职业的权利、取得劳动报酬的权利、休息休假的权利、获得劳动安全卫生保护的权利、接受职业技能培训的权利、享受社会保险和福利的权利、提请劳动争议处理的权利以及法律规定的其他劳动权利……"第 50 条规定："工资应当以货币形式按月支付给劳动者本人。不得克扣或者无故拖欠劳动者的工资。"《劳动合同法》第 85 条规定："用人单位有下列情形之一的，由劳动行政部门责令限期支付劳动报酬、加班费或者经济补偿；劳动报酬低于当地最低工资标准的，应当支付其差额部分；逾期不支付的，责令用人单位按应付金额 50% 以上 100% 以下的标准向劳动者加付赔偿金：①未按照劳动合同的约定或者国家规定及时足额支付劳动者劳动报酬的；②低于当地最低工资标准支付劳动者工资的；③安排加班不支付加班费的；④解除或者终止劳动合同，未依照本法规定向劳动者支付经济补偿的。"

在调查过程中，调解员要教育当事人保持冷静，采取克制态度，防止矛盾激化和纠纷复杂化，通过调解工作促使当事人互谅互让，消除隔阂，引导、帮助当事人达成解决纠纷的调解协议。

在政策和法律面前，通过工作人员的调解，最终使一起可能酿成集体上访的矛盾得到圆满解决。调解是解决纠纷的最佳模式，通过调解，既可使双方找到良好的解决问题的办法，又节省了时间，避免了诉讼，化解了矛盾。

案例十一　　　　　　　　工伤赔偿纠纷[1]

一、基本案情

某村村民高某的丈夫王某，系某企业职工。2013 年 10 月 14 日晚零时左右，王某在工作期间不慎被传送带卷入企业设备的轮子中，经抢救无效死亡。企业与高某因王某工伤赔偿数额问题发生纠纷。高某向司法所申请调解。

二、案件处理与结果

案件受理后，司法所召开会议，在认真分析了案情后一致认为，此次纠纷矛盾的焦点在于双方对《工伤保险条例》中第 39 条规定的理解和依据不同。调解员从最大限度地保障弱势群体权益的角度出发，耐心细致地做当事人及家属的思想工作，对相关法律法规进行释明和讲解，努力化解他们的对抗情绪，希望家属能够心平气和地解决问题，让死者入土为安。在与企业沟通时，调解员劝说企业能够以人为本，理解死者家属的悲痛心情，履行赔偿义务，减少不良的社会影响。

最终，经过调解员不懈的劝解，双方当事人达成了调解协议：企业一次性支付王某的死亡赔偿金、丧葬费等各项费用共计 55 万元，并依法为王某的父亲办

---

[1]　案件来源：德州市平原县龙门司法所。

理了遗属补助。双方当事人对调解结果均表示非常满意。

三、承办人观点

司法所工作人员在调解这起纠纷时，调解方法得当，通过耐心细致的教育、劝导，积极做当事人的思想工作，引导当事人学习法律知识，进而明确自身所承担的法律责任。同时，在查清事实、分清是非的基础上，引导当事人多站在对方的角度考虑问题，循循善诱地做当事人的工作。从维护双方利益的角度考虑，调解员提出了中肯、合理的调解意见，得到了当事人的认同，切实化解了纠纷。

四、案件评析

这是一起工伤赔偿纠纷案件。《工伤保险条例》第14条规定："职工有下列情形之一的，应当认定为工伤：①在工作时间和工作场所内，因工作原因受到事故伤害的；②工作时间前后在工作场所内，从事与工作有关的预备性或者收尾性工作受到事故伤害的；③在工作时间和工作场所内，因履行工作职责受到暴力等意外伤害的；④患职业病的；⑤因工外出期间，由于工作原因受到伤害或者发生事故下落不明的；⑥在上下班途中，受到非本人主要责任的交通事故或者城市轨道交通、客运轮渡、火车事故伤害的；⑦法律、行政法规规定应当认定为工伤的其他情形。"第39条规定："职工因工死亡，其近亲属按照下列规定从工伤保险基金领取丧葬补助金、供养亲属抚恤金和一次性工亡补助金：①丧葬补助金为6个月的统筹地区上年度职工月平均工资；②供养亲属抚恤金按照职工本人工资的一定比例发给由因工死亡职工生前提供主要生活来源、无劳动能力的亲属。标准为：配偶每月40%，其他亲属每人每月30%，孤寡老人或者孤儿每人每月在上述标准的基础上增加10%。核定的各供养亲属的抚恤金之和不应高于因工死亡职工生前的工资。供养亲属的具体范围由国务院社会保险行政部门规定；③一次性工亡补助金标准为上一年度全国城镇居民人均可支配收入的20倍。伤残职工在停工留薪期内因工伤导致死亡的，其近亲属享受本条第1款规定的待遇。一级至四级伤残职工在停工留薪期满后死亡的，其近亲属可以享受本条第1款第①项、第②项规定的待遇。"

在化解纠纷时，调解员应掌握一定的法律知识，具备良好的职业素质，学会合理地运用调解方法，更好地为人民群众服务。

案例十二　　　　　　　工伤医疗纠纷[1]

一、基本案情

2017年4月3日上午，司法所接到辖区派出所转来的一起工伤纠纷。据了解，派出所曾接到村民高某的报警电话，电话中称其因工伤正在县医院住院，被工厂老板带人威胁逼迫出院，并且这群人对医生也要大打出手，请求派出所前往处理。接警后，出警人员到达现场，制止了老板李某等人的无理行为。司法所工作人员介入后，经调查了解到，报警人高某是李某工厂的工人，在工厂干活时左手大拇指不慎被磨光机割伤。李某认为不是大事，住几天院就行了。但高某的伤一直没有痊愈，所以迟迟未能出院，因此引发了上述一幕。

二、案件处理与结果

经司法所工作人员反复做工作，双方终于达成一致意见，不再在医院争执此事，到司法所协商赔偿事宜。

当日下午，司法所联系镇政府人社所工作人员、综治办工作人员在司法所共同调解这起工伤纠纷。双方当事人在司法所进行了"面对面"的协商谈判，高某家属认为他的伤是在工作中干活时造成的，属于工伤，李某应该承担赔偿义务，因而要求李某赔偿2万元。李某坚决不同意，认为高某的伤虽然是在工作中造成的，但这是因为高某干活时粗心大意、不够认真造成的，高某自己也有责任，因此只同意赔偿0.7万元。调解员见此情况，耐心细致地为双方当事人解释我国法律关于工伤的相关规定，希望双方都能从解决问题的角度出发，各让一步。高某家属同意降低赔偿金额，只要求赔偿0.9万元即可，但这个数额也与李某提出的仅赔0.7万元赔偿金存在2000元的差距。调解员见当事人双方都不让步，就向高某提出先进行伤残鉴定，而后再协商赔偿事宜。高某家属以时间冗长为由不同意进行评残。经过工作人员坚持不懈地劝说，最终双方当事人同意按0.8万元进行赔偿，并解除雇佣关系。调解意见统一后，工作人员马上打印了调解协议书，双方当场签字。李某当场给付了赔偿金。这场纠纷得到了圆满解决。

---

〔1〕　案件来源：淄博市桓台县马桥司法所。

三、承办人观点

与基层百姓交谈时，调解员应该懂得用法德并举、法理人情共用的方式解决问题。在调解案件时，以法律为框架，在框架中谈道德、讲人情、说乡情。这样才能更好地开展调解工作，帮助群众解决问题。

四、案件评析

这是一起工伤医疗纠纷案件。《工伤保险条例》第 14 条规定："职工有下列情形之一的，应当认定为工伤：①在工作时间和工作场所内，因工作原因受到事故伤害的；②工作时间前后在工作场所内，从事与工作有关的预备性或者收尾性工作受到事故伤害的；③在工作时间和工作场所内，因履行工作职责受到暴力等意外伤害的；④患职业病的；⑤因工外出期间，由于工作原因受到伤害或者发生事故下落不明的；⑥在上下班途中，受到非本人主要责任的交通事故或者城市轨道交通、客运轮渡、火车事故伤害的；⑦法律、行政法规规定应当认定为工伤的其他情形。"本案中，高某是在李某的工厂工作时受到事故伤害的，符合《工伤保险条例》的规定，应当认定其所受伤害为工伤。

《人民调解法》第 18 条规定："基层人民法院、公安机关对适宜通过人民调解方式解决的纠纷，可以在受理前告知当事人向人民调解委员会申请调解。"调解员调解纠纷，应当依据法律法规、国家政策和社会公德，在查明事实、分清责任的基础上，根据当事人的特点和纠纷的性质，采取灵活多样的方式方法，开展耐心细致的说服疏导工作，帮助当事人端正对纠纷的态度，消除对立情绪。同时，在调解过程中应当密切注意当事人的情绪和周围情况的变化，及早洞察纠纷可能激化的苗头，通过调解活动防止矛盾激化。

第三篇　法律援助案例

知识概要

　　法律援助是政府的责任，是实现社会正义和司法公正、保障公民基本权利的一项制度，是国家行为，在国家的司法体系中占有十分重要的地位。

　　法律援助是指由政府设立的法律援助机构组织法律援助人员和法律援助志愿者，对因经济困难无力支付法律服务费用或遇到特殊案件的公民，免费提供法律服务，以保障法律赋予公民的权益得以平等实现的一项法律保障制度。依照《刑事诉讼法》第34条的规定，特殊案件是指："犯罪嫌疑人、被告人因经济困难或者其他原因没有委托辩护人的，本人及其近亲属可以向法律援助机构提出申请。对符合法律援助条件的，法律援助机构应当指派律师为其提供辩护。犯罪嫌疑人、被告人是盲、聋、哑人，或者是尚未完全丧失辨认或者控制自己行为能力的精神病人，没有委托辩护人的，人民法院、人民检察院和公安机关应当通知法律援助机构指派律师为其提供辩护。犯罪嫌疑人、被告人可能被判处无期徒刑、死刑，没有委托辩护人的，人民法院、人民检察院和公安机关应当通知法律援助机构指派律师为其提供辩护。"

　　国务院于2003年7月16日通过的《法律援助条例》是我国第一部全国性的专门的法律援助行政法规。《法律援助条例》于2003年9月1日起实施，明确规定我国的法律援助是无偿的法律服务。

　　在《法律援助条例》实施前后，全国各地纷纷出台了有关法律援助工作的地方性法规。

一、基本知识

（一）法律援助的特征

1. 无偿性。《法律援助条例》第 3 条第 1 款规定："法律援助是政府的责任，县级以上人民政府应当采取积极措施推动法律援助工作，为法律援助提供财政支持，保障法律援助事业与经济、社会协调发展。"依照法律规定，政府应当切实承担起法律援助责任，县级以上司法行政部门均设有法律援助机构，这些法律援助机构在乡镇、社区、公安看守所和人民法院、有关社会团体等地均设有法律援助工作站。

法律援助是政府的责任，它体现的是政府对公民应尽的义务和责任。对于符合法律援助条件的公民而言，从政府设立的法律援助机构获得法律援助是一种法定权利，而不是任何机构或个人的恩赐与施舍。

2. 法律化、制度化。法律援助是一项法律制度，国家对于实施法律援助的人员、接受法律服务的人员范围、法律援助所需要的经费以及法律援助机构如何支付法律服务人员办案补贴等事项，都有明确的制度性规定。

3. 援助的范围广泛。法律援助的范围不仅仅是到法院打官司（诉讼），还包括调解、仲裁等非诉活动。

4. 法律援助的实施者是法律专业人员。法律援助机构指派律师等法律专业人员实施法律援助，这些法律专业人员运用他们娴熟的法律知识、丰富的办案经验和技能，为经济困难的公民提供法律咨询、诉讼代理、非诉讼代理、刑事辩护、撰写法律文书等法律服务。

5. 社会性。虽然法律援助是政府的责任，但社会团体、法律院校中的法律援助志愿者也是一支不可忽视的力量。此外，社会各界还可以根据国家的有关法律和规定，给予法律援助事业以财力支持。

（二）法律援助的基本原则

1. 法制原则。法律援助机构的设立、法律援助的实施人、接受法律援助的公民、法律援助的事项以及形式均由法律规定；法律援助的申请、受理、审批、执行和其他程序也都是法定的；法律援助的实施人、公民和法律援助机构的工作人员在享有法定权利的同时，也要承担法定义务，否则就要受到法律的追究。

2. 公正原则。法律援助在实施过程中，要做到公正，保障所有符合条件的公民获得法律援助，不能因为公民的身份不同、经济状况不同、民族不同或其他情况就使其应当获得的法律援助受到影响。对于符合法律援助条件的公民，应当公正地保障所有应当获得法律援助的事项都能获得法律援助，不能因为需要法律援助的事项不同而使公民应当获得的法律援助受到影响。

3. 政府主导与社会参与相结合的原则。虽然《法律援助条例》已经明确规定了法律援助是政府的责任，但鉴于我国经济发展的水平，国家财力还难以完全满足公民对法律援助的要求；另外，律师人数和服务地域的不均衡，也难以完全满足公民对法律援助的要求。从现实出发，我国政府鼓励社会对法律援助活动提供捐助，鼓励和支持社会团体、事业单位等社会组织利用自身资源为经济困难的公民提供法律援助。

4. 效率原则。《法律援助条例》第 18 条第 2 款规定："对符合法律援助条件的，法律援助机构应当即时决定提供法律援助；对不符合法律援助条件的，应当书面告知申请人理由。"第 25 条规定："法律援助机构对公民申请的法律咨询服务，应当即时办理；复杂疑难的，可以预约择时办理。"自 2012 年 7 月 1 日起实施的《办理法律援助案件程序规定》第 4 条规定："法律援助人员应当依照法律、法规及本规定，遵守有关法律服务业务规程，为受援人提供优质高效的法律服务。"因此，对于需要法律援助的公民，法律援助机构应当及时有效地提供法律援助，而不能推诿、拖沓。

（三）刑事法律援助的对象、范围及相关程序

2012 年 11 月 5 日，最高人民法院审判委员会通过了《最高人民法院关于适用〈刑事诉讼法〉的解释》，在第 39 条第 1 款、第 41～44 条、第 46 条第 2 款、第 472 条、第 473 条、第 528 条等条款中，进一步明确了刑事法律援助的对象、范围及相关程序。

第 39 条第 1 款规定："被告人没有委托辩护人的，人民法院自受理案件之日起 3 日内，应当告知其有权委托辩护人；被告人因经济困难或者其他原因没有委托辩护人的，应当告知其可以申请法律援助；被告人属于应当提供法律援助情形的，应当告知其将依法通知法律援助机构指派律师为其提供辩护。"第 41 条规定："人民法院收到在押被告人提出的法律援助申请，应当在 24 小时内转交所在地的法律援助机构。"第 42 条规定："对下列没有委托辩护人的被告人，人民法院应当通知法律援助机构指派律师为其提供辩护：①盲、聋、哑人；②尚未完全

丧失辨认或者控制自己行为能力的精神病人;③可能被判处无期徒刑、死刑的人。高级人民法院复核死刑案件,被告人没有委托辩护人的,应当通知法律援助机构指派律师为其提供辩护。"第 43 条规定:"具有下列情形之一,被告人没有委托辩护人的,人民法院可以通知法律援助机构指派律师为其提供辩护:①共同犯罪案件中,其他被告人已经委托辩护人;②有重大社会影响的案件;③人民检察院抗诉的案件;④被告人的行为可能不构成犯罪;⑤有必要指派律师提供辩护的其他情形。"第 44 条规定:"人民法院通知法律援助机构指派律师提供辩护的,应当将法律援助通知书、起诉书副本或者判决书送达法律援助机构;决定开庭审理的,除适用简易程序审理的以外,应当在开庭 15 日前将上述材料送达法律援助机构。法律援助通知书应当写明案由、被告人姓名、提供法律援助的理由、审判人员的姓名和联系方式;已确定开庭审理的,应当写明开庭的时间、地点。"第 46 条第 2 款规定:"法律援助机构决定为被告人指派律师提供辩护的,承办律师应当在接受指派之日起 3 日内,将法律援助手续提交人民法院。"第 472 条规定:"审判时不满 18 周岁的未成年被告人没有委托辩护人的,人民法院应当通知法律援助机构指派律师为其提供辩护。"第 473 条规定:"未成年被害人及其法定代理人因经济困难或者其他原因没有委托诉讼代理人的,人民法院应当帮助其申请法律援助。"第 528 条规定:"审理强制医疗案件,应当通知被申请人或者被告人的法定代理人到场。被申请人或者被告人没有委托诉讼代理人的,应当通知法律援助机构指派律师担任其诉讼代理人,为其提供法律帮助。"

二、国家法规与政策及我省工作状况

(一)国家法规与政策

1. 党中央、国务院高度重视法律援助工作。党的十八届三中、四中、五中、六中全会明确提出要完善法律援助制度、扩大援助范围。2013 年 2 月 23 日,习近平总书记在中央政治局第四次集体学习时强调:"要加大对困难群众维护合法权益的法律援助"。2014 年 4 月 21 日,习近平总书记听取司法部工作汇报时,对法律援助工作作出重要指示。2015 年 5 月 5 日,习近平总书记主持召开中央全面深化改革领导小组第十二次会议,审议通过了《关于完善法律援助制度的意见》。6 月 29 日,中共中央办公厅、国务院办公厅印发了《关于完善法律援助制度的意见》,对进一步加强法律援助工作、完善法律援助制度作出全面部署,充分体现了以习近平同志为总书记的党中央对法律援助工作的高度重视和亲切关怀，为我国法律援助事业发展指明了方向。

2015年12月24日，中共中央办公厅、国务院办公厅发布的《中共中央、国务院关于深入推进城市执法体制改革改进城市管理工作的指导意见》（以下简称中办发〔2015〕37号文件），紧紧围绕经济社会发展和人民群众实际需要，从政治和全局的高度，提出了当前和今后一个时期法律援助工作发展的指导思想、基本原则、政策措施和要求，是指导我国法律援助事业发展的纲领性文件。

2. 法律援助便民措施不断完善。①全国各地陆续健全法律援助工作网络，积极创造条件设置便民服务指示牌、统一法律援助标识，在方便困难群众的地点设置专门接待场所，在困难群众需求相对集中的地区建立法律援助联络点、受理点，"一小时法律援助服务圈"在一些地区已初步形成。②拓宽法律援助申请渠道，对老弱病残等有特殊困难的受援对象推行电话申请、上门受理等服务方式，对符合条件的群众适用免除审查经济状况制度，简化办事程序和手续，实现了申请快捷化、审查简便化。

3. 法律援助服务能力进一步增强。①全国各地进一步加强法律援助咨询服务，各地充分利用设立便民服务窗口、工作站点和"12348"法律服务热线等方式，方便群众进行法律咨询和寻求法律援助，提高了咨询服务的可及性。②积极推进刑事法律援助工作，加强法律援助值班律师工作，在2000多个看守所设立了法律援助工作站，与人民法院、人民检察院、公安机关的工作衔接配合机制更加完善。③进一步放宽经济困难标准，20多个省份将经济困难标准调整至最低收入、最低工资标准或者低保标准的2倍。④为适应人民群众不断增长的法律援助需求，进一步扩充了事项范围，主要包括损害赔偿事项、婚姻家庭事项、因劳动关系请求赔偿等劳动保障事项，以及残疾人、老年人、军人军属等特定群体主张的侵权赔偿事项等。

随着全面依法治国的深入推进，人民群众的发展观念和维权意识不断增强，困难群众对法律援助质量的要求越来越高。所以，只有创新服务方式，积极探索适合基层特点、适应群众需要的便民举措，进一步完善服务网络，拓宽申请渠道，实行多种申请受理方式，简化办案程序和手续，对特定对象开辟绿色通道，推行点援制、异地协作等措施，才能提升法律援助服务效果。当前，司法体制改革不断深化，以审判为中心的诉讼制度改革、认罪认罚从宽制度改革等事项积极推进，法律援助维护司法公正、保障司法效率的作用日益重要，这对法律援助人员的素质和办案质量也提出了新的要求。

（二）我省工作状况

我省司法行政机关全面贯彻落实党的十八大和十八届三中、四中、五中、六中全会精神，深入学习贯彻习近平总书记系列重要讲话精神和对法律援助工作的重要指示，深入贯彻落实中办发〔2015〕37号文件精神，坚持抓巩固、抓提高，在扩大法律援助范围、提高法律援助质量、强化法律援助保障、加强法律援助机构队伍建设上下功夫，不断提高法律援助工作水平。

《山东省法律援助条例》是山东省地方性法规，是我省为了促进和规范法律援助工作，保障经济困难的公民获得必要的法律服务，根据国务院《法律援助条例》，结合实际制定的条例，共有28条。《山东省法律援助条例》于2007年7月27日山东省第十届人民代表大会常务委员会第二十九次会议通过，根据2015年4月1日山东省第十二届人民代表大会常务委员会第十三次会议通过的《山东省人民代表大会常务委员会关于修改〈山东省法律援助条例〉的决定》修正。

《山东省法律援助条例》规定，公民为维护自身权益，因经济困难没有委托代理人的，可以申请法律援助。公民经济困难标准按照接受申请的法律援助机构所在县（市、区）城乡居民上一年度最低生活保障标准的2倍执行。《刑事诉讼法》《法律援助条例》等法律、行政法规对法律援助的范围已作出规定的，适用其规定。公民因见义勇为行为导致民事权益受到损害申请法律援助的，法律援助机构无需审查其经济状况，优先为其提供法律援助。对见义勇为行为的认定，按照国家和本省有关规定执行。公民因重大疾病、自然灾害或者其他不可抗力无力支付法律服务费用的，可以申请法律援助，法律援助机构应当受理。

法律援助工作直接关系困难群众的切身权益，社会关注度高，必须高度重视，切实加强宣传工作，积极主动宣传、展示我国法律援助制度改革和工作发展取得的成绩，讲好中国的法律援助故事，切实发挥法律援助在维护困难群众合法权益、促进社会公平正义中的职能作用。

第 一 章

民事诉讼法律援助

案例一　　　　道路交通事故多　法律援助帮解忧[1]

一、基本案情

2014 年 7 月 21 日上午 12 时左右，刘某电话联系朋友郭某，得知郭某的朋友丁某、徐某、高某正在郭某家吃饭喝酒时，立即驾车于 12 时 50 分左右到达郭某家中，主动提出喝啤酒。之后，其随丁某、徐某、高某到附近河中游泳。40 分钟后，刘某驾车离开。14 时 10 分，刘某无证醉酒驾驶轿车沿 204 国道由东向西行驶至一处土路段时，车辆失控驶入河内，刘某当场死亡。7 月 22 日，尸体检验报告确定刘某死亡原因为：车祸致内脏破裂和颅脑损伤死亡。2014 年 8 月 5 日，当地市公安局做出物证检验报告，刘某静脉血检材料中检验出乙醇成分，含量为 160.14mg/100ml。8 月 8 日，该市公安局交通警察支队作出的《道路交通事故认定书》认定：刘某无证醉酒驾驶机动车的过错行为是造成该次事故的全部原因，对该事故负全部责任。

二、案件处理与结果

2014 年 10 月 16 日，刘某的父亲刘某某到法律援助中心申请法律援助。经审查，符合法律援助条件，中心遂指派律师提供法律援助。

援助律师经了解案情后分析认为：刘某系成年人，具有完全民事行为能力，对自己的行为有认知能力亦有控制义务，刘某饮酒应当注意适时有度，对过度饮酒可能造成的不良后果应当有清醒的认识。在饮酒前明知自己要驾驶机动车上路而未能控制自己的饮酒量，对醉酒驾驶机动车可能出现的危险应当预知，但仍然醉酒驾驶机动车，有严重过错，应当承担主要责任；郭某在刘某饮酒后，没有采

---

[1]　案件来源：日照市法律援助中心。

取积极措施，未尽到提醒、劝阻、看护、照料、护送、通知等义务，而是采取放任的态度，对刘某的生命和安全不管不问，应当认定其存在间接故意的过错。根据刘某死亡的原因，能够认定郭某的过错与刘某的死亡结果之间存在一定因果关系。丁某等3人作为完全民事行为能力人，应当判断出刘某已达到醉酒状态，不但没有劝阻刘某下河游泳，而且无论是否知道刘某驾驶车辆，在刘某离开时，都应尽到协助、照顾、劝阻等普通人的合理注意义务，其却采取放任的态度，应当认定存在间接故意的过错，根据刘某的死亡原因，能够认定丁某等3人的过错与刘某的死亡结果之间存在一定因果关系，但过错较小。根据《侵权责任法》的规定，可以请求人民法院判决郭某等4人承担部分赔偿责任。2014年10月18日，在援助律师的帮助下，刘某某以郭某等4人为被告向区人民法院提起诉讼，请求人民法院依法判决四被告赔偿原告经济损失总额的30%即179 541.9元。

区人民法院经过四次开庭审理和追加被告等工作，于2015年12月18日，作出判决，依法判决被告郭某等4人每人赔偿原告经济损失12 269.46元。

2016年1月6日，郭某等4人不服区人民法院的一审判决，认为原审的认定与事实不符，受害人刘某系完全民事行为能力人，有能力控制自己的行为，在饮酒前，明知自己可能要驾驶机动车上路行驶，而未能合理的控制饮酒量，且在饮酒后明知没有驾驶证而驾驶机动车，系无证醉酒驾驶，其本人对肇事结果存在严重过错；上诉人不存在恶意劝酒、强制性饮酒等过错行为，对刘某的死亡不应当承担赔偿责任，并向市中级人民法院提起上诉。市中级人民法院于2016年5月13日开庭审理了该案，认为原审认定事实清楚，程序合法，适用法律正确，判决结果得当，于2016年6月28日作出判决，驳回上诉，维持判决。

三、承办人观点

刘某系酒后驾车发生交通事故死亡。因是单方事故，刘某的父亲刘某某对交通事故死亡无法获得赔偿，虽知发生交通事故的原因与饮酒有关联，但最初不知道和谁饮的酒。本案援助律师多次调查取证，以一开始诉郭某为突破口，经过四次开庭，追加被告，为刘某某争取了最大的赔偿利益，得到了群众的高度赞扬。法律援助律师为此案付出了辛勤和汗水，其努力得到了回报。

四、案件评析

法律援助是法律援助机构指派律师等法律专业人员运用他们娴熟的法律知

识、丰富的办案经验和技能，为经济困难的公民提供法律咨询、诉讼代理、非诉讼代理和刑事辩护、撰写法律文书等法律服务的活动。《法律援助条例》第 6 条规定："律师应当依照《律师法》和本条例的规定履行法律援助义务，为受援人提供符合标准的法律援助服务，依法维护受援人的合法权益，接受律师协会和司法行政部门的监督。"所以，律师是法律援助的实施者。律师具有较强的法律专业性、稳定性和规范性，是其他专业人员无法替代的。

当社会弱者需要法律服务时，律师应以其谙熟的法律知识和办案技巧为社会公众提供有益服务。有效地完成法律援助中心指派的援助工作，这需要援助律师不懈的努力和辛勤的付出。

法律援助案件一般耗费时间长，难度大，援助律师没有报酬，因此，参加法律援助的律师应有较高的职业素质和奉献精神，只有这样，我国法律援助制度才会赢得全社会的广泛依赖和支持。

案例二　　　　争取给付工亡费　维护权益暖人心[1]

一、基本案情

张某是一名农村妇女。2014 年 2 月 21 日，张某的丈夫禄某到某菌业科技有限公司工作，双方约定工资为每月 2400 元。工作期间，公司没有为禄某缴纳社会保险。同年 9 月 2 日至 10 月 28 日，禄某因病在医院住院治疗，12 月 28 日禄某去世。因丈夫去世，家里没有了经济收入，经济上顿时陷入困顿，张某要求某菌业科技有限公司进行补偿，在协商未果的情况下向某县劳动人事争议仲裁委员会申请某菌业科技有限公司支付：①禄某 5 个月因病休养期间的工资 12 000 元；②救济费 32 360 元，丧葬费 4800 元；③自 2015 年 1 月份开始，支付供养亲属每人每月 360 元的生活补助费。某县劳动人事争议仲裁委员会于 2015 年 12 月 17 日作出仲裁裁决书，裁决某菌业科技有限公司支付丧葬费 1000 元，生活救济费 32 360 元，病休期间的工资 4320 元，并支付供养禄某的老父亲禄某某、母亲赵某的生活困难补助费（自 2015 年 1 月起按照每月 360 元标准计算），并随国家政策调整。某菌业科技有限公司不服，向某县人民法院起诉。张某因没有经济收入，无法聘请律师，经人介绍，来到法律援助中心求助。

---

〔1〕 案件来源：德州市德城区法律援助中心。

二、案件处理与结果

法律援助中心了解了张某的情况后，为其办理了法律援助手续，指派律师承办此案。律师接受指派后，及时会见张某，详细了解案件情况，并对案件进行了初步分析。

本案是劳动争议仲裁后单位与员工家属都不服，转而向人民法院起诉的劳动争议案子，矛盾较大。为了有效化解纠纷，援助律师与家属一起多次找单位协调。办案过程中，援助律师了解到张某2次发生交通事故，有着6级残疾。其公公禄某某和婆婆赵某年纪很大，没有劳动能力及收入，经济状况十分困难。在第一次开庭时，律师自费购买了食用油、面粉、大米来到张某家中，对张某、禄某某、赵某进行了慰问，帮助张某取证，证明禄某某、赵某仍然健在。

2016年4月6日，人民法院准时开庭，案件的争议焦点有：①原告是否应当支付被告各项费用。②原告是否应当给禄某某、赵某生活补助费。③被告病休期间工资应为多少。案件的焦点问题也是涉及双方当事人切身利益的问题，尤其对于生活困难的张某一家而言，一定的经济补偿尤为重要。律师遵循"以事实为依据，以法律为准绳"的原则，尽最大可能地为当事人争取最大的利益，尽到一名法律援助工作者的职责，做到让人民群众放心、暖心、安心。

针对焦点问题，某菌业科技有限公司提供了禄某的声明一份，用以证明禄某在职期间明确表明连续旷工3天按照自动离职处理，据此声明禄某在本案中属于自动离职，所以无权向该公司主张任何赔偿。援助律师在质证中表示对其真实性无法确认，不能证明是禄某本人所签，而且，即便是禄某本人所签，我国有关劳动的法律、法规中也没有自动离职的相关规定。另外援助律师还指出，仲裁庭仲裁时对死亡员工的病休期工资计算错误。援助律师据理力争，其辩论观点得到了主审法官的认同。本案的被告之一张某在其诉某菌业科技有限公司的另一劳动争议案件中，对仲裁裁决书中裁决的病休工资提出异议，一审法院当庭释明，张某在本案中进行了主张，在另一案件中撤诉。由于原、被告双方矛盾极大，虽经过法官和援助律师的极力调解，双方仍未达成和解协议。

援助律师依法提交了代理意见，主张禄某系某菌业科技有限公司的职工，其在职期间因为患病非因工死亡，公司应当支付丧葬费1000元，生活救济费32 360元，病休期间的工资：$2400 \times 4 \times 70\% = 6720$元。公司还应当支付给禄某父母禄某某、赵某每月360元的生活困难补助费。

经过援助律师的积极努力，一审法院采纳了援助律师的观点，认定：某菌业科技有限公司与禄某存在劳动关系，某菌业科技有限公司应当依法对三被告给予禄某非因工死亡后的相关待遇。一审判决如下：①某菌业科技有限公司支付给三被告丧葬费1000元，生活救济费32 360元，病休期间的工资6720元。②某菌业科技有限公司于本判决生效后5日内向被告禄某某、赵某分别按照每月360元支付生活困难补助费（自2015年1月开始，并随国家政策的调整而调整）。③驳回原告某菌业科技有限公司的其他诉讼请求。

三、承办人观点

经过援助律师的艰苦细致的化解工作，本案取得了良好的社会效果，积极维护了社会弱势群体的合法权益，让经济困难的基层群众感到了社会温暖。

四、案件评析

本案是一起典型的企业职工非因工死亡，其家属要求非因工死亡待遇的案件。作为企业职工，虽然是非因工死亡，但是依据我国法律的相关规定，其家属应当得到相应的补偿。我国法律对此的相关规定有：①依据鲁劳发〔1993〕343号文件（即山东省劳动厅和社会保障厅、财政厅、总工会《关于调整国有企业因工与非因工死亡职工供养直系亲属生活困难补助标准的通知》），职工因病或非因工死亡的，发给10个月全省上年度月平均工资的救济费。②依据鲁劳社〔2003〕53号文件（即山东省劳动和社会保障厅、财政厅《关于调整企业职工丧葬补助费标准的通知》），员工家属可以得到1000元丧葬费。③因工死亡职工供养亲属范围规定，依据鲁劳社〔2003〕53号文件规定，员工的父母作为供养的直系亲属。④依据鲁劳发〔1995〕67号文件（即山东省劳动厅转发劳动部《关于发布〈企业职工患病或非因工负伤医疗期规定〉的通知》的通知），企业职工因病或非因工负伤，在医疗期内，停工医疗累计不超过180天的，由企业发给本人工资70%的病假工资；累计超过180天，发给本人工资60%的疾病救济费。

援助律师在办案过程中很辛苦，需要经费保障，但是目前各地办案补贴标准水平总体不高，针对这一现状，要积极推动建立办案补贴标准动态调整机制。各级司法行政机关应当积极协调财政部门进行调整，合理确定承办法律援助案件补贴标准，使其与律师承办案件成本、律师的基本劳务费用相适应，有效调动办案人员积极性。

案例三　　　　民工追"薪"维权难　法律援助帮追回[1]

一、基本案情

2016年临近春节，100多名在张店区某建筑工地打工的安徽、江苏、河南籍农民工，因施工单位和劳务公司拖欠工资，来到信访办上访。信访办与施工单位和劳务公司协商无果。农民工们又来到法律援助中心咨询，工作人员建议整理欠薪相关证据，立即为其办理法律援助申请手续，安排援助律师帮助农民工走诉讼程序。农民工们得知诉讼程序的相关周期较长，当即表示回去商量后再确定。工作人员将印有"某法律援助"微信公众号二维码的宣传单发放给大家，建议关注，方便咨询及求援。

2016年3月至6月间，这批农民工先后3次上访，均无结果。6月2日，5位农民工代表带着按法律援助中心指导准备的身份信息资料、推举诉讼代表人手续、证据材料等前来办理法律援助申请手续。法律援助中心当即受理，并指派办理涉访案件经验丰富的律师承办该案。

二、案件处理与结果

由于该案仅有劳务行为提供地这个唯一要素涉及张店区，100多名原告、2名被告的住所地均在区外甚至省外，大家都很担心区法院是否能顺利受理此案。区法律援助中心先和代理律师一同与区法院、信访局联系通报案情，协商确定管辖法院与受理模式。考虑到这批农民工已有半年的时间陷于讨薪的困境，经济困难，时间紧迫，需要采用快捷节省的方式办案，区法律援助中心经研究决定，由区法院对本案立案受理，采用诉调对接的模式承办。但前提是必须做好前期准备工作，即证据准备充分，2名被告有认可争议数额且接受调解的基础，否则仍要走普通程序审理。

援助律师为减轻5位诉讼代表的经济负担，连夜加班整理诉讼材料。由于要分别立案，所以有100多份诉讼文书和相应证据材料副本，摞了足足有2米多高。援助律师积极与多方涉诉单位沟通，了解到涉诉工程由被告某建筑工程公司承建，该公司把劳务部分分包给了被告某劳务分包有限公司（以下简称劳务公

---

〔1〕　案件来源：淄博市张店区法律援助中心。

司)，双方于 2015 年 10 月 11 日签订了《扩大劳务分包合同》，约定由劳务公司组织工人提供劳务服务。劳务公司经理找到了 5 位诉讼代表人，由他们分别从自己的老家安徽、江苏、河南招来了 100 多名农民工。工程从 2015 年 10 月 17 日开工，到应该结算农民工工资的节点时，施工单位却拿不出钱来，劳务公司也没有钱支付。因为年关在即，农民工们眼看着要空手回家，索性于 2016 年 1 月 16 日停工。经信访局协调，办事处多次找到建筑公司和社区沟通，问题仍然得不到解决。

了解了实际情况后，援助律师的心情格外沉重，这个案子调解的难度非常大。首先，施工单位和劳务公司都不是张店区的企业；其次，这个工程是社区的住宅楼，没有备案，自然就不可能在监管单位交纳保证金；最后，案件涉及人数众多，不及时处置势必引发群体事件。

援助律师先和施工单位、劳务公司协调对账，核对好劳务费总数；然后和社区沟通，暂停向施工方支付工程款以备协助执行。劳务公司很配合，很快就与农民工代表们核对好了每个农民工的工时和报酬，劳务公司经理代表劳务公司签字并按了手印。可是对于付款，公司经理也无能为力，虽然劳务公司和施工单位签了合同，但是劳务公司所起的作用就是组织劳务人员，外派劳务人员，根本就没有能力支付这么多工资。建筑公司接到援助律师的电话后推三阻四，认为其公司是与劳务公司签订的合同，和各个农民工之间不存在法律关系；工程还没有达到结算节点，不到给劳务公司拨款的时间；对于劳务公司申报的工程量不认可；公司现在也没有钱付民工工资；等等。建筑公司负责人虽然口头答应对账，但迟迟未来。援助律师坚持多次沟通之后，最终建筑公司对对账结果签章确认。至此，案件的整体脉络才全部理清。

援助律师立即约见了农民工代表，详细了解了案情，做好当事人谈话笔录。随后召开集体讨论，大家一致认为：《扩大劳务分包合同》是劳务公司与建筑公司签订的，从合同的相对性上来分析，建筑公司应向劳务公司支付承包费用，不直接向农民工发放工资；从劳动合同的角度讲，劳务公司不论是否取得建筑公司的承包费，都有义务向农民工支付工资。但如果单纯地起诉劳务公司，农民工们的诉求肯定难以实现。2004 年，劳动和社会保障部、建设部发布《关于印发〈建设领域农民工工资支付管理暂行办法〉的通知》（即劳社部发〔2004〕22 号），该文件第 9 条规定，工程总承包企业应对劳务分包企业工资支付进行监督，督促其依法支付农民工工资。该文件第 10 条规定，业主或工程总承包企业未按合同约定与建设工程承包企业结清工程款，致使建设工程承包企业拖欠农民工工资的，由业主或工程总承包企业先行垫付农民工被拖欠的工资，先行垫付的工资数额以未结清的工程款为限。根据该规定，建筑公司应在未结清的工程款范围内与劳务公司承担连带责任。最终大家形成了统一的办案思路，即以民工代表为委托人；以劳务公司为第一被告，诉请其支付民工的劳务费；以建筑公司为第二被告，诉请其在欠付的承包费用的范围内承担连带责任。

　　援助律师也多次与法官沟通研习案情，代理思路得到了法官的肯定。法官先是同建筑工程公司和劳务分包公司建立沟通渠道，详尽了解案由的前前后后；接着又同 5 名农民工代表充分交流，认真听取农民工诉求；然后分别做各方的工作。劳务分包公司埋怨建筑工程公司不履行合同，农民工抱怨两家公司都不兑现承诺，互相间已经失去了基本信任，认为再调解也不管用，希望直接由法院判决解决问题。

　　承办法官经过深入思考，认为症结在于互相失信。于是，他抓住症结首要环节，先在申报的工程量确认上求突破，经再度审核和督促，建筑工程公司认可了劳务分包公司申报的工程量，同时也确认相应 130 万元工程款未付；接着做劳务分包公司的工作，使其认同建筑工程公司的意见；最后又做农民工的工作，对其自身应得劳务费最终确认。

　　2016 年 7 月 21 日，法官将 2 个被告单位的委托诉讼代理人、农民工代表及援助律师召集到一起主持调解。最终在援助律师及法官的多方努力下，双方达成了分期付款协议：劳务分包公司对农民工的债务承担支付责任，建筑公司在欠付工程款及利息范围内承担垫付责任。由建筑公司于 2016 年年底前先交付工程款100 万元，剩余 30 万元工程款于 2017 年 5 月 1 日前结清，欠款期间按年息4.85% 计息；若两名被告对任一期付款违约，需按同期银行贷款利率两倍支付延期债务利息，原告可申请法院强制执行全部未清偿债务。

三、承办人观点

　　拿到盖有人民法院大红印章的调解书，被告单位委托诉讼代理人频频点头，农民工代表也露出了久违的笑脸。第二天，100 多名农民工给法院、法律援助中心各送了一面锦旗。

　　然而，援助中心深知，案件只是经过了调解确认，离民工拿到所有的工资还有一段距离。但援助律师充满信心地告知前来送锦旗的民工代表们，请他们放心，援助中心将一管到底，绝不辜负党委和政府的重托，绝不让农民工们流汗又流泪。

四、案件评析

案件围绕着施工单位和农民工的工资问题展开，农民工问题是当前社会普遍存在的问题。农民工群体是社会底层群体，本来就很少获得尊重，如果在工资上不能及时发放，他们的劳动无法得到相应的回报，这不仅影响农民工家庭的生活条件，更会爆发群体性事件，是社会安全的隐患。所以我们要高度重视这类案件，并尽全力提供最大的帮助，利用法律专业知识为他们排忧解难。

质量是法律援助工作的生命线。随着全面依法治国深入推进，人民群众的法治观念和维权意识不断增强，困难群众对法律援助质量的要求越来越高。同时，司法体制改革不断深化，法律援助维护司法公正、保障司法效率的地位和作用日益重要，对法律援助人员的素质和办案质量也提出了新的要求。所以，援助律师要强化服务意识，把"服务为民"作为法律援助工作的出发点和落脚点，怀着对群众的深厚感情，办理好每一起法律援助案件，让群众切实感受到，公平正义就在身边。

目前本书已经编辑完成，案件中还没有为农民工争取到全部应得工资，但是我们会一直跟进坚持，始终关注此案，直到最后每个农民工都能拿到自己应得的血汗钱。

案例四 农民权益受损 法律援助维权成功[1]

一、基本案情

2013 年 9 月 30 日，400 多户农民将自己承包经营的 2998 亩土地依法转包给某园艺种植发展有限公司，用于种植开发。合同约定：土地承包期限为 16 年，每年每亩的土地流转费用为 1100 元，并于每年的 10 月 1 日前将土地流转费用给付农户。签订合同后，某园艺种植发展有限公司按约定给付了 2013 年、2014 年、2015 年的相关费用，但承包方由于缺乏资金未能如约支付 2016 年的承包费用，放弃了对某园艺种植发展有限公司的管理，致使土地荒芜，村委会负责人和村民多次寻找园艺种植发展有限公司法定代表人协商解决，均未果。不久，某园艺种

---

〔1〕 案件来源：枣庄市台儿庄区法律援助中心。

植发展有限公司法定代表人下落不明，土地上还有该公司种植的杜鹃、银杏、三角枫、雪松、红枫等作物，农民们不敢盲目复垦，既焦急又无助，情绪非常激动，萌发了集体上访的苗头。

二、案件处理与结果

该村的法律援助联络点负责人及时将上述情况反映到区法律援助中心，中心经审查受理后，迅速研究方案，争取尽快解决。受理当日，区法律援助中心及时将案件指派给有丰富工作经验的律师。为掌握第一手的资料，承办律师牺牲了休息时间，自带办公工具，到该村搜集证据、采集各户农民土地的现状，帮助农民整理立案材料，整整用了7天的时间备齐了诉状、委托书、土地流转合同等必备的诉讼材料，用最短的时间在法院立了案。经过与广大农户的积极沟通，承办律师了解到400多户农民一致请求法院依法判决解除合同，赔偿损失。但由于某园艺种植发展有限公司法定代表人下落不明，法院无法及时送达相关法律文书，如果采用公告的方式送达，从公告到开庭，再到判决，农民得到法院的生效判决可能需要几个月的时间，而漫长的诉讼将耽误村民宝贵的种植时间，这将会引起严重的社会问题。援助律师、承办法官积极沟通，经过深思熟虑，研究决定采取多方打听寻找负责人，当面送达的方式解决。经过了解，该负责人还在山东省某市从事房地产开发项目。援助律师、承办法官和村委会负责人迅速赶往该市，在当地有关部门的帮助下，找到了某园艺种植发展有限公司法定代表人，送达了法律文书。送达后，经过律师和法官耐心的思想工作，某园艺种植发展有限公司法定代表人愿意解除合同，自愿将经营承包的土地即日交还给400多户农民，承包土地上种植的苗木归农民自行处置。这样便顺利解决了农民土地经营权的问题，平息了广大农民的不安情绪，极大地减轻了政府信访的压力，消除了社会隐患，维护了社会稳定。对于各户农民的实际损失问题，因一时无法达成一致意见，待开庭时再审理。为提高效率，承办法官深入细致地做通某园艺种植发展有限公司法定代表人的思想工作，使其自动放弃答辩期，择日尽快开庭审理。

开庭时，为了有效提高工作效率，400多户农民采取特别授权的方式委托援助律师出庭，部分村民旁听了庭审活动。庭审中，被告某园艺种植发展有限公司法定代表人对先期解除合同的行为不认可，认为受到欺诈，不应解除合同，400多户农民不是本案的适格主体，另外对于各户农民的土地面积、赔偿数额有异议，法庭围绕以上争议焦点展开了法庭调查。

　　律师认为，关于解除土地承包合同的协议，不存在欺诈问题。本案立案后，原告律师作为本案的代理人，赶往被告某园艺种植发展有限公司法定代表人住所处，与被告协商关于解除合同的问题。签订该协议时，双方都在场，还有承办法官和村委会负责人，先行调解的是解除合同，对于赔偿数额部分，留待后期协商或依法判决。另外，在签订土地流转合同时，土地转让合同的主体是村民，不是村委会。根据原告与被告签订的合同及合同相对性原则，合同的主体是村民，村民享有土地的经营权，因此，村民是该合同的主体，合同是双方真实的意思表示，符合法律规定，双方解除合同的协议也是双方真实的意思表示，因此解除合同，收回土地经营权是符合法律规定的，解除协议合法有效。

　　法庭争论的另一个焦点是被告是否构成违约及原告的损失问题。被告认为各原告的土地面积不确定，因此其损失也不确定，诉讼请求没有依据，应依法驳回其请求。经过法庭调查能够证实，按照合同的约定，被告应于2016年10月1日前以现金的方式一次性给付原告1年的土地流转费用，而被告至今未支付；且被告明确告知无力支付承包金，被告实际放弃了对土地的经营管理，因此，被告已构成违约，应当赔偿原告的损失。原合同约定，每亩土地1年的租金为1100元，原告主张半年的损失，根据解除合同的预期损失计算符合《合同法》的规定。对于赔偿部分，没有协商成功才通过诉讼解决。被告关于承包土地的数额不准确的说法没有依据。原告与村委会签订的土地承包合同上记载的亩数与本案涉及的合同一致，被告也未提出相反的证据以证明其主张，原告的请求数额符合规定。

　　除此之外，本案还涉及一个焦点问题，即合同的相对性问题。被告某园艺种植发展有限公司是引进的招商项目，相关的筹备过程应由该公司法定代表人与各村主任协商，但是签订《土地承包经营合同书》时，是由该公司法定代表人与400多户农民分别签订，即合同的主体是400多户农民与某园艺种植发展有限公司。根据合同相对性原则，合同关系只能发生在特定的主体之间，只有合同当事人一方能够向合同的另一方当事人基于合同提出请求或提起诉讼。因此，根据这一原则，村民有权提起诉讼，诉讼主体是农户，而不是村委会。

　　经过法庭调查，案件事实已调查清楚，原告的主张有充分的证据支持，请求合理合法。为争取时间，尽快解决问题，庭审后，双方在法庭的主持下，经过充分协商，最终以调解的方式结案，某园艺种植发展有限公司自愿支付给400多户村民1 648 900元土地承包款，法庭有效地维护了广大农民的合法权益。

三、承办人观点

本案是一起典型的农民将承包经营的土地依法转包后，承包方违约造成农民收益受损的案件，涉及 400 多户农民，涉及面广，影响大。本案争议的焦点及法律适用主要在于以下两点：①被告园艺种植发展有限公司对先期解除合同的行为不认可，认为受到欺诈，不应解除合同，农民收回土地经营权不合法，是否应继续履行《土地承包经营合同书》。②400 多户农民是否是本案的适格主体，另外公司对各户农民的土地面积、赔偿数额有异议，是否应依法驳回 400 多户农民的诉讼请求。

四、案件评析

本案所依据的法律条款主要规定在《合同法》中，例如《合同法》第 93 条第 1 款规定，当事人协商一致，可以解除合同。《合同法》第 94 条规定，有下列情形之一的，当事人可以解除合同：①因不可抗力致使不能实现合同目的；②在履行期限届满之前，当事人一方明确表示或者以自己的行为表明不履行主要债务；③当事人一方迟延履行主要债务，经催告后在合理期限内仍未履行；④当事人一方迟延履行债务或者有其他违约行为致使不能实现合同目的；⑤法律规定的其他情形。第 107 条规定，当事人一方不履行合同义务或者履行合同义务不符合约定的，应当承担继续履行、采取补救措施或者赔偿损失等违约责任。第 113 条第 1 款规定，当事人一方不履行合同义务或者履行合同义务不符合约定，给对方造成损失的，损失赔偿额应当相当于因违约所造成的损失，包括合同履行后可以获得的利益，但不得超过违反合同一方订立合同时预见到或者应当预见到的因违反合同可能造成的损失。根据以上规定，在被告逾期不支付租金，并以自己的行为表示不愿意履行合同时，原告有权利解除合同，为更圆满地解决这一问题，双方有必要协商解决。双方自愿解除的合同是符合法律规定的，应受法律保护。

近年来，农村土地流转呈现出加速的态势，农村种植专业合作社或公司不断涌现，为农业结构调整、农村经济的发展带来了机遇。而目前，土地是我国大多数农民赖以生存和发展的主要生产资料，在看到发展机遇的同时，也要看到存在侵害农民利益的风险。如何在土地流转过程中切实有效地维护农民利益，是至关重要的一点，这也是土地流转过程中亟待解决的重要问题。在本案中，援助中心及时介入，组织人员在最短的时间内，与被告解除了合同，收回农民的承包地，为种植或转包争取了时间，最大化地维护了农民的利益，同时也极大地减轻了政府信访的压力，维护了社会的稳定。

案例五　　　耄耋老人遭子女不孝　法律援助帮其维权[1]

一、基本案情

86岁高龄的杨某，丈夫早逝，自己含辛茹苦地养育4个儿子。为了给4个儿子娶上媳妇，杨某没日没夜地劳碌，省吃俭用，病了也不舍得到医院，只有在自己忍不了病痛时才买几片便宜的药片。杨某无私的付出，却没有换来儿子们的孝顺。其虽育有4子，但在年老体弱时却没有得到4个儿子的照顾、没有享受天伦之乐，而是只能无奈地依靠政府的老年补贴和捡破烂为生。更为甚者，在4子中有3人以借用为名，侵占了老人的拆迁补偿款，拒不返还，并且相互推诿，都不愿承担赡养义务。杨某独自一人常年住在狭窄黑暗又潮湿的小房子里，冬天没有暖气，甚至连烧火做饭的柴火都要自己去捡。因为操劳过度，杨某的手、腿的关节疼得厉害，特别是阴雨天，根本就起不了床，连饭都吃不上，有时邻居们给送点吃的过去。有些邻居实在看不下去了，就去告诉杨某的儿子们。但杨某的4个儿子没有一个人主动给老人端水送饭。冰冷的小屋、满身的疼痛、饥饿的肠腹，使老人多次产生轻生的念头。但坚强的杨某不甘心这一生就这样结束，她想要个说法。因杨某没有钱，聘不起律师，一次偶然的机会她得知了法律援助中心可以无偿为经济困难的家庭代理案件，就来到法律援助中心申请援助。法律援助中心立即指派律师为杨某代理这起追索赡养费纠纷案件。

二、案件处理与结果

援助律师将诉状提交到法院。法院将诉讼文书送达给杨某的4个儿子后，援助律师又分别给他们打电话沟通案情，4个儿子的职业和经济状况情况不一，态度不同。4个儿子收到起诉状很气愤，甚至当众辱骂老人，损坏老人的生活用品，还扬言要打瘸"多管闲事"的律师，儿子们的强烈反应给老人的心灵造成了很大的创伤。援助律师为了能妥善解决这起赡养纠纷，不顾自身安危，多次到4个儿子的单位及住处沟通案件情况，在遭到拒绝后，又多次通过电话与4个儿

---

〔1〕　案件来源：东营市河口区法律援助中心。

子进行沟通。通过做思想工作、讲政策、讲法律、讲人情，终于使4个儿子意识到了自己的责任与义务。经法院批评、教育，4子最终与老人达成和解，人民法院出具了《民事调解书》，赡养费为每年8000元，由4个儿子均摊，双方当事人签名后生效。至此，老人的生活问题得到了圆满的解决。就在收到调解书的当天，法律援助中心收到了杨某及4个儿子一起送去的锦旗。正是法律援助中心及律师的不懈努力，使一位耄耋老人能安享晚年，使4个儿子能及时意识到自己的责任与义务，避免出现"子欲养而亲不待"的遗憾。

身为父母，一生为儿为女；身为子女，自当赡养父母。赡养父母不仅是子女的法定义务，也是中华民族尊老敬老的优良传统，更是当前和谐社会大力提倡的道德风尚。本案中，杨某的4个儿子不尽赡养义务，这种行为是应当受到社会谴责的。援助律师接案后，多番调查沟通，最终通过努力使得老人的合法权益得到快速有效的维护，法律援助帮助老年人维权的职能得到彰显。这起法律援助帮助老年人维权终成正果的事件引起了社会和群众的强烈反响，也给广大群众上了一堂生动的法治教育课和中华传统美德思想教育课。

三、承办人观点

本案中，法律援助中心工作人员热情细致地为杨某解答法律问题、律师尽职尽责地为杨某的案件奔波，使杨某重新燃起了对生活的信心和希望。律师为了杨某的案件能得到妥善的解决，晚年生活能有保障，多次联系杨某的4个儿子，顶住外界的压力，晓之以理、动之以情，终于在百般努力和坚持下使4名被告意识到自己的责任与义务。最终在人民法院的主持调解下，4名被告意识到不赡养老人的错误，真心悔过，自愿与老人达成和解，由4名被告均担赡养费并定期支付。

通过本案，笔者有以下三点体会：其一，赡养纠纷应促成双方庭外和解结案。本案中，不管是法律援助中心还是援助律师、法院，都一直极力去促使双方进行和解，以平和的方式解决这起家庭纠纷，以修复他们之间的亲情。其二，扩大赡养纠纷案件的社会影响。老年人本身就是社会弱势群体，活动范围受到年龄限制，信息渠道窄，自身合法权益受到侵害的时候，往往因为不知道如何寻求帮助或者行动不便而放弃维权。所以，我们要通过新闻媒体大力宣传妥善处理赡养纠纷案件，扩大办案社会效果，积极营造尊老、爱老、养老、护老的社会氛围。其三，关心老年人的今天就是关心我们自己的明天。随着我国"老龄化问题"

和"空巢问题"的日益突出，"赡养老人"已成为一个重要的社会问题，如果解决不好，就会产生家庭、社会矛盾，对改革、发展、稳定产生不良影响。所以，我们要将"赡养老人"上升为自己主动遵守的道德行为；要加大社会保障、社会监督和维权保障力量；要将法律援助工作站延伸到城乡街道和农村基层，扩大老年人法律援助事项范围和降低经济困难标准，协助老年人向法律援助机构申请无偿的法律援助，让法律援助为老年人撑起保护伞。

四、案件评析

本案争议焦点及法律适用在于：4名被告经济状况不同，经济状况差的是否仍需承担赡养费。关于子女因经济状况差是否仍需承担赡养费的问题，《婚姻法》有明文规定，即子女有赡养父母的义务。我国历来有尊老、敬老的传统，这是中华民族的传统美德，也符合我国社会主义的道德风尚，是我国大力提倡的。但是，目前我国还没有专门制定的赡养法，关于赡养的法律规范主要是由《婚姻法》《老年人权益保障法》进行规定。《婚姻法》第21条规定，子女对父母有赡养扶助的义务。子女不履行赡养义务时，无劳动能力的或生活困难的父母，有要求子女付给赡养费的权利。《老年人权益保障法》第14条第1款规定，"赡养人应当履行对老年人经济上供养、生活上照料和精神上慰藉的义务，照顾老年人的特殊需要"。尊重、赡养和爱护老人，是中华民族的传统美德，老年人为家庭贡献了大半生的精力，当他们年老体衰，丧失劳动能力时，有权获得来自社会和家庭的尊敬和照顾，这不仅是法律规定，也是道德规范的要求，更是子女应尽的义务。对待老人，应当在生活上予以关心，在经济上予以帮助，在精神上予以慰藉，而不应以自身的客观因素忘了为人儿女的责任和义务。

这是一起较为典型的保护老年人合法权益的成功案例。它的成功之处在于援助律师本着切实为老年人着想、为老年人负责的精神，通过不懈的努力、深入细致地做老人儿子的思想工作，使儿子们终于认识到了自己的错误，发自内心关心、体贴老人，使老人有了一个幸福的晚年。试想，如果儿子的思想没有真正的转变，只勉强履行调解协议，老人又怎能得到亲情的温暖、内心的满足，从而安度晚年？

案例六　　　　离婚后财产纠纷乱　法援助力调解圆满[1]

一、基本案情

张某系案件的原告，被告丛某系原告的前夫，第三人丛某某系原、被告的女儿。原、被告于 2010 年 5 月 7 日协议离婚，夫妻共同财产为位于福山区某小区的房产，登记在被告丛某名下，双方在离婚协议中约定该处房产归被告丛某和第三人丛某某所有。原、被告离婚前以该房产抵押在银行贷款 13 万元，贷款期限为 120 个月。原告诉至人民法院，要求被告履行离婚协议，协助第三人办理房产变更登记手续，并来到法律援助中心申请援助。

二、案件处理与结果

法律援助中心指派律师代理此案。援助律师仔细研读案件材料并查阅相关的法律法规和相关案例，很快约见了当事人和第三人，调取和审阅相关的证据材料。经调查查明，原、被告于婚姻存续期间将本案争议之房产抵押在银行，贷款 13 万元，贷款期限为 120 个月，至协议离婚之时，该贷款尚未还清，根据《物权法》第 191 条第 2 款之规定，"抵押期间，抵押人未经抵押权人同意，不得转让抵押财产，但受让人代为清偿债务消灭抵押权的除外。"由于银行不同意变更产权人，故而未能变更产权登记。但是离婚协议系原、被告双方真实意思的表示，是合法有效的合同，依法受到法律的保护。为了避免涉案房产在法院审理期间被被告人处理，援助律师首先依法向审理法院申请了财产保全，对涉案房屋进行查封、冻结。最终在律师及法官的共同努力下，原、被告达成如下调解协议：①被告丛某于 2020 年 5 月 21 日前还清以本案争议之房产抵押在银行的借款 13 万元，除此外不得再对该房产设定其他抵押或以该抵押再次借款。②被告丛某于还清第一款所述在银行借款之日起 20 日内，与原告张某共同协助第三人丛某某将被告丛某名下的这套房产变更登记为被告与第三人丛某某共有。③如被告在协助第三人办理本协议第二款房产产权变更登记前未经过第三人同意私自转让、变卖该房屋产权，被告应赔偿第三人损失 30 万元。

---

[1]　案件来源：烟台市福山区法律援助中心。

三、承办人观点

本案中，法律援助中心工作人员热情细致地解答法律问题、律师尽职尽责地为案件奔波，依法向审理法院申请财产保全，对涉案房屋进行查封、冻结。最终在律师及法官的共同努力下，原被告达成调解协议，使案件圆满解决。

四、案件评析

本案属于离婚后的财产纠纷，由于产权的登记人与实际的所有权人不一致而产生的纠纷。《物权法》规定，不动产产权以登记为准，同时又规定产权人要变更不动产产权的，需要经抵押权人的同意，而本案中的抵押权人不同意产权的变更，导致不动产的共有权人丛某某的权利处于一种不确定的状态，进而导致纠纷的产生。在案件办理过程中，援助律师发现被告人对房屋的产权并没有太大的异议，双方争执的焦点只在于这种不确定状态中的权利该如何保障，由于双方的争执并不大，故而法庭积极地促成了双方的调解，以最低的成本取得了最好的社会效果。

案例七　突遭交通事故难以生存　法律援助彰显人间温情[1]

一、基本案情

2015年6月20日，毕某骑自行车外出去找活，途中与驾驶二轮摩托车的柳某相撞，毕某伤势严重，当场昏迷，被120急诊接入医院治疗。当时由于毕某不省人事，又联系不上家人，再加上肇事对方以无钱为由不承担抢救医疗费，最后医院开启绿色通道先抢救，以无名氏出具治疗单据。

毕某住院后，其家人经过多方打听，直到两天后才找到他。住院期间，肇事方柳某也在医院住院，他竟一次未去探望且医疗费分文未付，这导致毕某多次陷入因交不上医疗费而停药的困难境地。在多个亲戚朋友的帮助下，毕某住院41天，花费8万余元。面对巨额的医疗费，毕某只能在病情稍微稳定的情况下，匆匆出院，回家休养。在多次与柳某协商医疗费承担的问题无果的情况下，毕某之妻廖某来到法律援助中心寻求法律援助。法律援助中心迅速启动绿色通道为毕某办理了法律援助手续，将该案指派到律师事务所办理。

二、案件处理与结果

援助律师接案后非常重视，立即联系毕某了解具体情况，由于毕某伤情严重，行动不便，便全权委托其妻子廖某前来办理委托事宜。在详细了解案情并办理委托代理手续后，援助律师得知对于此次交通肇事，交通警察大队出具了《道路交通事故证明书》，但结论是事故形成原因无法查清；肇事方柳某的摩托车未投保第三者责任强制保险；而且柳某也没有正式工作，没有固定生活来源；毕某出院后，病情仍未好转，由于无钱买药，受伤处肿胀流脓都得不到及时医治。考虑到这些因素，援助律师为了毕某能够尽快得到赔偿，决定马上起诉并为毕某申请缓交诉讼费用，同时准备了缓交诉讼费的证明材料。法院批准缓交诉讼费。在本案审理过程中，对事故发生的事实双方均无异议，由于事故证明书上未明确划分责任，所以对责任划分双方持不同意见。庭审中援助律师根据已掌握的证据与法律知识据理力争，合议庭最终依法采纳了律师的代理意见，判决支持毕某的诉讼请求。

法院以双方在本次事故中按同等责任划分，判决柳某在交强险责任限额内承担毕某医疗费、误工费、护理费、伤残赔偿金、拖车费等 101 642 元，于判决生效后 10 日内付清；在交强险责任限额外赔偿毕某医疗费、住院伙食补助费、鉴定费共计 46 205 元，于判决生效后 10 日内付清。至此，毕某的合法权益得到了最大程度的保护。

三、承办人观点

本案属于交通肇事损害赔偿纠纷案件，由于肇事对方没有交投第三者交强险，导致受害人最终得到赔偿会有一定难度，所以应呼吁所有机动车辆的所有权人，一定要按照《道路交通安全法》的相关规定及时交投各种机动车辆保险，发生事故后既保障了自己的权利，同时也保障了他人权利。

四、案件评析

在交通事故人身损害赔偿纠纷之中，根据《侵权责任法》和《道路交通安全法》的规定，机动车与非机动车驾驶人之间发生交通事故造成人身伤亡的，由保险公司在机动车第三者责任强制保险责任限额范围内予以赔偿；不足的部分机动车一方按照无过错责任的归责原则承担赔偿责任。我国强制保险责任限额中关于死亡、伤残赔偿限额为 110 000 元；医疗费用赔偿限额为 10 000 元，本案的法律援助律师根据法律援助的范围和对象，准确地把握住法律的相关规定，完成了法律援助任务，确保了申请人的最大权益，获得了良好的社会效果。

案例八　　　二十年追偿无果　法律援助伸援手[1]

一、基本案情

崔某在多年前和本村时任支部书记发生个人矛盾，支部书记以村委会的名义在 1992 年秋与 1994 年春分两次将崔某的 5 亩口粮田地强行收回，另行发包他人，给崔某造成了较大的经济损失。为此，崔某多次找到村委会索要承包地，村委会于 2005 年在全村重新调整土地时，分给崔某 4.3 亩地。崔某向村委会索要 1992 年至 2005 年被收回土地期间的经济损失，被拒绝。事情发生后，本就生活困难的崔某经济收入来源又被减少，为了获得土地赔偿，崔某走上了上访之路，到县、市、省、中央等部门连续上访，后经各部门协调，村委会主任李某同意赔偿崔某经济损失共计 22 000 元，其中 2009 年村委会已经支付给崔某 6000 元，余款 16 000 元约定于 2015 年 3 月前支付，逾期承担 20% 的违约金，并签订了一份协议。约定到期后，崔某前去索要，村委会不承认此事，并拒绝支付余款。无奈之下，崔某将村委会起诉至法院，要求其支付赔偿款余款及违约金。2015 年 3 月 23 日，崔某来到法律援助中心申请法律援助，中心了解了相关情况，受理此案并指派律师事务所承办此案。

二、案件处理与结果

崔某系低保户，生活困难，又因为是常年上访老户，是县信访局的常客，在本县有较大影响，法律援助中心领导非常重视此案。援助律师在接到中心指派后，了解了此案的重要性，深感担子沉、任务重。在承办过程中做了大量细致的工作。2015 年 4 月 1 日崔某依法提起诉讼，请求被告村委会依法承担赔偿责任。但村委会不承认与崔某有土地纠纷的事实，村委会称在 1992 年和 1994 年没有收回原告土地。1998 年村里根据县里号召，进行"两田制"改造，全村村民没有

---

〔1〕　案件来源：淄博市高青县法律援助中心。

对经济田进行承包，只种植属于自家的责任田。2009 年村委会支付给崔某的 6000 元并非土地赔偿款，而是为了平息崔某上访事件才给的钱。

本案涉及年份跨度大，村委会换届也造成调查取证不便，法院开庭前进行了多次调查了解，多次开庭审理。据法院调查，当时处理此事的镇政府工作人员虽了解成因，但以系村民的自治事项为由不愿意多说，找到案件涉及的土地承包户崔某，其也因时间过长，记不清是何时承包的土地。

援助律师认为，崔某与当时的村委会主任李某就赔偿问题签订的协议合法有效，且在签订协议之前已经支付给崔某 6000 元赔偿款。根据《合同法》第 52 条第 1 款第 5 项规定："违反法律、行政法规的强制性规定，合同无效。"该条款仅指的是违反效力性强制性规定的合同无效。《最高人民法院关于适用〈合同法〉若干问题的解释（二）》第 14 条有明确解释"强制性规定"是指效力性强制性规定。而《村民委员会组织法》第 24 条的规定，属于管理性规定而非效力性规定。这说明并非只要违反法律、行政法规的强制性规定就必然导致合同无效。本案件中村委会主任李某代表村委会与当事人崔某签订协议未经村民会议讨论通过，其行为违反的是《村民委员会组织法》第 24 条关于"以借贷、租赁或者其他方式处分村集体财产，经过村民会议或授权村民代表会议讨论决定方可办理"的规定。该规定主要是为加强对村民委员会活动进行监督管理的管理性规定，并非效力性强制性规定。《村民委员会组织法》第 24 条作为管理性规定，约束的是农村集体组织的内部管理行为，不能对抗第三人。因此，双方签订的协议合法有效。此案一审最后一次开庭于 2015 年 8 月 3 日进行，在庭审中，村委会依据《合同法》第 52 条第 1 款第 5 项、《村民委员会组织法》第 24 条规定主张的协议无效，不能成立。村委会主张没有侵权事实，但在答辩状中明确承认因土地争议支付崔某人民币 6000 元，印证了崔某所提供的协议证据，村委会的主张没有事实依据。一审最终于 2015 年 10 月 20 日判决生效，判决支持了崔某的诉讼请求。崔某拿到判决书后激动地说，心中悬了这么多年的石头终于落地了，终于讨回自己的公道了。

但是没过多久，崔某又来到法律援助中心，心情低落地说："我那纠纷还没完事呢，村委会又上诉了"，中心工作人员先安抚了一下崔某，并再次给他办理了法律援助。办理法律援助第 2 天，承办律师再次接待了崔某。律师仔细研究上诉状，告知了崔某二审中可能存在的风险。

针对村委会上诉的理由中关于因"两田制"改革而将崔某土地收回，村里统一对外承包的情节，援助律师查找相关材料，推翻此项理由。村委会诉称1998年10月10日村里实行"两田制"，但是，在律师寻找相关文件时发现，中共中央办公厅、国务院办公厅《关于进一步稳定和完善农村土地承包关系的通知》（中办发〔1997〕16号）已于1997年明令废除"两田制"。该通知第3条要求认真整顿"两田制"。中央不提倡实行"两田制"。没有实行"两田制"的地方不要再搞，已经实行的必须按中央的土地承包政策认真进行整顿。第3条第2项规定，对随意提高土地承包费，收回部分承包地高价发包，或脱离实际用行政命令的办法搞规模经营而强行从农户手中收回"责任田"等做法，要坚决予以纠正。农民要求退回的，应退回给农民承包经营。而村委会在1998年仍旧实行"两田制"是违反中央禁令的，村委会以"两田制"名义收回崔某的口粮田也是违法的。

二审于2016年1月7日在人民法院公开审理，因上诉人村委会无正当理由未到庭参加诉讼，二审裁定村委会撤回上诉，双方当事人均按原审判决内容执行。崔某拿到二审判决书后，终于安心了。崔某的合法权益得到了法律的保护，专程做了锦旗送到法律援助中心以表感谢。

三、承办人观点

援助律师在办理该案中深深地感到法律援助是弱者的保护伞，社会公证的调节器。如果没有法律援助制度，无辜的当事人就会有理没处说。在目前整个社会法治环境还不甚理想的情况下，基层群众要得到法律的全方位的公正的保护，不可避免地会遇到种种障碍。这一方面说明，当前我国完善法律援助制度的必要性和迫切性；另一方面说明，法律援助制度要真正发挥作用还有待于整个国家法制的完善，还需要全社会的共同努力。

四、案件评析

本案涉及老上访户，对社会有较大的影响。律师对维护社会稳定义不容辞。作为法律援助律师，在办理信访案件时，应当将稳定作为首要因素，在保证稳定的前提下开展工作，稳定就是案件政治效果的最终体现，稳定也是案件社会效果的直接体现。

由此案得到以下两点启示：第一，法律面前人人平等是社会主义法治的原则，法律援助制度正是为实现这项原则服务。保护社会中贫弱者的合法权益，需要每一个法律援助工作者泼洒辛勤的汗水。第二,社会中的贫弱者对法律援助事业寄予莫大的希望,法律援助工作者更应该树立律师的良好形象,给他们在法律上以帮助,感情上以安慰。法律援助工作直接关系困难群众切身权益,社会关注度高,必须高度重视,切实加强宣传工作。要围绕社会关注、群众关心的重点领域,主动设置宣传题目;要及时总结推广好的法律援助工作中的经验做法,充分运用报刊、电视、广播等传统媒体和网站、微博、微信等新媒体,有针对性地搞好宣传,增强法律援助制度的宣传实效。

案例九 房产无证遭诉讼 法援相助伸正义[1]

一、基本案情

1990 年刘某向某村村委会申请一处宅基地,1995 年 12 月在办理《集体土地使用权证》时将该宅基地登记在刘某的名下,后村委会以"大证换小证"为由将《集体土地使用权证》收回却没有给刘某办理"大证"。2013 年 7 月 4 日村委会利用一份虚假的《市场生产资料门头承包合同书》要求刘某搬出该房屋并收回房屋,还将刘某住的 4 间房停水、停电。刘某在这种情况下,想寻求法律援助,但因该纠纷不属于法律援助的事项范围而无法获得帮助。最后刘某通过上访让房屋通上了水电,但是并没有解决根本问题。2015 年 7 月份村委会将刘某及其父母一纸诉状诉上法庭,要求刘某及其父母将 4 间房屋及其土地归还,按照每年 400 元标准的土地占用费支付自 1995 年 5 月 30 日起直至刘某及其父母实际返还土地及其房屋为止。刘某收到传票后再次来到法律援助中心寻求帮助,2015 年 4 月 1 日修订的《山东省法律援助条例》取消了事项范围的限制,公民因经济困难没有委托代理人的均可获得法律援助,因刘某常年带病,是下岗职工又系低保户,且刘某已离婚独身一人,家庭经济困难,符合法律援助的条件,中心指派律师事务所承办该案。

二、案件处理与结果

援助律师接受指派后,立即联系刘某,认真听取案情陈述,又专门召开了关于此案件的集体分析讨论会,并多次到县国土局、档案局、教育局调查有关情

---

〔1〕 案件来源:山东省法律援助中心。

况，并多次查找相关证人了解案件情况，通过询问当时的土管所所长了解到批文统一收上去后保存在党委政府里，但因搬家后找不到了，当时的村书记、村组长证实当时的《集体土地使用权证》已收上去了，并没有下发新证。援助律师根据调查了解的案件事实和证据材料及庭前阅卷确定了如下答辩意见：①村委会提交的《市场生产资料门头承包合同书》是一份假合同，合同书上的签名是打印的，没有本人签字和手印，村委会公章也是私刻的，是现在的电子章而非原先的手刻章；②房子是刘某投资兴建，土地使用权属刘某所有，原村委会以更换新集体土地使用证为由，将刘某的《集体土地使用权证》收回，至今未更换新证亦未将原证件返还；③依据《土地管理法》第16条规定，土地所有权和使用权争议，由当事人协商解决，协商不成的，由人民政府处理，在土地所有权和使用权争议解决前，任何一方不得改变土地利用的现状。当事人对有关人民政府的处理决定不服的，可以自接到处理决定通知之日起30日内，向人民法院起诉。据此，该案应先由人民政府处理，不属于民事案件的管辖范围，故应驳回原告村委会的起诉。

2015年7月22日人民法院开庭审理了此案，经过开庭、举证、质证，法庭最终采纳了援助律师的代理意见。法院于2015年9月8日下达民事裁定书，裁定驳回原告村委会的起诉。刘某收到民事裁定书后非常满意，向援助律师表示感谢。

三、承办人观点

刘某作为社会中的特殊困难群体，早年因维权事项不属于法律援助的范围而无法获得法律帮助，导致维权路途异常艰辛，只能通过上访的方式维权。2015年修改的《山东省法律援助条例》，取消了法律援助的范围，扩大了法律援助的覆盖面，帮助刘某等社会贫弱群体通过法律维护自身权益，向社会传递了向善的正能量，让所有的困难群众都能感受到了法律援助的温情，让公平、公正之花常开。

四、案件评析

本案带给我们的思考有如下几点：

1. 法律援助为社会所急需。本案当事人刘某常年带病，是下岗职工又系低保户，家庭经济困难，符合法律援助的条件。此时，法律援助变成了当事人所企盼的救济方式。在当今社会上受到损害后既不知道如何投诉又无力聘请律师的当事人何止千万，所以，对他们伸出法律援助之手已迫在眉睫。法律援助是党的群众工作，是政府责任，必须自觉坚持党对法律援助的领导，积极争取党委政府的重视和支持，要遵循法律援助法治规律，与本地经济社会发展水平相协调，与困难群众法律援助需求相适应，推动法律援助工作实现新进展。

2. 应建立法律援助基金。办案需要费用，这是众所周知的，作为律师进行法律援助，提供义务服务，这是理所当然的，但调查取证、出庭代理等差旅费有时花费甚巨，这部分费用全由承办律师自己承担有些过重，最好不要让律师义务付出劳动，又自己掏钱办案。因此，建议设立并完善法律援助基金，以支付法律援助案件的办案费用。法律援助机构的工作经费来源于国家财政或公益基金、社会捐助，因此，司法行政机关应会同财政、审计部门，对其经费使用情况进行监督检查，确保专款专用。几年来，党中央、国务院高度重视法律援助工作，出台了一系列保障政策与措施，法律援助保障水平明显提高。但也要看到，有些政策措施尚未落实到位，有的地方法律援助基础设施建设还比较薄弱。

3. 法律援助管理缺乏依据。《法律援助条例》授予司法行政机关管理法律援助的职责，但没有对法律援助管理工作作出具体规定。《法律援助条例》实施后，司法部曾出台过《律师和基层法律服务工作者开展法律援助工作暂行管理办法》。有关法律援助的地方性法规、政府规章中，也没有对法律援助管理工作作出具体规定。目前尚无一部法律援助的法律，各地做法各异，因此，理顺法律援助管理体制，加强管理机构建设，制定管理的规范性文件，是当前法律援助工作急需完成的三项重要任务。完善法律援助制度，是一项政策性、法律性很强的工作，必须坚持正确的方向和原则。要坚持党的领导，要坚持从实际出发，贯彻落实习近平总书记对法律援助工作的重要指示和中办发〔2015〕37号文件，必须立足于基本国情，坚持和完善中国特色社会主义法律援助制度。

案例十　　用人单位穷尽程序以失败告终
法律援助全程维权获八战八捷[1]

一、基本案情

2012 年 9 月 11 日，王某跟随包工头张某，到外省某建设集团有限公司承建的工地从事石工一职，口头约定每月工资 3000 元。2012 年 10 月 22 日下午 5 时 40 分许，王某从工地下班骑电瓶车回家，途中被一辆轿车撞飞倒地。由于案发现场比较偏僻，未安装监控设备，且该路段当时无人经过，肇事司机逃逸。事发后不久，2 名环卫工人下班回家恰巧路过此地，看见受伤的王某，于是拨打 120 电话，将王某送往医院救治。

经过医院抢救，王某的生命没有危险，但是腿部受伤严重，多处骨折，共花费医疗费 3 万余元。王某妻子体弱多病；老父亲年过 90，刚住院治疗花费近万元。这个家庭仅有的积蓄都为之耗尽，王某不得已决定出院。经此一劫，王某一家非常绝望，其亲朋好友多次查找肇事者，并在事发现场周边路口张贴悬赏告示，试图寻找到这位不负责任的肇事司机，但时隔多日，杳无音信。

走投无路之际，王某的一个亲戚偶然路过法律援助中心，经咨询得知，王某可以通过向用人单位主张工伤赔偿来挽回自己的损失。工作人员在了解了这个家庭的经济情况后，当场决定为王某提供法律援助，并指派劳动纠纷经验丰富的律师承办此案。

二、案件处理与结果

律师接受指派后，向王某详细询问了案件细节，紧扣法律，准备从工伤赔偿着手，最大限度地为当事人争取权益。首先，该工程是由某建设集团有限公司承建，并通过分包、转包给施工人张某的，随后，张某招用王某等人作业，张某并不具备用工主体资格。根据《关于确立劳动关系有关事项的通知》（劳社部发〔2005〕12 号）第 4 条的规定，"建筑施工、矿山企业等用人单位工程（业务）或经营权发包给不具备用工主体资格的组织或自然人，对该组织或自然人招用的劳动者，由具备用工主体资格的发包方承担用工主体责任"，显然某建设集团有

---

〔1〕 案件来源：济宁市任城区法律援助中心。

限公司应认定为实际用工主体。其次，根据交警部门出具的《道路交通事故责任证明》，肇事驾驶员逃逸，负事故的全部责任，王某无责。另外，2010年修订、2011年1月1日实施的《工伤保险条例》第14条第6项规定："在上下班途中，受到非本人主要责任的交通事故或者城市轨道交通、客运轮渡、火车事故伤害的，应当认定为工伤。"所以，王某构成工伤。

由于家里经济条件困难，王某还需要人照顾，王某想通过调解来尽快解决纠纷，拿到赔偿。但是，某建设集团有限公司严词拒绝、拒付分文，案件不得不进入法律程序。

鉴于此情，律师开始为王某申请工伤待遇赔偿。首先，律师面对的第一个困难是：王某与张某仅有口头之约，未签订劳动合同，无法证实其与张某的劳动关系，更无法印证与某建设集团有限公司的关系。所以律师认为第一步应该先提起劳动关系的确认之诉。于是，律师千方百计搜寻证据，并依次向仲裁庭提交了王某与包工头张某的谈话录音、建筑施工图纸，并劝说2名工友为王某出庭作证。据此，劳动人事争议仲裁委员会作出《仲裁裁决书》，裁决王某与某建设集团有限公司存在劳动关系，取得了工伤待遇索赔的关键一步。随后，济宁市人力资源和社会保障局出具《认定工伤决定书》，认定王某所受事故系工伤。

其次，律师遇到了第二个困难。用人单位不服，断章取义，以王某的《入院记录》记载"患者于3小时前骑电动自行车时不慎摔伤"为由，推定王某交通事故不属实。由于入院时间与事故发生时间存在3小时的时间差，王某到底是"骑车摔伤"还是"车祸受伤"成为案件的焦点问题。

由于王某先前忙于治疗，医疗费用均为亲朋好友帮忙筹措，心情极度沮丧，证据资料混乱，且大都丢失，现有证据无法解释用人单位的异议。一旦该案件无法认定为工伤，所有努力将白费。面对用人单位提出的异议，王某也一度绝望。

就在此时，律师前去王某家中取材料时，偶然发现厨房放置碗筷的铺垫系王某当时就医的人民医院影像中心资料袋，在其封面右上方有一个4～5厘米的贴条，标注着急诊病人王某诊断检查的时间"王某\男\58岁\急诊病人\DR3\左股骨正侧位片，双髋关节正位片（中）2012－10－22 18：27：40"。这一证据立即引起律师的重视，律师眼前一亮：该证据可以清楚表明检查的时间是在交通事故发生1小时内。王某被肇事车辆撞昏，后被环卫工人发现，拨打120求救，救护车往返、办理入院手续、检查治疗，1小时以内的时间是合情合理的。可是，这也只能证明王某受伤住院治疗的事实，无法证明是"骑车摔伤"还是

"车祸受伤"，尚需其他证据予以补强。于是律师赶赴交警部门调取事发后的现场照片，通过照片上显示的刹车痕迹，以及车辆倒地的方位、状态，可以证明两车相撞的事实。随后律师又咨询了交警，并赴现场实地考核，依据相关材料绘制了现场示意图，还原了事发现场。为了使证据更严密，律师又费尽周折找到当时报警、施救的2名环卫工人，做工作让其出庭作证，并将残留在路边电线杆上的王某家属制作张贴的"悬赏广告"，逐一拍照、录像。至此，所有证据都已无懈可击。

2014年7月9日，山东省人力资源和社会保障厅作出《行政复议决定书》，维持济宁市人力资源和社会保障局的《认定工伤决定书》。2014年11月18日，山东省济宁市高新技术开发区人民法院作出《行政判决书》，判决维持济宁市人力资源和社会保障局的《认定工伤决定书》的具体行政行为。2015年3月12日，山东省济宁市中级人民法院作出《行政判决书》，判决驳回某建设集团有限公司的行政上诉，维持王某因工受伤的认定。

从接受指派到结案，耗时2年，历经劳动仲裁、工伤认定、行政复议、行政诉讼一审和二审，6次开庭，工伤确认终于尘埃落定。用人单位企图利用程序拖垮王某，但是援助律师凭借扎实的法律功底和娴熟的专业技能，对用人单位予以针锋相对的驳斥，毅然走完了工伤认定的所有程序，为受援群众撑起了一片天。

2015年7月6日，济宁市劳动能力鉴定委员会作出《劳动能力鉴定结论通知书》，认定王某为9级伤残。王某自2012年10月22日因工受伤到2015年7月6日伤残鉴定，以为该案已历经3年应该尘埃落定，拿到赔偿款指日可待，可是赔偿过程并不顺利。

王某出生于1955年5月7日，2012年10月22日受伤，时年57周岁，伤残鉴定出具于2015年7月6日，王某已过60周岁。根据2011年7月1日《山东省贯彻〈工伤保险条例〉实施办法》（鲁政发〔2011〕25号）第25条第4款规定："工伤职工与用人单位解除或者终止劳动合同时，距法定退休年龄5年以上的，一次性工伤医疗补助金和一次性伤残就业补助金全额支付；距法定退休年龄不足5年的，每减少1年一次性伤残就业补助金递减20%。距法定退休年龄不足1年的按一次性伤残就业补助金全额的10%支付；达到法定退休年龄或者按规定办理了退休手续的，不支付一次性工伤医疗补助金和一次性伤残就业补助金。"用人单位以此为据，主张不用支付一次性工伤医疗补助金（3696元／月×7月＝25 872元）和一次性工伤就业补助金（3696元／月×12月＝44 352元），共计

70 224 元。

因用人单位的故意拖延，致使受伤职工王某年龄超过法律规定的退休年龄，明确的法律规定，巨大的数额差距，该案再次陷入僵局，仲裁委员会的初步意见是依法办案，不支付一次性工伤医疗补助金和一次性伤残就业补助金。无奈之下，双方调解，但是单位仅同意支付部分医疗费用 3 万元整。

律师翻阅大量法律书籍、搜寻类似案例、与律界同行探讨、找资深法官请教，数次修改代理意见，最终意见确定为：受伤职工因工负伤，根据法律规定应享有停工留薪期，停工留薪期满后，受伤职工无意继续在单位工作，单位也未作出继续用工的意思表示，且单位行使诉讼权利的同时贻误了受伤职工的实体权利的行使，所以双方在停工留薪期满后视为劳动关系的解除。

根据《山东省工伤职工停工留薪期管理办法》（鲁劳社〔2006〕15 号）和《山东省工伤职工停工留薪期分类目录》的相关规定，伤害部位停工留薪期为：股骨骨折 S72 股骨颈骨折 S72.0 为 7 个月；股骨多发性骨折 S72.7 为 8 个月。结合王某某本人的伤病，认定停工留薪期为 7 个月。本案工伤事故发生于 2012 年 10 月 22 日，加上 7 个月停工留薪期，即 2013 年 5 月 23 日，此时解除，王某 58 周岁，根据《山东省贯彻〈工伤保险条例〉实施办法》（鲁政发〔2011〕25 号）第 25 条第 4 款之规定，"……距法定退休年龄不足 5 年的，每减少 1 年一次性伤残就业补助金递减 20%……"即递减 3 年，以其解除或终止劳动合同时统筹地区上年度职工月平均工资为基数，即 2012 年济宁市统筹工资 3696 元/月；9 级工伤，支付一次性伤残就业补助金：3696 元／月×12 月×40%（100% - 3 年×20%）=17 740.8 元。

经过与仲裁员数次沟通、探讨，最终仲裁员采纳了律师的意见，判令单位支付全额的一次性医疗补助金和 40% 的一次性就业补助金。2015 年 12 月 4 日，济宁市劳动人事争议仲裁委员会作出《仲裁裁决书》，裁决某建设集团有限公司向王某支付医疗费、停工留薪期工资、住院期间伙食补助费、护理费、一次性伤残补助金、一次性医疗补助金、一次性就业补助金共计 118 035.52 元。

用人单位某建设集团有限公司故意拖延时间，根据《最高人民法院关于审理劳动争议案件适用法律若干问题的解释》（法释〔2001〕14 号）第 8 条："劳动争议案件由用人单位所在地或者劳动合同履行地的基层人民法院管辖。劳动合同履行地不明确的，由用人单位所在地的基层人民法院管辖。"在济宁市劳动人事争议仲裁委员会作出的《仲裁裁决书》即将生效的最后一天，即起诉前的最后一天，用人单位某建设集团有限公司在浙江省杭州市滨江区人民法院起诉，利用法律的规定刻意将案件移送到用人单位所在地浙江省杭州市滨江区。地处济宁的法律援助中心考虑案件的特殊性依然为其继续办理了法律援助，律师也远赴杭州出庭应诉，继续维权。

王某经长年累月的诉讼煎熬、巨大的经济负担和精神压力，身体已经出现严重病变，被确诊患有脑萎缩、脑梗塞、窦性心律不齐等疾病。再加上某建设集团有限公司远在浙江杭州，一审结束后还有二审和执行，路途遥远，为了避免诉讼的拖延，减少诉讼的法律风险，节省当事人的诉讼成本，尽快实现实体权利，权衡利弊，援助律师对诉求作了适当调整，力争和解结案，避免"颗粒无收"的窘境出现。

经过长年累月的车轮诉讼战，数次交锋对决，律师对用人单位律师也已了如指掌，加上承办法官的从中调解，数次协商，最终与在千里之外的浙江杭州劳资双方达成一致，并于 2016 年 3 月 8 日签订和解协议。杭州市滨江区人民法院制作《民事调解书》，约定 1 个月内支付王某 10 万元，否则按原裁决执行。用人单位某建设集团有限公司于调解书履行期的最后一天，终于将 10 万元赔偿款以银行转账的形式汇入了王某的个人账户，此案至此终结，画上一个完满的句号。

三、承办人观点

本案是一起典型的工伤索赔案件，认定事实困难，法律关系复杂，参与部门众多。用人单位某建设集团有限公司凭借公司法务和专业律师团队，恶意利用繁琐的司法程序，刻意夸大案件细节上的小问题，借故拖延，致使此案经过劳动仲裁、工伤认定、行政复议、行政诉讼一审、二审、劳动能力鉴定、工伤待遇仲裁、工伤待遇索赔一审等诸多程序。刻意穷尽司法程序，滥用司法救济途径，故意拖延时间，逼迫王某在赔偿数额上作出实质性的大幅度让步。案件一波三折，历时近 4 年，几度陷入僵局，王某数次绝望，萌生退意。但是援助律师对其给予了充分的理解和同情，并对其及时安抚疏导，坚定了王某的信心和希望。援助律师坚持近 4 年不懈努力，南上北下，历尽艰辛，凭借高度负责的职业精神和娴熟的法律技巧，历经 8 个司法程序，"八战八捷"全部胜诉，最终为当事人赢得诉讼。无论是诉讼方案的设计，法律风险的预测，还是法律文书的撰写，证据材料的搜集筛选，以及最后的调解过程均浸透着援助律师的辛苦和智慧。

本案历经程序多，耗时长，花费精力大，办案过程比较艰辛，几乎经历了涉及工伤劳动争议案件的全部法律程序，对劳动者、用人单位以及办理同类案件的法律同仁，都有一定借鉴意义。

四、案件评析

工伤索赔程序繁琐，成为工伤职工依法维权的屏障。在用人单位未办理缴纳工伤保险的情形下，一个工伤职工获得工伤赔偿最多需要经过 4 个必经阶段、13 道法律程序：①确认劳动关系阶段：仲裁→一审→二审；②工伤认定阶段：工伤认定→行政复议→一审→二审；③工伤伤残鉴定阶段：劳动能力鉴定→重新鉴定→复鉴；④工伤待遇赔偿阶段：仲裁→一审→二审。类似案件如果没有专业律师的介入和帮助，一般工伤职工维权会困难重重，异常艰辛。这种繁琐的程序既浪费司法资源又消磨工伤职工的维权意志，成了用人单位逃避法律责任的挡箭牌。

对于此类没有参加工伤保险的用人单位的职工发生事故伤害的案件，建议简化程序。没有工伤保险的工伤事故，负有支付工伤待遇责任的主体是用人单位而非社会保障部门，工伤认定实际上只是适用法律的过程，劳动争议仲裁委员会和人民法院完全有能力依法作出准确的工伤认定。如果将此类情形下认定工伤的权力赋予劳动争议仲裁委员会和人民法院，就可以将劳动关系确认、工伤认定、工伤赔偿等 3 个程序的裁、判结合集中到一个程序中，省去劳动关系仲裁、民事诉讼一审、民事诉讼二审、工伤认定、行政复议、行政诉讼一审、行政诉讼二审等 7 个程序。这样能大幅度减少工伤职工的维权时间，维权成本，提高办事效率，节省司法资源，真正体现执法为民、司法为民的社会主义法治理念；真正能让受伤职工"伤有所养，死有所赔，遗有所慰"，使受伤职工及其亲人及时得到妥善的救治和救济。

案例十一　　不孝子虐母受惩罚　尊老爱老是正道[1]

一、基本案情

孙某某，女，现已 86 岁高龄，老伴早逝，有一儿一女，女儿早已出嫁，现跟随已满 50 岁但仍是光棍的儿子丛某生活。2010 年 10 月 28 日上午，老人被儿

---

〔1〕 案件来源：潍坊市安丘市景芝司法所。

子丛某殴打后，从自家猪圈爬出，躲在自家西侧大路旁的草垛边，晚上9点多仍不敢回家。当地公安局接群众报警后赶到现场，叫开丛某的家门，让其将母亲抱回家，并随即对丛某进行传讯。丛某对其殴打母亲的违法事实供认不讳。经调查取证，公安机关依法对丛某作出给予5天行政拘留的行政处罚决定。

丛某不服，以该类案件只有告诉才能处理为理由提起行政诉讼。根据《行政处罚法》的规定，该类案件只有告诉才能处理，这将直接决定该案的性质和输赢。本案社会关注度高，人民法院是否维持公安机关作出的行政处罚，能否达到弘扬社会道德的社会效果，是该案的难点和关键。人民法院认为该案件社会影响较大、老人年事已高且开庭时新闻媒体也到庭采访，便在征得老人同意的情况下代其申请法律援助，因老人不识字也不会书写，法院工作人员代其书写了法律援助申请书。法律援助中心接受申请并指派律师承办此案。

二、案件处理与结果

援助律师接案后，为了解案件事实，及时与公安机关取得联系，详细调阅了公安机关提供的处罚依据和事实材料，就案件的办理过程询问了办案民警。在对案件有了全面的了解之后，又驱车赶往孙某某的家，耐心询问老人相关事实经过并多次进行开导劝说，同时走访周围邻居和所在村村委会干部。大家都说丛某性情古怪，经常打骂其母，一致要求对其依法惩处。

庭审中，援助律师讲述了丛某对其母的虐待事实和孙某某请求公安机关对丛某进行惩处的要求。同时从事实上、程序上、法律适用上论述了公安机关给予丛某行政处罚决定的合法性和适当性。特别是在公安机关对孙某某的一次询问笔录中，孙某某明确表示必须对其子丛某依法追究法律责任。面对不孝之子，援助律师严正地指出，尊老爱幼是中华民族的传统美德，赡养父母是法律规定的子女的法定义务，既然是义务，在法律上便具有了强制性和不可免除性，是必须遵守的。而丛某打骂其母，丧尽天良，既违反传统道德和公序良俗，又违反法律规定的法定义务，因此必将受到道德舆论的谴责、法律的严惩。

经过庭审对丛某进行的道德和法制教育，其心灵上受到很大的触动，思想上认识到自己的错误。最终，人民法院判决维持公安机关行政处罚决定。该案的审理引起了强烈的社会反响，达到了预期的社会效果。

三、承办人观点

虐待老人法不容，依法处罚被拘留；不服起诉是权利，公开审判法理明；更把道义旗帜举，社会反响促正义。

承办法律援助案例，不仅仅是法律援助中心的职责所在，更是一种社会责任感和正义感的体现。作为法律援助工作者应积极参与公益性法律援助，坚持维护社会公平正义，为基层社会和谐稳定发挥积极作用。在接受案例的过程中更要耐心细致地帮助申请人解决问题，努力实现法律援助效果、社会效果和政治效果的统一。

四、案件评析

在行政诉讼中，行政机关对被告人作出的案件处理决定具有合法性和适当性。由于本案的孙某某不认字也不会书写，因此在公安机关对孙某某的询问笔录中，其明确表示对其子丛某必须依法追究法律责任的态度即意味着孙某某对公安机关进行了告诉，符合告诉才处理案件的行政处罚标准。尊老爱幼是中华民族的传统美德，赡养父母是法律规定的子女的义务，而孙某某之子丛某丧尽天良，经常打骂年迈的老母亲，既违反了传统道德和公序良俗，又违反了法律规定的义务，因此必将受到道德舆论的谴责、法律的严惩，从此促使其改过自新，以后能遵守法律、传承道德、善待生养自己的老人，使其母安享晚年。

案例十二　　　邻里琐事不谦让　受伤赔偿两败光[1]

一、基本案情

申某与岳某某为同村村民，双方因争夺路边地而互拔对方的玉米苗引发纠纷，2012 年 4 月 20 日下午，岳某某拿斧子去申某家，将申某打晕，并在院外对申某谩骂。岳某某在警察到达时已经离开。

申某被送往医院治疗，住院 6 天，共花费医疗费 1439.9 元，外加各种经济损失共 4799.9 元。当地公安局对此案件作出处罚，但岳某某拒绝赔偿申某的各项经济损失。

2012 年 5 月 12 日申某来到法律援助中心申请法律援助。经援助中心审查，

---

[1]　案件来源：菏泽市成武县司法局。

申某家庭经济困难符合援助条件，遂指派援助律师办理此案。

二、案件处理与结果

援助律师受理该案后，详细询问了当事人的基本情况。到公安局及申某所住医院调查取证，并到双方居住村庄走访调查，对村民进行询问了解，搜集了《法医人体损伤程度鉴定书》、调查询问笔录、医院的病例及其收费单据等证据，后与申某协商后向人民法院起诉。

2012年3月30日人民法院作出民事判决，采纳了申某的诉讼请求及律师的代理意见，判决岳某某支付申某各种经济损失4799.9元，切实维护了申某的合法权益。申某对此结果非常的满意，高度赞扬了援助中心工作人员的敬业精神。

三、承办人观点

现代社会，同村村民的纠纷有很多，种类也是各式各样，时常为了一点儿小事而打得头破血流。在农村，群众普遍对法律知识了解较少，法制观念淡漠，不知道怎么通过法律程序解决纠纷、保护自身合法权益，更多的是利用暴力方式解决，却不知道一时冲动不仅伤害了别人，也触犯了法律、伤害了自己。这一现象屡屡发生的根本原因就是法律意识的欠缺，我们应加强普法力度，使法律宣传更普遍、更深入人心。

四、案件评析

本案是一起人身损害赔偿纠纷案件。在案件办理过程中援助律师不怕麻烦，多次到公安机关复制有关的证据材料，走访当地居民，调查取证，为本案的胜诉打下了坚实的基础。原、被告双方作为同村村民，本应相互帮助，和谐相处，却因琐事互不谦让，一方受伤一方赔偿，双方都付出了不小的代价。如果双方都能理智一些，礼让一点，也许本案就不会发生。

法律援助是国家通过法律制度化的形式，保障经济困难的公民或特殊刑事案件的当事人平等地获得法律帮助，实现当事人合法权益的一项制度，更是对社会贫弱群体享有社会平等的制度保障。任何一个社会都有贫弱群体的存在，法律援助正是通过制度性的规定，使这部分公民能够用法律维护自己的权益，最大限度地实现社会公正。通过法律援助，使贫、弱群体的基本权利与社会其他人的权利一样得到保障。法律援助有利于促进社会正义，加快人类社会迈向文明的步伐，它帮助人类用法律的方式解决冲突，最大限度地避免暴力的出现。

案例十三　　　　医疗纠纷争议多　法援举证鉴定妥[1]

一、基本案情

2010 年 8 月 16 日，朱某因腹痛至县医院就诊，被诊断为慢性阑尾炎急性发作，进行阑尾切除手术，但术后三天高烧不退，伤口不能愈合并产生多种并发症，病情恶化，生命垂危，家属要求转院治疗。朱某于 2010 年 8 月 20 日转入市医院治疗，被诊断为阑尾炎术后腹腔脓肿。后住院花费医疗费 14 万元，由于无钱继续治疗，于 2011 年 9 月 4 日出院。在与县医院交涉 14 万元医疗费及相关事宜时，医院拒绝承担，朱某于 2012 年 2 月 12 日将县医院诉至人民法院。

二、案件处理与结果

朱某家庭经济较为困难，申请了法律援助。法律援助中心接到申请后立即进行审查。经审查，案件类型在受案范围之内，其健康权遭遇侵害，理应帮助维权，遂指派律师提供援助。

朱某的家庭条件本来就差，加上医疗费的拖累，无异于雪上加霜，其精神甚至到了崩溃的地步。没有到医院做阑尾手术前，朱某身体非常健康，手术前的数月，刚生下一个活泼可爱的儿子。但手术后，家徒四壁，举步维艰。

案件起诉到县人民法院。在庭审中，县医院不承认有过错，并要求做医疗事故鉴定。在某医学会做第一次鉴定，律师陪同出席了鉴定会并发表了律师意见，但鉴定结论是医方无责任，朱某很受打击。在此困难情况下，是要求重新鉴定还是放弃？律师鼓励朱某重新鉴定并代写了重新鉴定申请书交到省医学会。

随后，律师又参加了省医学会组织的听证会并发表了代理意见，省医学会最后出具了该病例属于三级丙等医疗事故，由县医院承担主要责任的鉴定结论。拿到省医学会的鉴定结论，朱某已是泪流满面。

县人民法院经过开庭审理，对省医学会的鉴定报告进行了质证。认为公民的生命健康权受法律保护，医疗服务机构在服务过程中，对患者的生命健康负有高度的安全注意义务，对朱某的诉讼理由予以支持。

---

〔1〕 案件来源：临沂市郯城县法律援助中心。

经审理，人民法院最后判决县医院赔偿朱某现阶段的医疗事故赔偿款 17 万元，今后的治疗费可以待医疗费产生后另行起诉。结案后，朱某对律师及法律援助中心表示万分的感谢。朱某反复表示："没有法律援助，就没有我今天的索赔成功，就没有我幸福的今天和明天。感谢党，感谢政府。"

三、承办人观点

本案是一起医疗服务机构未尽高度安全注意义务造成患者人身损害的典型案件。援助律师的不懈努力和及时援助，在第一时间全面掌握基本案情，有效地保护了朱某的各种证据，使朱某的诉讼请求全部得到实现，该纠纷得到圆满解决。

四、案件评析

医疗损害赔偿责任的认定在侵权责任认定中是比较复杂的一种，《侵权责任法》中明确规定，患者在诊疗活动中受到损害，医疗机构及其医务人员有过错的，由医疗机构承担赔偿责任。医务人员在诊疗活动中未尽到与当时的医疗水平相应的诊疗义务，造成患者损害的，医疗机构应当承担赔偿责任。在医疗损害赔偿中，过错的举证是非常困难的，一般是通过鉴定机构的鉴定结论来认定，本案通过省医学会的鉴定报告来认定县医院承担赔偿责任是最好的方式。

我国在《宪法》中赋予每个公民诉权，但一般情况下，要实现这种权力需要支付律师费和诉讼费。这些费用对于经济困难的公民或者其他特殊刑事案件的当事人来说，难以支付。而法律援助制度的存在，就使他们能够在政府的无偿帮助下，维护自己的合法权益。法律援助是建设法治国家、构建和谐社会的需要。法治不仅要求能够依照法律来治理国家，还要求普通公民能够运用法律来维护自己的权益。如果那些有理无钱、有理无能的人得不到法律的帮助，法律的数量再多，法官的素质再高，都是没有意义的。在社会矛盾多发的时期，法律援助能够帮助符合法律援助规定的公民打得起官司，促进社会和谐。

第 二 章

刑事诉讼法律援助

案例一　　　　家无温暖误歧途　惩罚得当人信服[1]

一、基本案情

刁某，男，2000 年 1 月 2 日出生，本应继续学业或者走上工作岗位，但年幼时其母亲离世，父亲忙于工作，因无人照看，小学毕业即辍学在家，缺乏管教，没有形成正确的人生观、价值观、世界观，误入歧途。2016 年 2 月至 2017 年 1 月，刁某先后 5 次到多家小区入室盗窃，共盗窃现金 1870 元。刁某于 2017 年 1 月 6 日下午在盗窃时被抓获。案发后，全部赃款已归还失主。刁某在被移送审查起诉后，因其犯罪时未满 18 周岁，人民法院依法为其指定法律援助，法律援助中心将该案指派到律师事务所办理。

二、案件处理与结果

律师事务所接到指派通知后考虑到该案涉及未成年人，决定由办案经验丰富、责任心强的律师承办。援助律师接案后非常重视，随即赴看守所会见刁某，详细了解案情并办理了委托代理手续。在了解案情后，律师多次联系刁某父亲，让其作为法定代理人出庭应诉，让刁某感受到了家庭的温暖。本案审理过程中，承办律师提出了如下辩护意见：①被告人刁某实施盗窃行为时尚不满 18 周岁，应予以从宽处罚。被告人母亲早逝，父亲是大货车司机，常年在外。因此，在其成长过程中缺乏亲情关爱，缺少教育引导。被告人盗窃的动机是为了吃饭和上网，而非其他目的，而且在其实施犯罪行为，以及被抓捕过程中，没有任何暴力倾向，社会危害性较小。②被告人在被采取强制措施后，如实供述司法机关尚未掌握的罪行，有坦白情节且当庭认罪。③被告人有积极退赃的情节，并对损害结

果尽力弥补。综上所述，被告人实施主要犯罪行为时不满 18 周岁且主动坦白罪行，积极退赃，有悔罪表现。其父也认识到自身具有不可推卸的责任，已计划等被告人出来后让其学习并考取危险品押运证，父子一起工作，并同意加强教育监管，使被告人远离犯罪。本案已经给被告人父子深刻的教训，恳请合议庭给被告人改过自新的机会，判处其缓刑。

最终，人民法院判决被告人刁某犯盗窃罪，判处拘役 3 个月，并处罚金人民币 1000 元（刑期自判决执行之日起计算。判决执行以前先行羁押的，羁押 1 日折抵刑期 1 日，即自 2016 年 1 月 6 日起至 2016 年 4 月 5 日止。罚金于本判决生效后 10 日内缴纳）。

三、承办人观点

本案的焦点问题是刁某犯罪时是未成年人，根据《2014 年山东省高级人民法院常见罪名量刑指导意见》的规定，对于未成年人犯罪，应当综合考虑未成年人对犯罪的认识能力、实施犯罪行为的动机和目的、犯罪时的年龄、是否初犯、偶犯、悔罪表现、个人成长经历和一贯表现等情况，予以从宽处罚。盗窃数额不满 2000 元，但 2 年内 3 次盗窃的，入户盗窃的，携带凶器盗窃的，或者扒窃的，具有任意一种情形，在 3 个月拘役至 6 个月有期徒刑幅度内确定量刑起点。每增加一种情形，增加 3 个月刑期。盗窃次数每增加 1 次，增加 1 个月刑期。盗窃数额达到 1000 元、不满 2000 元，且具有两高《关于办理盗窃刑事案件适用法律若干问题的解释》第 2 条规定的 8 种情形之一的（盗窃公私财物，具有下列情形之一的，"数额较大"的标准可以按照前条规定标准的 50% 确定：①曾因盗窃受过刑事处罚的；②1 年内曾因盗窃受过行政处罚的；③组织、控制未成年人盗窃的；④自然灾害、事故灾害、社会安全事件等突发事件期间，在事件发生地盗窃的；⑤盗窃残疾人、孤寡老人、丧失劳动能力人的财物的；⑥在医院盗窃病人或者其亲友财物的；⑦盗窃救灾、抢险、防汛、优抚、扶贫、移民、救济款物的；⑧因盗窃造成严重后果的），在 3 个月拘役至 9 个月有期徒刑幅度内确定量刑起点。每增加一种情形，增加 3 个月刑期。根据上述法律规定，援助律师据理力争，为刁某争得了法定刑中的较低刑期，维护了刁某的合法权益。

四、案件评析

这是一起比较典型的保护未成年人合法权益的成功案例。援助律师不辞辛苦，做了大量工作，法院依据事实正确适用法律，维护了未成年人的合法权益，对被告的判决与罪行相适。由此可见，要切实维护未成年人的合法权益，就需要整个社会形成一个保护的网络。孩子是祖国的希望、未来的主人，对他们的培养、教育问题关系民族的振兴。自新中国成立以来，对保护未成年人的合法权益就十分重视，未成年人是社会的弱者，对于这一特定群体的保护措施，我国已在法律援助制度中作了明确规定。法律援助制度的确立就是基于保障公民最基本的权益，为那些社会的贫者、弱者提供法律服务，帮助他们平等地享受法律赋予的各项权利，体现社会主义法制的优越性。本案使我们进一步认识到法律援助工作的意义重大，因此，对于承担援助义务的律师而言，援助案件是没有大小之分的，它们的社会效益也必将超过案件本身。

案例二　　　　老赖拒执判决书　援助成功振人心[1]

一、基本案情

杨某和王某系南北邻居，王某为搭建房屋平台，在自家院里建起一堵南墙，距离杨某的北山墙仅有50公分，且墙体的高度高于杨某的滴水檐。南墙建起后，杨某家的通风、采光及排水均受到影响，杨某遂以侵犯相邻权利为由将王某诉至人民法院。令杨某没想到的是，胜诉判决生效3年了，人民法院执行局出动多次，王某也被拘留了3次，可堵在自家北窗外面的高墙还是岿然不动。因王某有能力执行而拒不执行，无奈之下，杨某来到法律援助中心，申请法律援助。

二、案件处理与结果

法律援助中心接到杨某的申请后，指派援助律师为其代理。律师当即约见杨某，到现场勘查、调取和搜集相关证据，并为杨某撰写诉状，到人民法院立案。王某被逮捕后的第二天，王某的家属便对院墙进行了拆除。

在律师的努力下，人民法院采纳了律师的代理意见，依据《刑法》的相关规定对此案作出判决。被告人王某对人民法院已发生法律效力的判决有能力执行而拒不执行，情节严重，其行为已构成拒不执行判决、裁定罪。因王某当庭自愿认罪，其亲属协助履行了民事判决书确定的全部义务，依法可对其从轻处罚。最

终，王某被判处有期徒刑 8 个月，缓刑 1 年。

三、承办人观点

人民法院宣判这起拒执案件，重申了司法权威。人民法院的判决文书不是一纸空文，如不按期履行判决确定的义务或将判刑。对人民法院的判决、裁定有能力执行而拒不执行的行为一定要进行严厉打击，才能对老赖们起到震慑效果。此案对王某的教训十分深刻，对社会上的类似当事人具有警醒作用。

四、案件评析

本案中法律援助中心及时对被执行人王某有履行能力而拒不执行的相关证据进行调查取证，积极引导当事人及时依法行使诉讼权利。在杨某起诉后，执行法院及时审理，依法判决，促使被告人对院墙进行拆除。人民法院充分利用法律手段，依法严厉惩治了拒绝执行的犯罪行为，有效促进了案件的执行，切实保障了申请执行人的合法权益。通过申请执行人提起诉讼，对拒不执行判决、裁定的被执行人依法审判，促使执行案件全部或者部分得以执行，法律威慑力得到体现，丰富了打击拒不执行判决、裁定犯罪的法律手段，增强了人民法院执行工作的强制性，取得了良好的法律效果与社会效果。

案例三　　不堪家暴杀夫获死刑　律师援助二审改有期[1]

一、基本案情

1. 秀气女大学生嫁给盗贼。王某某原籍黑龙江省，她在长春上大学时被于某盗窃，背包、钱包、身份证、学生证等物品被偷走，于某拿走现金准备扔掉背包等物品时发现学生证照片中的王某某面容姣好，端庄秀气，顿起歹念。于某按学生证上的地址找到了学校将空包、身份证等物品送给王某某，虽然现金没了，但王某某仍然对这位好心的年轻人充满感激，双方互留了联系方式。不久，于某开始狂热地追求王某某，整天甜言蜜语，嘘寒问暖，软磨硬泡，涉世未深的王某某没多久就坠入了情网。

王某某父母得知后，见于某无正式工作，无学历，又油腔滑调，坚决反对，

---

〔1〕　案件来源：山东省法律援助中心。

鬼迷心窍的王某某一心只想和于某相好，根本不听父母劝告，王某某父亲为阻止二人的恋情以脱离父女关系相威胁，痴情女王某某和父母脱离了子女关系，毅然嫁给了一无所有的于某。

2. 苦命女惨遭 10 年家暴。婚后，王某某发现自己深爱的丈夫竟然是一个长期盗窃、多次被处罚又屡教不改的小偷，十分后悔，提出了离婚，于某恼羞成怒，露出了真面目，将王某某痛打了一顿，并跑到王某某父母家中，将家里的家具砸了个稀巴烂，王某某父亲一气之下得了脑溢血，从此瘫痪在床。王某某只要稍有怨言或不满就会招来一顿拳脚，只要二人吵架，王某某的父母就会跟着遭殃，女婿就跑到家里大闹、打砸。不久儿子降临，王某某本希望丈夫能善待家人，好好过日子，没想到于某依然脾气不改，对待妻子儿子非打即骂，王某某整日以泪洗面，父母也跟着遭殃，在东北老家实在没法待了。为了不连累父母，王某某提议到德州投奔于某的姐姐，于某同意了。

王某某到德州后打过零工，当过服务员，好在有大学文凭，不久在一家装饰公司谋到了一份办公室文员的工作，母子俩总算稳定下来。于某来德州后既不找工作又不照看孩子，结识了一帮地痞流氓，整天跟着一帮人在德州高速服务区等地盗窃，不久竟然还染上毒瘾，开销越来越大，盗窃所得根本维持不了吸毒。染上毒瘾后的于某性情大变，变得更为疯狂，更为暴躁，常因琐事殴打妻子王某某及儿子。更为严重的是，妻子王某某发现丈夫竟然还包养着四五个吸毒的女人，花费很大。于某盗窃所得根本不够开销，就整天逼迫妻子拿钱。律师调查发现，案发前一个半月，王某某竟然给于某转账了 11.9 万元，为此王某某被迫向银行贷款 8 万元。

于某长期不务正业，伙同万某、刘某等人长期实施盗窃等违法犯罪活动，2010 年 2 月还被法院判刑 1 年 9 个月，对家庭、妻子和儿子漠不关心，在外包养多个情妇，还长期吸毒、赌博，一旦吸毒没有钱或赌博输了钱就找王某某索要，王某某不给或无力支付，就对其进行毒打，王某某经常被殴打住院治疗，因王某某好面子，住院治疗时没有用真名，导致辩护人只查找到了王某某于 2013 年 2 月 26 日在德州市立医院的住院记录，该住院记录显示：该天王某某被打后，右上臂及左肩部疼痛、皮肤裂伤、出血 1 小时；全身多处皮肤青紫，局部压痛；左肩部压痛，腰背部压痛，肾区叩击痛。这一次毒打让王某某住院 4 天，右上臂缝了 18 针。于某长期的威胁、恐吓、毒打导致王某某一直生活在恐惧之中，连于某的儿子都立志长大了要当警察，要把自己的父亲抓起来。

3. 忍无可忍怒杀夫。案发前 3 天，丈夫于某又索要 6 万元，限令王某某 3 天之内凑齐，否则整死王某某。眼看 3 天期限已到，王某某自己不敢单独回家，恰好在临邑打工的弟弟来到德州拉货，王某某向弟弟哭诉了 10 年来被于某毒打的经历。弟弟对姐姐断绝父女关系嫁给于某，导致父亲生病卧床不起很有意见，这些年少有来往，加上和姐夫于某关系不好，不想掺和他们的事，但担心姐姐回家后又会遭到毒打，就把姐姐送到楼上。

王某某和弟弟一进家门，于某就开始辱骂王某某的弟弟，扬言要弄死王某某的弟弟，很快二人就厮打到了一起，于某将王某某的弟弟压在身下殴打。眼看着弟弟要吃大亏，王某某 10 多年的冤屈和愤怒爆发了，她拿起桌子上的水果刀对着于某连捅了几刀，于某最终因流血过多死亡。案发后，王某某到公安机关主动投案，但一开始并没有交待自己弟弟参与作案，后来主动交代全部犯罪经过，德州市人民检察院以故意杀人罪将王某某与其弟弟起诉至德州市中级人民法院。

4. 弱女子一审自我辩解未被采纳，一审法院判死刑。德州市中级人民法院依法公开审理了王某某及其弟弟故意杀人一案，法院认定被告王某某因家庭矛盾产生杀人故意，在王某某弟弟协助下用刀刺被害人于某，导致于某死亡，公诉机关指控的事实、故意杀人罪名成立，辩护律师尽管也提出了自首、正当防卫、被害人过错等辩护意见，但由于没有提供任何能证明辩护意见的证据，法院没有采纳辩护意见，一审判处王某某死刑，缓期二年执行，其弟弟王某也被判处了 15 年有期徒刑。

二、案件处理与结果

一审宣判后王某某不服提出了上诉，王某某的父亲瘫痪在家，母亲也体弱多病，家里没有能力再为其聘请律师，山东省法律援助中心指派律师为其担任二审法律援助律师。律师接受指定后迅速复印了全部案卷，并多次到看守所会见王某某，发现这个案子存在很多疑点，于是果断制定了大胆取证、进行罪轻辩护的思路。在二审庭审中，辩护人提出如下意见：王某某在第一次讯问后主动找到公安人员如实交待了弟弟参与作案的事实，应认定为自首；被害人于某长期对王某某实施家庭暴力，存在重大过错，尽管王某某杀夫构成刑事犯罪，但这也是其丈夫 10 年家暴造成的恶果；本案系婚姻家庭纠纷而引起，不宜判处死刑，原审量刑过重等，请求二审依法从轻判决。

王某某在最后陈述阶段，泪流满面地叙述了 10 年来难以忍受的家庭暴力，她的遭遇震惊了在场的所有人。本案庭审中，还有一个令人感慨的情形：当辩护人提出原审判决量刑过重，请求二审依法改判等意见后，令律师没有意料到的是，山东省人民检察院的检察员也完全同意辩护人的辩护意见。

据悉，检察官在法庭上听取辩护人意见后，当场同意辩护观点的情况实属少见，辩护人的意见获得检察院的同意和认可，进一步说明了辩护人的意见有理有据。

山东省高级人民法院经审理认为上诉人王某某因无法忍受其丈夫于某的赌博、吸毒等恶习和长期的家庭暴力而产生杀人故意，伙同弟弟将于某杀害，二人的行为均构成故意杀人罪。上诉人王某某案发后主动到公安机关投案，如实供述了伙同其弟弟杀害被害人于某的犯罪事实，系自首，依法可从轻处罚。上诉人王某某、辩护人及检察员所提"王某某有自首情节"的上诉理由、辩护意见和庭审意见予以采纳。鉴于被害人于某对案件发生存在一定的过错，上诉人王某某因无法忍受家庭暴力而杀夫，认罪态度较好，依法可酌情从轻处罚。上诉人王某某、辩护人和检察员所提"被害人存在过错"等理由、辩护意见和出庭意见予以采纳。原审判决未认定王某某的自首情节和被害人的过错，导致对上诉人王某某和其弟弟量刑偏重，依法应予改判，维持一审判决中定罪部分和附带民事部分，撤销一审判决中的量刑部分，改判上诉人王某某有期徒刑 15 年，改判上诉人王某某的弟弟有期徒刑 12 年。

三、承办人观点

弱女子王某某杀夫案是一起震惊山东德州的大案，全国也有多家媒体关注这个案件，凤凰网、腾讯新闻网、新浪网、齐鲁网等媒体对案件进行了跟踪报道，如齐鲁网报道题目为"德州一女子 10 年前嫁给盗贼 10 年后竟手刃亲夫"；腾讯新闻网报道题目为"女子难忍丈夫赌博养情妇伙同弟弟将其杀死"等；山东电视台"生活帮"栏目、德州电视台"直播德州"栏目都详细报道了该案。

本案二审改判后，在德州市司法界引起极大关注，律师的法律援助工作得到了一致好评。本案就是一起法律援助不走过场见实效的典型案例。送来锦旗的同时，王某某的同事还给律师买了一张 300 元的购物卡想表达感谢之情，律师表示，法律援助是我们律师的责任，也是律师的义务，我们一分钱都不能要。你们的心意我们表示感谢，但购物卡坚决不能要。王某某的同事感动地说："从来没有见过这么好的律师，太感谢你们了！"

本案教训深刻，发人深省，王某某不听父母劝阻嫁给盗贼，挽救、感化盗贼不成，反遭 10 年家庭暴力，最终忍无可忍以暴制暴，落得了姐弟俩锒铛入狱的可悲结局，等待他们的将是漫漫牢狱生涯。

四、案件评析

法律援助是律师的义务，更是律师的责任，法律援助绝不能走过场！生命和自由对每一个人都是平等的，尽心尽力办好每一个案件是时代赋予辩护律师的神圣职责！律师在从事刑事辩护时的重点应该始终放在寻找被告人无罪或罪轻的证据上。在本案中，承办律师没有因为这是一件指定的法律援助案件而减少责任心，反而投入了大量的时间和精力从现有的证据中找到了案件的突破口，最终使被告人得到从轻判决。法律援助工作一定要降低门槛，适应困难群众的民生需求，帮助困难群众运用法律手段维护自身合法权益。法律援助工作者要进一步学习、贯彻习近平总书记关于提高法律援助质量的重要论述，紧紧围绕人民群众实际需要，积极提供优质高效的法律援助服务，努力让人民群众在每一个案件中都感受到公平正义。

案例四　　　　盗窃认定 200 万　法援辩护为 15 万[1]

一、基本案情

2015 年 5 月，刘某某多次到一居民小区入室盗窃，作案数起。其中一名失主报案声称丢失财物 200 余万元，被办案机关形容为"入室大盗"，在各种媒体进行传播，给当地造成极大影响。经过侦察，公安机关逮捕了犯罪嫌疑人刘某某，以盗窃 200 余万元的数额为据移送至区人民检察院审查起诉，后区人民检察院又向区人民法院提起公诉。

二、案件处理与结果

刘某某的父母均为农民，常年在外打工，妻子带着两个孩子生活，没有任何收入。自刘某某被逮捕之后，其父母经常以泪洗面，不知怎么办，特别是有关此案信息在网络上的传播，更让刘某某一家人陷入恐慌之中，认为刘某某如果以

---

〔1〕 案件来源：枣庄市法律援助中心。

200 万盗窃事实认定之后，其将永无出头之日。在他人的提醒之下，刘某某的家人找到法律援助中心寻求法律援助。中心详细了解案情之后，认为刘某某符合法律援助条件，指派具有丰富辩护经验的律师为其进行辩护。

律师接受指派后，依法向区人民检察院提交手续，复制案卷材料；详细阅卷，数次会见被告人；对于本案数额、证据等争议问题及时向办案机关提出意见。律师认为公安机关的起诉意见中认定盗窃数额定为 200 万是不正确的，因为在侦察卷宗中对数额特别巨大的盗窃事实记录不清，证据不足。辩护人立即将有关意见向检察机关进行反馈，后检察院采纳了辩护人的意见，并将本案退回侦察机关进行重新侦查。在补充侦查后，侦察机关对数额特别巨大的这一起案件仍然存在着事实不清、证据不足的问题。因此检察机关向人民法院提起公诉时，检察机关在起诉书中仅明确刘某某的盗窃数额为 15 万余元，而不是公安机关移送的200 余万元。对于这一起案件只是说盗窃了某某物品一宗，没有明确数额。这一点，明显对被告人有利，因为对于事实不清的案件法院不会认定。但是，辩护人也担心法院在量刑上会对此考虑。对涉案这几起事实，被告人供认不讳，也有其他证据印证，对此各方都没有争议。虽然各方只是对这一起案件的数额有争议，但是检察机关在提起公诉时也将数额去掉了。

本案争议焦点及法律适用如下：首先是对于自首方面，可以考虑被告人认罪态度较好，特别是侦查机关讯问时，如实地供述了犯罪事实，且供述前后一致；其次是对于立功方面，在阅卷时发现，被告人在带公安机关指认销赃现场的店铺时，本案也将店铺的老板以涉嫌掩饰隐瞒犯罪所得列为被告人一并处理。可以考虑是否是被告人指认现场的同时，并抓获同案犯，如果符合立功条件，这将对于刘某某的量刑极为有利。但是在侦察案卷的材料中没有明确这一情节，对此，律师在会见被告人时多次详细询问当时过程以及告诉其庭审时如实向法庭说明。在庭审时，律师向法庭提出刘某某在案件侦查期间协同公安机才关指认犯罪现场，在其协助下抓获了同案犯，法庭庭后审查核实认可此系立功行为，但是由于被告人是累犯不能判缓刑，且没有能力交纳罚金和退赃，律师依据《刑法》盗窃罪的量刑规定和山东省高级人民法院院相关量刑意见，结合本案的被告人涉嫌的数额以及量刑情节，向法庭建议量刑在 5 年以下有期徒刑。

区人民法院认为刘某某盗窃罪名成立，盗窃数额 15 万余元，同时由于被告人认罪态度良好，如实供述自己的罪行，依法可以从轻处罚，其归案后能主动协助司法机关抓捕其他犯罪嫌疑人，依法可以从轻处罚。对于律师提出的立功的辩护意见符合立功情形,法庭予以采纳,最终判处被告人刘某某有期徒刑 5 年。刘某某对判决结果满意,当庭表示不上诉,其家人也都很满意。

三、承办人观点

本案的刘某某,正当壮年,是一家之主,上有白发苍苍的老人,下有两个嗷嗷待育的孩子,是一家的顶梁柱,本应凭借自己的身体和智慧,去通过合法途径赚取钱财,却由于其犯罪陷入牢狱之灾,对家人的生活,以及精神上打击都很大。但是,政府仍然为其提供法律援助,给其温暖,希望其改过自新,早日回到社会,回报社会,照顾家人。同时,法律援助也让刘某某的一家人看到了希望。

四、案件评析

援助律师接受指派后,在审查起诉阶段,为刘某某提供辩护工作,提出部分犯罪行为存在着事实不清、证据不足的问题,检察机关采纳了律师的意见,对该案件进行了退回补充侦查的决定。补充侦查后,由于部分案情仍然证据不足,检察机关在起诉书中以认定的 15 万元而非侦察机关认定的 200 万为盗窃数额起诉,从而使整个案件在犯罪数额的认定上实现了重大突破。在审判阶段,做好刑事辩护工作,在自首、立功方面力求证据扎实,并当庭确认,为被告人从轻、减轻处罚提供了有力的保障。因此,在办理案件过程中辩护人以尽心的服务态度、尽职的职业操守、尽责的执业行为,让刘某某得到了从轻处罚。

案例五　　　　父亲杀儿悚人闻　法律援助维权益[1]

一、基本案情

被告人肖某与原告肖某某系父子关系。2014 年 7 月 21 日 17 时许,被告人肖某回家中取换洗衣物时与原告肖某某发生争执,后被告人肖某离开,从其停放在门外的车上拿出尖刀返回家中,在其家厨房内持该尖刀捅刺肖某某腹部、腿部,该尖刀被肖某某夺下后,被告人肖某又持厨房内的菜刀砍击肖某某头部、胳膊等处。经鉴定,肖某某腹部所受损伤属重伤二级,头部受损伤属轻伤二级,四肢所受损伤属轻伤二级。

---

[1]　案件来源:烟台市芝罘区法律援助中心。

二、案件处理与结果

由于本案被害人肖某某是未成年人，其家庭生活困难，且案件情况特殊——肖父将自己的儿子肖某某捅成重伤！法律援助中心为维护未成年人合法权益，经过被害人肖某某之母夏某的申请，决定给予本案被害人肖某某法律援助。援助律师当天即与被害人肖某某之母夏某取得联系，向其了解案情，听取诉求。律师了解到：肖某与夏某于 1996 年 6 月 6 日登记结婚，婚后 1998 年 9 月 17 日生下了儿子肖某某，但是肖某一直怀疑儿子肖某某不是自己亲生的，双方经常发生矛盾，夏某也一直未作亲子鉴定。据夏某表述事发前肖某已有外遇，并且对自己经常打骂，自己的娘家人为保护自己住到了家里后，肖某更是整日外出不归。律师分析总结了纷乱复杂的案情事实，耐心细致地向夏某讲解了《刑事诉讼法》的相关规定，在尊重当事人的基础上，向其讲明了利害关系，并将相应的法律条款归纳后打印出来交给夏某。

另外，在谈话过程中律师发现夏某情绪不稳定，存在重重顾虑，胡律师对夏某进行心理疏导，随后与肖某某取得联系，进行了沟通，安抚母子俩的情绪，帮助当事人回归理智，相信只有通过合法手段才能维护自身的合法权益。此后，肖某某与母亲夏某多次联系律师，律师向其解释了法律规定和诸多实际案例，同时疏解了当事人情绪。

在案件处理过程中，援助律师从被害人实际需求出发，了解到肖某某有人身意外保险，尚在保险期内，但是夏某认为保险已经过期失效，律师向夏某说明了事发在保险期间内，并说明保险理赔流程，协助其取得理赔凭证，联系保险公司，帮助夏某进行保险理赔。

律师根据法律规定和案件实际情况向法院提交了刑事附带民事诉状，期间考虑本案系家庭纠纷引起，在充分听取当事人处理意见的基础上，按照 2 级伤残标准计算了伤残赔偿金。原告共主张自费医疗费 25 959.1 元，护理费 2168.2 元，住院伙食补助 420 元，伤残赔偿金 508 752 元，精神损害赔偿 10 000 元。期间律师多次与对方辩护人及承办法官联系，但最终未就赔偿问题达成一致意见。

2014 年 11 月 26 日，人民法院对本案进行了公开审理，援助律师出庭代理本案刑事附带民事部分并参加了庭审。原告肖某某未出庭，原告法定代理人亲属20 余人旁听了庭审，律师对旁听人员做了大量安抚和劝导工作，保障庭审的顺利进行。庭审过程中，被告对犯罪事实供认不讳，但是表示无力承担民事部分的赔偿，因此被告始终未获得原告方谅解。被告人肖某当庭供述，案发当时自己正在气头上，被愤怒冲昏了头脑，表示愿意接受法律制裁。

法庭采纳了律师的部分代理意见。庭审后，律师向激愤的原告亲属耐心讲解了相关法律规定，解释肖某辩护人的辩护意见，告知其要相信法律力量、相信法院公正，劝导众人有序地离开法院。

2014 年 12 月 11 日，人民法院作出判决：判决被告人肖某犯故意伤害罪，判处有期徒刑 7 年 6 个月；赔偿附带民事诉讼原告人肖某某经济损失 28 547.3 元。法庭采纳了律师的代理意见，对当事人民事方面的实际损失赔偿予以支持，被告人肖某服判。2014 年 12 月 12 日，法院向当事人送达了判决，当事人表示接受案件的处理结果，案件有了结果对双方及家庭都是一种解脱。

三、承办人观点

此案的法律援助已告结束，但是此类案件的发生依然令人痛心！不禁感慨世事无常，哀叹孩子无可选择的命运。本案被害人肖某某事发时仅 15 周岁，尚属未成年人，我们对孩子生在如此的家庭表示同情，同时我们必须思索产生这样的事件背后的深层原因，以及下一步怎样让有如此经历的孩子回归正常的生活。

此次法律援助工作的对象是刑事附带民事部分原告人（被害人），具有一定代表性。2012 年修订的《刑事诉讼法》实施以来，在定罪量刑和赔偿问题上当事人往往难以理解和运用，面对赔偿问题往往束手无策、无计可施，无力维护自身的合法权益，但是刑事案件的附带民事部分是由犯罪行为引发，本身就存在特殊性，如果被害人诉求再得不到合理的保障，更容易激化矛盾，影响当事人生活的继续，甚至可能引发社会事件。我们的法律援助工作要响应党的十八大精神，为群众排忧解难，共建和谐社会，我们还有很多的工作要做，有很长的路要走。

四、案件评析

本案系刑事附带民事案件。附带民事诉讼，是司法机关在刑事诉讼的过程中，在解决被告人刑事责任的同时，附带解决被告人的犯罪行为所造成的物质损失的赔偿问题而进行的诉讼活动。就其解决的问题而言，是物质损失赔偿问题，与民事诉讼中的损害赔偿一样，属于民事纠纷，但它和一般的民事诉讼又有区别，有着自己的特殊之处。这表现为两个方面：从实体上说，这种赔偿是由犯罪行为所引起的；从程序上说，它是在刑事诉讼的过程中提起的，通常由审判刑事案件的审判组织一并审判。其成立和解决都与刑事诉讼密不可分，因而是一种特殊的诉讼程序。正因为如此，解决附带民事诉讼问题时所依据的法律具有复合性特点。就实体法而言，对损害事实的认定，不仅要遵循《刑法》关于具体案件犯罪构成的规定，而且要受民事法律规范调整；就程序法而言，除《刑事诉讼法》有特殊规定的以外，应当适用《民事诉讼法》的规定。根据《刑法》第36条、第37条和《刑事诉讼法》第99条，以及《最高人民法院关于适用〈刑事诉讼法〉的解释》第138条、第139条、第140条、第141条、第142条的规定，刑事附带民事诉讼范围如下：①因人身权利受到犯罪侵犯而遭受物质损失或者财物被犯罪分子毁坏而遭受物质损失的可以提起附带民事诉讼。对于被害人因犯罪行为遭受精神损失而提起附带民事诉讼的，人民法院不予受理。②被害人因犯罪行为遭受的物质损失，是指被害人因犯罪行为已经遭受的实际损失和必然遭受的损失。③被告人非法占有、处置被害人财产的，应当依法予以追缴或者责令退赔。被害人提起附带民事诉讼的，人民法院不予受理。追缴、退赔的情况，可以作为量刑情节考虑。④国家机关工作人员在行使职权时，侵犯他人人身、财产权利构成犯罪，被害人或者其法定代理人、近亲属提起附带民事诉讼的，人民法院不予受理，但应当告知其可以依法申请国家赔偿。⑤国家财产、集体财产遭受损失，受损失的单位未提起附带民事诉讼，人民检察院在提起公诉时提起附带民事诉讼的，人民法院应当受理。⑥人民法院审理附带民事诉讼案件，依法判决后，查明被告人确实没有财产可供执行的，应当裁定中止或者终结执行。

案例六　　　少年寻衅滋事后悔晚　法援挽救感教先[1]

一、基本案情

2013年4月10日，未成年被告人王某（17岁）等人在一家摩托车维修店内，强行骑走被害人胡某的摩托车。据王某交待，其最初并无强行骑走受害人摩托车的念头，但同行众人把被害人摩托车轮胎与王某的摩托车轮胎进行比对，并不断鼓动、怂恿王某，让其与被害人换轮胎。王某禁不住摩托车骑友的鼓动，要求换轮胎，胡某坚决不同意，王某迅速骑上摩托车，同时扔下5元钱称，"这车

---

〔1〕　案件来源：烟台市蓬莱市法律援助中心。

哥买了”，随后强行将车骑走。

后被告人王某伙同丛某（在逃，另案处理），在一处偏僻路段，共同围堵追赶向其索要胡某摩托车的被害人姜某，期间，被告人王某踢、踹被害人姜某的摩托车，被告人丛某持刀将被害人姜某右肘部砍伤，致姜某后尺骨骨折。经法医鉴定，被害人姜某右上肢所受损伤属于轻伤。

二、案件处理与结果

查明案情后，人民检察院以王某等人涉嫌寻衅滋事罪依法提起公诉。因被告人王某系未成年人且家境一般，遂未自行委托辩护人，经法律援助中心指派律师事务所承办此案，选派律师作为被告人王某等人寻衅滋事一案中王某的辩护人依法出庭。

律师接受指派后，认为此系一起典型的因未成年人逞强好胜而最终导致寻衅滋事的刑事法律案件。办理好此案不仅关系到因一时冲动失足的 17 岁少年的人身自由，亦关系到同样是未成年人的受害者的伤残赔偿问题。律师认为本案办理的关键在于：仔细研读办案卷宗，查清事实，找出辩护观点；尽快到看守所会见被告人王某，结合阅卷掌握的信息，询问侦查机关有无非法取证情况及被告人向办案机关的供述是否属实。

接受指派后当天下午，律师便持有关辩护手续到人民法院联系阅卷事宜，前后翻看卷宗 2 遍，耗时 2 个半小时左右，并对卷宗内有关内容进行了详细摘记。同时，律师与该案主审法官进行了庭前辩护观点探讨。

阅卷完毕后第二天，律师与同事到看守所会见被告人王某。会见过程中，被告人王某后悔因一时逞强好胜，使自己人身自由受到限制，伤害了他人生命健康，表示对不起父母家人，真诚悔罪，几度泪流满面。并且其真心希望律师积极辩护，法院能从轻判处，决心出狱后改过自新，重新做人，回报社会。考虑到此案系未成年人犯罪，律师一方面结合阅卷情况针对性询问其供述是否属实，办案机关有无采取刑讯逼供等非法取证手段，其表示供述真实，办案机关讯问符合法律规定；另一方面，律师从心理上重点教育引导被告人王某：年轻人应知错就改，事情已经发生，需要用积极的心态面对，庭审时配合法庭调查、自觉认罪悔罪、向受害人真诚表示歉意，争取取得被害人谅解，如此法院才可能从轻判处。

会见完毕后，律师专门安排时间约见了王某的父母，重点沟通了被告人在看守所中的情况，希望能积极赔偿被害人，达成和解协议，取得被害人谅解，争取从轻判处等事宜。最终王某父母代王某赔偿被害人 4 万元，双方达成和解协议。

三、承办人观点

庭审过程中，检察院指控被告人王某等人犯寻衅滋事罪，应当依法严肃处理。辩护律师的主要辩护观点包括：①被告人王某犯罪时不满 18 周岁，有法定从轻处罚情节；②被告人王某属于从犯，应当从轻、减轻或者免除处罚。理由是王某之所以犯罪是受到了其他摩托车骑友的指使、怂恿、鼓动和挑拨，因被告人系未成年人，缺乏判断、年轻冲动，才激起了犯罪意图，导致发生了遗憾的后果；③王某的认罪、悔罪态度较好，表现在：能够如实供述自己的犯罪事实，积极赔偿被害人的损失，并得到了被害人的谅解。辩护人在会见王某时，他对自己的犯罪行为非常后悔，并表示一定要痛改前非。王某的这种认罪、悔罪之情是发自肺腑的；④王某系初犯、偶犯，主观恶性较低。王某自初中毕业后走上社会，自食其力，平时能够遵纪守法。在此次犯罪以前，无其他劣迹，表现较好。王某过去的表现虽然与本次犯罪无关，但是法庭对这样一起比较轻微的刑事案件，在量刑时适当考虑王某过去的一贯表现，对于准确量刑是必要的；⑤王某主观恶性和社会危险性相对较小，对这一酌定的量刑情节，请合议庭在量刑时给予考虑。王某与被害人素不相识，没有矛盾，更无深仇大恨。面对伙伴的挑拨、怂恿、鼓动，王某明显缺乏驾驭和正确处置问题的能力，暴露出年轻人处事不稳、容易冲动的特点。但是，这毕竟与那些有预谋、有计划实施的寻衅滋事犯罪具有重大区别；⑥鉴于被告人王某自愿认罪，法庭应酌情予以从轻处罚。综上，辩护律师认为对未成年人犯罪应以教育为主，惩罚为辅。

对于以上辩护观点，法院认为因被告王某等人都参与了围堵被害人，且对被害人的摩托车实施踢踹行为，属于积极参与，故王某与同案人地位相当，不适合区分共同犯罪中主犯、从犯，故不采纳律师关于被告人系从犯的辩护观点，但律师其他辩护观点得到法庭采纳。

最终，人民法院依照《刑法》第 293 条第 1 款第 1 项、第 25 条第 1 款、第 17 条第 1 款、第 3 款、第 67 条第 3 款、第 72 条第 1 款之规定，依法判处被告人王某有期徒刑 8 个月。

四、案件评析

我国刑法的目的是促使犯罪人早日悔过自新，重新做人，尤其是对未成年人案件。以上案例体现了我国《刑法》的罪责刑相适应原则，惩罚犯罪与教育相结合的一贯刑事政策也得到了很好的体现。律师在办理未成年人刑事案件时既要考虑法律上的辩护观点，更要照顾、了解到未成年人的心理尚未完全成熟的特殊性，应以教育感化为主，注意讲道理、科学引导，而不要一味批评、责怪，使之产生自卑感，毕竟知错就改即为好孩子。

案例七　　　精神病人杀妻案　法律援助获判13年[1]

一、基本案情

2014年1月19日15时许，被告人李某在家中因琐事与妻子徐某发生争执，李某采取扼颈窒息的手段将徐某杀死于家中卧室内。经法医鉴定：李某作案时的辨认和控制能力明显减弱，评定为对本案具有限制刑事责任能力。2014年1月21日，李某因涉嫌故意杀人罪被当地公安分局采取了监视居住的强制措施。2014年3月28日当地公安分局认为李某使用暴力手段故意剥夺他人生命，其行为已触犯《刑法》第232条之规定，涉嫌故意杀人罪，依照《刑事诉讼法》第160条之规定将此案移送到当地人民检察院审查起诉。2014年5月8日人民检察院以故意杀人罪向人民法院提起公诉。

二、案件处理与结果

当地法律援助中心指派2名律师承办此案，依法作为犯罪嫌疑人李某故意杀人一案的辩护人。

援助律师对本案高度重视，于接受指派后的当天到人民法院进行了阅卷，并于第二天会见了犯罪嫌疑人李某。其根据查阅案档、会见被告人，分析检方《起诉书》和指控证据，并结合相关事实和法律，对于公诉机关以"故意杀人罪"对李某提起公诉无异议，但认为李某具有从轻、减轻情节，应当依法从轻、减轻处罚。

---

〔1〕　案件来源：烟台市招远市法律援助中心。

人民法院对本案进行了开庭审理。辩护律师的辩护意见主要包括以下几个方面：其一，被告人李某患有"精神分裂症"，经鉴定，其作案时辨认和控制能力明显减弱，对本案具有限制刑事责任能力，依法可以从轻或者减轻处罚；其二，被告人李某主观恶性小，情节较轻，系情绪激愤的情境下作案而非蓄意杀人，相对于预谋犯罪、蓄意报复他人的犯罪而言，其主观恶性和社会危害性明显小；其三，被告人李某属于初犯，归案后积极坦白，认罪态度好，属于可以从轻处罚的情节。

2014 年 8 月 15 日人民法院依法作出了《刑事判决书》，依法判处李某犯故意杀人罪，有期徒刑 13 年。

三、承办人观点

本案是一起典型的精神病人犯罪案件。目前，放任在社会生活中的暴力精神病人越来越多，由于他们心理健康存在缺陷，精神、思想长期或间歇处于混乱状态，稍微受到外界的刺激，就很容易发作，情绪难以控制，其爆发出来的力量一般要比正常人大出许多，对社会公共安全构成了巨大威胁。李某故意杀人一案就是一个典型的例子。

政府作为管理社会的职能机构，应该充分认识精神病人暴力行为问题的严重性，增强解决精神病人暴力行为问题的责任心和紧迫感。政府主动承担起对暴力精神病人管理和治疗的重要责任是解决这一问题的关键，只有政府高度重视，才有可能从根本上解决精神病人的暴力行为问题，才不会有类似惨案的发生。

四、案件评析

精神病人暴力行为问题产生的原因有哪些呢？分析如下：

第一，经济困难。据医学专家介绍，精神疾病一般需要较长时间连续正规治疗才可能有明显效果，而且难以根治，尤其是极容易发生暴力行为的精神分裂症病患者，病情的复发率很高。这就意味着治疗一个精神病患者需要巨大的金钱投入，这是低收入家庭所无法承担的。而精神病患者又相对集中在经济条件比较差的社会中下层。也就是说，绝大多数精神病患者没有得到过治疗，更谈不上系统有效的治疗。

第二，由于认识不到位，精神疾病患者得不到长期治疗。目前全社会精神病知识匮乏，许多患者及其家属对精神疾病的反复性认识不足，只要病情好转就停药，或者由于无法支付医疗费用而被迫出院，致使患者病情很快复发加重。此外，还有的精神疾病患者由于病情隐蔽或者被隐蔽，得不到及时治疗。李某就是因为没有得到及时有效的治疗，才导致了悲剧的发生。

第三，对暴力精神病人缺乏有效的监护。首先，家庭对暴力精神病人监护不到位。《刑法》第18条第1款规定："精神病人在不能辨认或者不能控制自己行为的时候造成危害结果，经法定程序鉴定确认的，不负刑事责任，但是应当责令他的家属或者监护人严加看管和医疗……"这表明法律把暴力精神病人非住院治疗期间的监护权利和义务交给了其家属或者监护人。可是，一些家属由于对治愈精神病患者缺乏信心，不重视治疗，甚至放弃治疗，抛弃精神病患者，或者根本无钱医疗，很难履行这一义务，而且暴力精神病人的家属或者监护人自身的安全也受到极大的威胁。其次，对暴力精神病人的管理是社会管理的"软肋"。精神病人问题是一个严重的社会问题，政府对精神病人的管理和治疗负有重要责任。《刑法》第18条第1款明确规定，精神病人在不能辨认或者不能控制自己行为的时候造成危害结果，在必要的时候，由政府强制医疗。但长期以来，精神病患者主要依赖家庭进行监护，政府对精神病人可能引发的社会问题重视不够，政府职能部门在履行对精神病人的社会监控、预防治疗职能方面存在薄弱环节。精神病防治机构和人员严重不足。在各级政府的卫生防治机制中，并不包含精神疾病人员的调查统计，社区的卫生站也不担负精神疾病防治工作，多数地方没有精神病患者的防治机制，很多患者得不到及时治疗。随着社会保障体系的逐渐建立，许多疾病的防治都进入了社会保障系统，这对提高人民生活水平，保障人们身体健康起到了很大的作用，但在现行的社会保障体系中仍然没有对精神病人的防治机制，这是国家社会保障体系的一大缺陷。

第四，法律对精神病人暴力行为的规制不完善。《刑法》第18条对精神疾病患者的行为造成危害，什么情况下应当负刑事责任，什么情况下不负刑事责任，以及对不负刑事责任的精神病人如何处置作了明确规定。《民法总则》对监护制度也作了明确规定，即规定哪些人可以担任精神病人的监护人以及监护人应当履行的职责。但是，总体来看，目前对精神疾病患者管理的法律不够完善，立法指导思想在某些方面也值得商榷。

案例八　　　未成年人抢劫盗窃案　　法律援助尽心承办[1]

一、基本案情

被告人姜某，15 岁，2015 年 6 月至 11 月间伙同另外 2 名成年男性多次抢劫、盗窃。2016 年 9 月当地人民检察院对姜某等人抢劫、盗窃一案向人民法院提起公诉。姜某曾于 2016 年 5 月 3 日因涉嫌抢劫被当地公安分局刑事拘留，同年 7 月 17 日因涉嫌抢劫罪经当地人民检察院批准，被公安分局逮捕。因姜某系未成年人，当地法律援助中心为姜某指派辩护律师。

二、案件处理与结果

在接到法律援助中心的指派后，援助律师第一时间联系到承办法官，对本案进行阅卷记录并复印相关材料。

根据阅卷了解的信息，律师提炼出能够影响姜某定罪量刑的事实和情节，细致地起草出一份"律师会见在押被告人询问提纲"。通过与姜某交流，律师更加全面地了解了姜某的成长背景和受援案件的案情。姜某从小跟奶奶长大，缺乏应有的教育，天性单纯的他很容易受周围不良环境的影响，其参与的犯罪行为主观恶意很小。鉴于本案事实清楚，姜某认罪态度较好，会见时其陈述与讯问笔录一致，经过仔细考虑，律师首先明确姜某实施被指控的行为时，年仅 15 岁，其对盗窃行为不负刑事责任，之后针对抢劫行为拟定了辩护意见。

在法院审理未成年人犯罪案件时，监护人需要到场。姜某于 2009 年从外省来到当地，其父亲数年前离家之后便杳无音信，母亲在南方打工，家里有个奶奶年事已高，只能联系到姜某的舅舅，在律师反复做其工作后，姜某舅舅答应前来开庭。

在庭审过程中，公诉方以姜某等被告人犯有抢劫、盗窃二罪提起公诉，鉴于之前没有任何迹象表明公诉方将以盗窃罪起诉姜某，并且对姜某以盗窃罪起诉显属错误，所以律师在庭审辩论终结前提出"被告人实施盗窃行为时不足 16 周岁，根据《刑法》第 17 条第 2 款的规定，应当不负刑事责任"，提醒公诉方对指控罪名进行自我纠正，这引起了法官、公诉人的注意，法官当即宣布休庭。第二次开

---

[1] 案件来源：烟台市福山区法律援助中心。

庭后，公诉方重新调整了公诉意见，非常明确地以抢劫罪对姜某提起公诉，律师提出了四点辩护意见：一是，姜某实施抢劫犯罪时不足 16 周岁，应当从轻或减轻处罚；二是，其在多次共同犯罪中是从犯，应当从轻、减轻或免除处罚；三是，其到案后认罪态度好，有积极悔过表现；四是，犯罪情节轻微社会危害性不大，建议酌情从轻处罚。最终上述意见得到了法官的充分采纳。

人民法院一审判决被告人姜某犯抢劫罪，判处有期徒刑 2 年，并处罚金人民币 1000 元。

三、承办人观点

未成年人犯罪案件有其特殊性，在承办此类案件过程中，应本着有利于未成年人身心健康的原则，在保证明晰案情和保障未成年人诉讼权利的前提下，做好与办案法官和公诉人之间的沟通工作，争取在最短时间内结案，避免对未成年人身心造成太大伤害。另一方面，援助律师对案件的每一个步骤、每一个环节都要做到准确严谨，辩护意见要全面、深入，重点突出，法庭上的信息交流要及时准确，尽最大的努力维护未成年人的合法权益。

四、案件评析

根据某未成年犯管教所犯罪研究室提供的资料显示，目前该所收押的未成年犯呈现以下九大特点：①暴力犯罪占 75% 以上。主要是以故意杀人、故意伤害、抢劫、强奸、聚众斗殴为主。②3 人或 3 人以上团伙犯罪占 75% 左右。③在校生犯罪占犯罪总数的 20% 左右，未成年犯中辍学的未成年人和初中阶段学生成了犯罪的主体。④案件发生时，犯罪者与受害者都是同学、朋友等熟人的案件占 40% 左右。⑤犯罪者来自单亲家庭的约占 25%。⑥受同学、朋友影响、教唆去打架、敲诈、抢劫占案件总量的 50%～60%。⑦犯罪手段更加残忍。公然抢劫、强奸或者杀人、重伤害犯罪比例在逐年上升。⑧侵害财产和性的犯罪大幅增长。⑨犯罪者普遍缺乏起码的责任感、道德感。平时玩世不恭、无所畏惧、寻衅滋事。上述的某些特点在本案被告人姜某身上体现得十分明显。

对未成年人犯罪这样一个异常沉重的话题进行探讨时，我们应该看到引起未成年人犯罪的原因是多方面的，法制教育的缺失、社会教育的漏洞都是造成未成年人犯罪频发的原因。剖析本案被告人姜某走上违法犯罪道路的过程，我们不难发现，家庭问题，尤其是家庭教育存在缺陷是造成这种局面的重要原因之一。姜某的父亲数年前就离家出走杳无音信，母亲在南方打工，家里只有一个年事已高的奶奶，导致姜某长期缺乏家长的监护教育，学习、生活处在放任状态，在不良因素的影响下，走上违法犯罪道路也就是"水到渠成"的事了。因此，在解决未成年人犯罪的问题时，仅仅依靠法律是远远不够的。十年树木，百年树人，预防未成年人犯罪，比惩罚他们的罪行更重要、更艰巨。现在的社会生活五光十色，到处充满着诱惑和陷阱，对尚未发育完全、涉世不深的未成年人，犯罪的诱因更多更复杂，这是一个值得家庭、学校和社会高度关注的问题。

第三章

非诉讼法律援助

案例一　　　劳动争议维权难　法律援助调解获补偿[1]

一、基本案情

2014 年 3 月开始，孙某在某物业管理有限公司工作，从事清扫卫生等物业工作。工作期间，单位一直未与孙某签订劳动合同。2015 年 1 月 14 日，孙某在上班期间突发脑干出血，随即住院治疗。住院治疗期间，孙某一直无法正常工作和生活。单位也一直未给孙某支付病假工资。

二、案件处理与结果

孙某因生活困难，向法律援助中心申请法律援助。为了维护弱势群体的合法权益，法律援助中心依法为孙某指派了代理律师，律师立即联系了当事人孙某。由于孙某患病，生活尚不能自理，便将相关事项交给姐姐孙某某处理。因此，律师又与当事人姐姐孙某某取得联系，了解案件相关情况。孙某某向律师详细陈述了孙某在单位工作的相关情况，并向律师提交了住院病历复印件及职工养老社会保险参保缴费证明等相关证据。经了解，某物业管理有限公司未与孙某签订劳动合同，但给孙某缴纳了职工养老社会保险。在孙某患病休假期间，也未向孙某发放病假工资。根据《劳动合同法》第 82 条规定："用人单位自用工之日起超过 1 个月不满 1 年未与劳动者签订书面劳动合同的，应当向劳动者每月支付 2 倍的工资。"根据劳动部关于印发《关于贯彻执行〈劳动法〉若干问题的意见》的通知（劳部发〔1995〕309 号）、《企业职工患病或者非因工负伤医疗期规定》等文件规定，单位应给孙某支付病假工资。

律师以事实为依据，以法律为准绳，结合当事人的要求及意见，依法向当地

---

〔1〕　案件来源：山东省法律援助中心。

劳动人事争议仲裁委员会提起仲裁。在第一次开庭审理时，被申请人未出庭，仲裁员依法进行了缺席审理。在等待庭审结果的过程中，当事人孙某结合自己的身体状况，决定与单位解除劳动关系，并希望能够办理病退。孙某委托其姐姐孙某某到某物业管理有限公司前去协商调解。在其遭到拒绝后，根据《劳动合同法》相关规定，孙某再次委托律师提起了仲裁申请，申请与单位解除劳动关系，并要求单位支付经济补偿金。在仲裁申请的压力下，被申请人再次提出与孙某协商调解。在律师的协助下，经过几次协商调解，双方达成了一致。孙某撤回了仲裁申请。

三、承办人观点

本案是一起典型的劳动争议案件。值得欣慰的是，广大劳动者的维权意识在逐渐增强，能够通过法律武器维护自己的合法权益，但也应看到，劳动者的维权能力还是比较弱的。

因此，以调解方式来解决纠纷对于劳动者来说是不错的选择。通过调解，劳动者可以及时维护自己的权益，避免纷繁复杂的诉讼程序，从而达到一个双赢的目的。在调解的过程中，律师的参与可以起到事半功倍的效果。本案就是一个很好的例子。

四、案件评析

当前，劳动者维权能力弱主要表现在以下几个方面：

1. 劳动者举证困难。劳动者对于证据收集的意识不强，平时工作中，没有及时保存相关证据，申请仲裁因缺乏证据，而使仲裁申请得不到支持；事后当事人采取偷拍、偷录方式取证的，合法性得不到认可。

2. 维权周期过长。即使劳动者的证据充足，一些用人单位出于私利，故意拖延时间。在劳动仲裁败诉后，向法院提起诉讼，一审败诉后，再上诉，经过二审。这个周期比较长，对于劳动者来说非常不利。

本案援助律师接到法律援助中心的指派后，尽职尽责，凭借扎实的法律业务功底和对待案件一丝不苟的态度，认真研究案件事实，以事实为依据，以法律为准绳，最大限度维护当事人的合法权益。通过调解，孙某在短时间内获得了满意的结果，也收到了良好的社会效果。

工伤保险，是国家和社会运用立法强制实施的，为在生产、工作中遭受意外事故或职业病伤害的劳动者及其家属提供医疗服务、生活保障、经济补偿等物质帮助的制度。作为企业来讲，参加工伤保险既可以免于因支付大宗赔偿陷入困境，还可以使受工伤的劳动者基本生活得到有力保障。依法为职工缴纳工伤保险及无条件支付工伤赔偿是企业的法定义务。根据 2011 年 1 月 1 日实施的《工伤保险条例》第 62 条规定："用人单位依照本条例规定应当参加工伤保险而未参加的，由社会保险行政部门责令限期参加，补缴应当缴纳的工伤保险费，并自欠缴之日起，按日加收万分之五的滞纳金；逾期仍不缴纳的，处欠缴数额 1 倍以上 3 倍以下的罚款。依照本条例规定应当参加工伤保险而未参加工伤保险的用人单位职工发生工伤的，由该用人单位按照本条例规定的工伤保险待遇项目和标准支付费用。用人单位参加工伤保险并补缴应当缴纳的工伤保险费、滞纳金后，由工伤保险基金和用人单位依照本条例的规定支付新发生的费用。"各类企业、有雇工的个体工商户都应依照条例规定参加工伤保险，为本单位全部职工或雇工缴纳工伤保险费。否则发生工伤事故的，要按照规定承担给付工伤职工相应保险待遇的责任。而且从归责原则上讲，对于工伤赔偿适用的是无过错归责原则，即无论劳动者在工伤事故中是否存在过错，用人单位都必须依法承担赔偿责任，不得以劳动者有过错而拒绝承担全部或者部分责任。

案例二　　　　　劳动争议起纠纷　法律维权促公平[1]

一、基本案情

马某于 2006 年 1 月 1 日进入某贸易公司，从事进出口贸易工作，离职前 12 个月平均工资为 4500 元。马某与某贸易公司签订的第二份劳动合同期限为 2009 年 1 月 1 日至 2013 年 12 月 30 日。2012 年 3 月，因该公司高层领导变动，马某的顶头上司离职，新上任的部门总监想用自己的人，故想让马某离职。马某要求公司依据相关法律法规支付其 5 个月工资作为经济补偿金，并要求支付 1 个月工资作为代通知金，否则拒绝辞职。2012 年 3 月 30 日，该用人单位以马某考核不合格、末位淘汰为由出具了《解除劳动合同通知书》，解除双方劳动合同并且拒绝支付补偿。

2012 年 5 月 1 日，马某找到司法所进行劳动争议咨询，经过咨询该所认为该

---

〔1〕　案件来源：临沂市兰山区兰山司法所。

用人单位的行为是违法解除劳动合同，决定通过劳动仲裁维护自己的合法权益。该所法律工作者认为马某可以依据《劳动合同法》第 87 条的规定要求支付违法解除劳动合同的赔偿金。2012 年 5 月 6 日，马某向当地劳动争议仲裁委员会提起劳动仲裁，要求该公司赔偿补偿金 45 000 元（10 个月工资）。

二、案件处理与结果

因律师费过高，马某选择司法所法律工作者代理本案。答辩期内，贸易公司提供答辩状，内容如下：

1. 马某经过 3 个月的考核，其考核成绩均垫底，依据我公司的末位淘汰制度，员工经过 3 个月考核其成绩垫底的，公司可以解除劳动合同并不需要支付经济补偿金。并提供最近 3 个月的考核单、马某业绩表等作为证据。

2. 马某在公司工作期间，造成货款无法收回，客户投诉等。给被申请人造成的经济损失 8 万元，应该由马某承担。因马某给用人单位造成严重损失，故与之解除劳动合同。并提供客户因马某服务不当拒绝支付货款的书面声明、投诉信等作为证据。

司法所法律工作者针对公司的答辩意见，在庭审中做如下应对：

1. 用人单位提供的考核单，并无马某签字确认，也未告知马某。另外，该考核过程并没有马某参与，对于考核结果不认可。并且，用人单位的末位淘汰制度并未告知马某。

2. 依据《劳动合同法》的规定，劳动合同的终止只能法定，而不能双方约定终止条件。用人单位以其公司规章制度中约定了末位淘汰为由，解除与马某的劳动合同是违法的。依据《劳动合同法》第 87 条的规定，某贸易公司应支付马某违法解除劳动合同的赔偿金即 2 倍的经济补偿金 4500 元/月 ×5 个月 ×2 倍 = 45 000 元。

3. 用人单位主张的马某给其造成的经济损失，不在本案审理范围，仲裁委不应审理。并且，其提交的证据并无马某签字，属于被申请人单方证据，对其真实性不予认可，并且与本案无关联性。

庭审之后，某贸易公司认为自己证据充分、胜诉希望较大，不同意调解。在仲裁员做工作后，才同意赔偿马某 2 个月工资 9000 元。马某与司法所法律工作者商议后，认为该数额过低，认为对方至少应该支付 3 万元。双方要求差距过大，调解失败。仲裁委依据双方证据及庭审情况作出了裁决。最终劳动争议仲裁委员会采纳了司法所法律工作者的代理意见，依据《劳动合同法》第48条、第87条裁决如下：某贸易公司支付马某违法解除劳动合同赔偿金45 000元。

三、承办人观点

1995年施行的《劳动法》规定，除法定条件外，双方可以约定劳动合同终止的情形，双方约定的终止情形出现时，双方劳动合同终止，并且用人单位不需要支付劳动者经济补偿金。

2008年，《劳动合同法》颁布实施，规定双方劳动合同的解除只能法定，也就是必须依据法律才可以解除。用人单位在规章制度中约定的末位淘汰与《劳动合同法》冲突，所以说是无效的。故用人单位以末位淘汰为由解除双方劳动合同，是违法解除。劳动者可以依据《劳动合同法》第87条要求支付赔偿金，即每工作1年要求支付2个月工资。

劳动者在工作中，如果无法胜任工作，用人单位可以对其进行培训或调换岗位，培训或调换岗位后仍然无法胜任工作的，用人单位可以提前1个月通知该劳动者解除劳动合同，但是需要支付经济补偿金，即每工作1年支付1个月工资，如果没有提前1个月通知的，还应该支付1个月工资作为代通知金。

四、案件评析

在我国劳动者与用人单位的博弈中，劳动者总是处于弱势的地位，特别是个别用人单位对劳动者的合法权益任意侵犯，多采用在劳动合同中签订不平等条款的方式，恶意限制劳动者的权利。本案中，用人单位在规章制度中约定的末位淘汰与《劳动合同法》中规定的双方劳动合同的解除规定相冲突，故用人单位在规章制度中约定的末位淘汰是无效的。劳动者可以依据《劳动合同法》第87条要求支付赔偿金，即每工作1年要求支付2个月工资。

案例三　　　　拖欠工钱惹纠纷　　法律援助化矛盾[1]

一、基本案情

刘某在李某的冷库中打工，当时双方约定每包装1吨蒜薹，李某支付刘某报

---

[1] 案件来源：聊城市茌平县冯屯司法所。

酬 1000 元。刘某一共包装了 12 吨蒜薹，李某应支付其报酬共计 12 000 元。在支付了刘某 3000 元后，李某一直以资金周转困难为由拖欠剩余的 9000 元钱。刘某多次索要未果，遂来到法律援助站寻求法律援助，希望可以尽快拿回属于自己的 9000 元钱。核实刘某的情况后，法律援助站认为其完全符合申请法律援助的条件，受理了刘某的援助申请，指派了律师。律师立即与被申请人李某取得了联系，李某承认拖欠刘某工钱，但是提出了他的理由。刘某包装的蒜薹存在包装不完整的情况，因为刘某未按合同要求完成工作，所以李某认为刘某违反合同约定在先，自己不能完全支付其原定的 12 000 元钱，应扣除一部分工钱。

二、案件处理与结果

援助律师通过对双方当事人的询问，对基本情况有所了解。经过多次调解，双方终于达成协议，协议内容如下：被申请人李某支付拖欠申请人刘某的 9000 元钱，由于数额较大，李某分 2 次支付，每次支付 4500 元。

三、承办人观点

援助律师应当有专业的法律知识，在分析基本案情时做到有理有据。如果在调解时，援助律师能够运用专业法律知识分析基本案情，就会使当事人充分了解案件存在的法律问题及其法律依据，更加容易达成令双方满意的协议。有纠纷就会有情绪，在对待当事人的情绪时，援助律师应当给予充分的理解，特别是争议比较大的纠纷，更考验援助律师的涵养和耐心。在援助律师的涵养和耐心面前，当事人也会感化，信任感自然就会增强，这样便会快速获得双方当事人都满意的结果。

四、案件评析

本案是一起拖欠劳务费纠纷，雇佣一方拖欠不付的做法是违反法律要求的，即使有其他理由也应通过沟通协商尽可能取得一致，否则可能由于自己一方难以举证而承揽不必要的法律责任。

在非诉讼领域，同样有很多当事人需要法律援助。成功的法律援助对化解社会矛盾、避免纠纷、稳定社会功不可没。在本案中，如无法律援助律师的介入，一起民事纠纷极有可能转为刑事流血案件，于国于民均不利。而在法律援助律师的细致工作下，当事人之间很好地化解了矛盾，解决了纠纷。在非诉领域，律师办理法律援助案件，要注重以下几点：①全面了解案情，掌握事实真相，以便为后面的主持调解、明确责任打下基础；②充分掌握政策、法律规定，以便有针对性地熟练运用法律知识展开调解；③做好耐心细致的劝说工作，对症下药，有理有据地提出公正、合理、合法的调解方案，促成和解成功。

案例四 农民兄弟讨薪苦 法律援助促和谐[1]

一、基本案情

2013 年 8 月 5 日，90 多名农民工来到法律援助中心，申请法律援助。援助中心热心接待了他们其中的 10 名代表。通过了解得知，他们是江苏某建筑公司的工人，来到当地务工。自 2012 年 8 月至 2013 年 7 月，整整一年，该公司共拖欠 90 多名农民工工资共计 186 万元，农民工们多次向公司催要工资，可公司以种种理由拒不支付。当事人听说法律援助可以免费帮助他们讨回公道，就决定一起来申请法律援助。

二、案件处理与结果

农民工催要工资的请求是合理的，按照法律援助的相关规定，免于经济状况审查。

援助律师通过调查，了解到本案涉及的人员比较多，时间跨度比较大，并且每个人的工作时间及工作种类均不相同，因此，材料的整理需要非常耐心。律师和某建筑公司认真核实账目，明确了所欠工资的具体数额后，邀请了当地招商引资的相关领导，建议订立建筑合同的双方代表坐下来，进行面对面的协商。

援助律师考虑到此案涉及人员多，关系到人民群众的切身利益，一旦案件处理不当，就有可能引起群体性上访事件的发生，因此，最好通过调解的方式解决。律师进行了周密的调查取证，运用法律知识对农民工代表和承建方、发包方进行了多次耐心的调解。最终三方自愿达成了调解协议：发包方先行垫付承建方某建筑公司所欠农民工工资款共计 186 余万元。至此该案圆满结案。

---

〔1〕 案件来源：潍坊市潍城区法律援助中心。

三、承办人观点

工程建设领域是农民工就业集中的领域，由于用工方式不规范，拖欠工资属于多发、常发事件。律师熟悉相关司法解释的规定，充分运用法律知识方能化解纠纷，平息争执，适时保护劳动者合法权益。

四、案件评析

在《最高人民法院关于审理劳动争议案件适用法律若干问题的解释》中明确规定，发包人在欠付工程价款范围内对实际施工人承担责任，只要发包人没有将工程价款清偿，不管发包人将工程如何转包和分包，发包人依法应当在欠付工程价款范围内向实际施工人清偿债务。本案中，援助律师依法调解，专业知识扎实，调解工作到位，使欠薪问题得到及时解决，最终使得 90 多名农民工满意而归，避免了一起群体纠纷的发生，维护了社会的和谐稳定。

案例五　　　　法援真心为人民　各方满意天地宽[1]

一、基本案情

前进节能建材厂，是经批准于 2003 年 5 月份建成投产的招商引资项目，总投资 200 多万元。该厂产品质量符合要求，受到建筑客户的好评。因投资人之间在管理权和支配权上产生了分歧，资金投入受限，主要投资人蒋某只好举债经营，企业债务高达 200 万元。蒋某因积劳成疾，身患重病，使企业在原来债务的基础上又增新债务，固蒋某将企业转包他人经营。蒋某于 2006 年病故，由其妻子收取年转包费 7 万元，清偿企业转包前的债务。接受转包人陈某，为了提高产品质量，对生产设备进行技术改造，又投资 160 多万元，开发新产品，使企业生产规模进一步扩大。然而，由于受产业政策调整，该企业在 2007 年度被列入停产范围，刚有起色的企业陷入困境，尤其是无法清偿债务，无法兑现农民土地出租金，可能会导致农民群体上访，影响社会稳定，该企业处于开得起而关不起的困境。

---

〔1〕 案件来源：德州市夏津县法律援助中心。

二、案件处理与结果

接到案件后，援助律师深入节能建材厂调研，了解到如下情况：一方面该企业如果关停，则创办人形成的债务不能通过转包费逐年清偿，而转包人新投资的160多万元又不能如期收回，将造成新的经济损失，且直接影响到厂址所涉及的两个村土地收益，在厂60多名职工也将面临无业和再就业的难题。另一方面如果该企业还可以生产经营10年以上，并不影响当地群众的生产生活，到一定生产规模后反而有利于较大规模的土地复垦，变废地为良田。援助律师及时与两个村的村委会共商计谋，并征求所有村民代表的意见，在此基础上，为村委会拟写了《关于要求保留前进节能建材厂生产经营权的请示》，并上报县开发局、县土地管理局和县法制办，帮助村委会如实反映该企业实际情况和要求，请县职能部门在现行政策允许的范围之内，保留该企业的生产经营权，支持企业发展生产，为企业应对金融危机提供产业政策扶持。该请示得到有关部门的采纳，使该企业的生产经营权得到保留，很快走出了经营上的困境，有效避免了可能发生的群体事件和债务纠纷。

三、承办人观点

招商引资为发展，政策调整要停产；租金无靠投资废，债务难偿群众烦；司法行政出主意，保留企业经营权；真心实意为人民，各方满意天地宽。

四、案件评析

近年来，广大农村利用资源，通过招商引资发展经济，这已成为各地的重头戏。但在创办企业和企业的生产经营过程中，都会受到各方面因素的影响，企业存在一定的经营风险。本案中的企业在遭遇产业政策叫停的情况下，面临着许多实际问题，企业开得起而关不起。援助律师在对该企业进行调查实情的基础上，主动为企业着想，与村委会联系并共同研究帮助企业走出困境的有效措施，使上级有关部门在如实了解该企业的情况下，对该企业给予产业政策扶持，保留了该企业的生产经营权，为支持地方经济发展、消除不稳定因素发挥了积极作用。

案例六　　　　　　　　法援律师解养老难题
"农民临时工"利益得保障[1]

一、基本案情

王某在 26 岁时以"农民临时工"的身份到某公司上班，该公司却没有按照《劳动法》的规定与王某签订劳动合同，明确用工关系，也没有为其办理参保手续和缴纳基本养老保险费。由于法律知识的欠缺和对公司的信任，王某没有及时督促公司为其办理参保手续。2013 年 7 月，某公司以"经营调整，减裁人员"为由，在未对王某的养老问题做任何安排的情况下，把时年已经 53 岁的王某裁员推出公司。迫于生计，王某曾多次到县劳动局、信访局等部门反映，但因政策不完善等原因问题无法解决，无奈之下，王某找到法律援助中心申请了法律援助。

二、案件处理与结果

法律援助中心依法决定为王某提供法律援助，指派律师办理此案。援助律师对本案的证据、法规等材料进行了反复研究，对本案的成因、法律关系以及案件的特殊性进行了细致的分析，往返奔波于劳动主管部门调查咨询，利用互联网查阅了大量政策法规和相关资料，尤其是对本省关于农民临时工如何办理退休的有关规定进行了专题研究。但是，关于农民临时工能否享受社会养老保险，到目前为止，国家和地方各级劳动保障部门均没有明确的规定。援助律师依照办案思路书写了诉状，向人民法院提出如下诉讼请求：以某公司为被告，要求被告承担由于其过错致使王某无法享有合法养老权的法律后果；要求被告按每月 500 元的标准支付王某退休后的生活费。人民法院支持了援助律师的意见，判决某公司从2013 年 5 月起，每月按当地当年的城市居民最低生活保障标准支付王某的生活费。

三、承办人观点

本案办理难度较大，但最终取得了较好的效果，体现出援助律师对法律精髓

---

〔1〕　案件来源：德州市庆云县中丁乡司法所。

的准确把握。在社会转型时期维护农民临时工的利益，情况比较复杂，援助律师不仅要具备高度的社会责任感和敬业精神，还需要有较高的业务水平，在办案思路上要富于创新意识和探索精神，才能最终实现法律援助的价值。

四、案件评析

在我国经济结构由计划经济向市场经济转轨的过程中，新旧用工形式在交替转变中出现了许多新问题，而配套的法律、法规和政策尚不健全，这就造成了劳动争议案件中涉及社会保障和养老保险的纠纷难以得到很好的、及时的解决。要想有效地解决这一问题，就必须突破固有的思维模式，找出一条新思路，综合运用《宪法》《民法》《劳动合同法》以及政策性法规等多重法律法规解决问题。

案例七　　　　因工受伤诉企业　法援支持促执行[1]

一、基本案情

于某是农民工，在达远有限公司工作，这是一家颇具规模的企业，但该公司并没有给于某购买工伤保险。2008 年 12 月 16 日上午 10 时左右，于某在达远有限公司车间的压力机上操作时，被压力机压伤右手，公司派车将于某及时送至医院治疗 17 天，后经劳动能力鉴定部门鉴定为 8 级伤残。

二、案件处理与结果

于某于 2009 年 6 月 12 日来到法律援助中心请求法律援助。经过审查有关材料，于某符合法律援助条件，法律援助中心指派援助律师承办此案，全面细致地调查取证。

经过援助律师的努力，当地劳动争议仲裁委员会于 2010 年 5 月 19 日作出如下裁决：达远有限公司一次性支付于某伤残补助金 14 000 元，就业补助金 33 591.60 元，医疗补助金 23 514.12 元，停工留薪期待遇 1400 元，住院伙食费 452.20 元，护理费 951.76 元，劳动能力登记鉴定费 250 元，以上共计 74 159.68 元。

达远有限公司对劳动争议仲裁委员会的裁决不服，认为于某的伤不是工伤，

---

〔1〕　案件来源：临沂市沂南县司法局。

遂向当地人民法院提起诉讼。

2010年10月，人民法院维持仲裁裁决。但是达远有限公司坚持不履行赔偿。无奈之下，于某向人民法院申请强制执行。2011年4月，于某又来到法律援助中心，请求就强制执行申请法律援助。援助律师详细了解了执行进展后，协助于某进行了再次执行，几经周折执行终结。

三、承办人观点

本案中达远有限公司是一个颇具规模的企业，不但不给职工购买工伤保险，发生工伤事故后，不积极赔偿，还利用诉讼程序拖延赔偿的支付，使劳动者的合法权益不能及时得到保障。实践中，有些劳动争议案例往往要拖上两三年，甚至更长时间，劳动者很少有精力和财力来应付，有些当事人只好选择得到较少赔偿的方式勉强和解，当前处理劳动争议的法律程序设置对劳动者较为不利。法律援助仅仅是维护劳动者所享有的"程序正义"工作中的一小部分，进一步完善相关劳动法律法规，加强劳动监督监管，简化、完善劳动争议案件处理程序，才是切实保障劳动者合法权益的重中之重。

四、案件评析

工伤保险，是国家和社会运用立法强制实施的，为在生产、工作中遭受意外事故或职业病伤害的劳动者及其家属提供医疗服务、生活保障、经济补偿等物质帮助的制度。各类企业、有雇工的个体工商户都应依照条例规定参加工伤保险，为本单位全部职工或雇工缴纳工伤保险费。否则发生工伤事故的，要按照规定承担给付工伤职工相应保险待遇的责任。而且从归责原则上讲，对于工伤赔偿适用的是无过错归责原则，即无论劳动者在工伤事故中是否存在过错，用人单位必须依法承担赔偿责任，而不得以劳动者有过错为由拒绝承担或者部分承担责任。

法律援助制度应当扩大法律援助在贫困地区的覆盖面，应当惠及更多困难群众。政府应当密切关注扶贫对象的法律援助需求，做好贫困地区和扶贫对象的法律援助工作。通过深入开展"1＋1"法律援助志愿服务等活动，为贫困群众解决法律难题，维护合法权益，提供精准、优质、高效的法律援助服务，切实发挥好法律援助在扶贫攻坚中的职能作用。基层司法行政机关应认真贯彻国务院《关于进一步做好为农民工服务工作的意见》，做好农民工法律援助工作，对农民工申请支付劳动报酬和工伤赔偿的案件免除经济状况审查。

案例八　交通事故人身损害赔偿与工伤保险赔偿相竞合[1]

一、基本案情

程某系某环卫公司职工。2015 年 8 月 9 日下午 14 时 30 分许，程某在一条小路附近工作时，不慎被刘某驾驶的小型轿车撞伤。事故发生后，程某被送至医院进行治疗，经诊断，程某股骨骨折，气滞血瘀，住院期间行切开复位内固定手术。交警大队出具的《道路交通事故责任认定书》认定刘某承担本次事故全部责任，程某无责任。程某在医院住院 18 天，花费医疗费用 3 万余元，刘某支付了程某全部医疗费用，对于其他损失没有给予赔偿。程某系单身，平日靠微薄的收入度日，这次事故发生后生活更是雪上加霜，出院后尚需在家疗养，没有其他经济来源，在好心人的指点下来到法律援助中心咨询。法律援助中心工作人员给予耐心解答，告知程某交通事故损害赔偿纠纷的案件可以先由交警部门进行调解，肇事方已经承担程某医疗费，程某可再行主张后续治疗费、误工费、护理费、财产损失等费用，如果双方对赔偿数额能达成一致协议，那么案结事了；如果达不成一致协议，程某可以诉至法院通过法律途径解决。另外，工作人员告知程某在工作期间发生的事故伤害，符合工伤认定范围，程某可以通过单位或自己申请工伤认定，要求享受工伤保险待遇，获得相应的赔偿。2016 年 1 月，程某再次来到法律援助中心，他告诉工作人员，交通事故赔偿的案子已经通过调解解决，对方赔偿后续治疗费、电动车、手机等各项损失 12 000 元。关于申请工伤认定的事，他问过公司，公司说单位没有缴纳工伤保险，没法申请工伤，况且事故发生后，程某已经得到了侵权人的赔偿，公司也给付了程某 3 个月工资。无奈之下，程某希望通过法律途径维护自身权益，申请法律援助。

二、案件处理与结果

法律援助中心经审查，程某符合法律援助条件，同意给予法律援助，并指派具有办理工伤事故案件专长的律师承办此案。律师接受指派后，及时会见程某，详细了解案情，理出了办案思路。

本案是一起典型的交通事故人身损害与工伤事故相竞合的案子。交通事故人

---

[1] 案件来源：德州市禹城市法律援助中心。

身损害赔偿纠纷是侵权者与受害者之间的法律关系，工伤保险赔偿是劳动者与用人单位之间的法律关系，而程某是处于两种不同法律关系中的当事人。具体到本案，程某作为交通事故受害者可以向侵权者刘某主张人身损害赔偿，程某作为某环卫公司职工可以向公司主张工伤保险赔偿，两者不相冲突。交通事故人身损害赔偿纠纷的法律关系因双方已经达成一致协议了结，在此不再多议。接下来讨论程某发生交通事故是否能认定为工伤。根据《工伤保险条例》第 14 条的规定："职工有下列情形之一的，应当认定为工伤：①在工作期间和工作场所内，因工作原因受到事故伤害的；②工作时间前后在工作场所内，从事与工作有关的预备性或者收尾性工作受到事故伤害的；③在工作时间和工作场所内，因履行工作职责受到暴力等意外伤害的；④患职业病的；⑤因工外出期间，由于工作原因受到伤害或者发生事故下落不明的；⑥在上下班途中，受到非本人主要责任的交通事故或者城市轨道交通、客运轮渡、火车事故伤害的；⑦法律、行政法规规定应当认定为工伤的其他情形。"该规定说明，职工所受工伤只要符合上述法定情形，职工所受伤害无论是否由第三人侵权引起，都应当认定为工伤。本案中，程某即为"在工作期间和工作场所内，因工作原因受到事故伤害的"情形，因此被认定为工伤的可能性比较大。根据《工伤保险条例》第 17 条第 1 款规定："职工发生事故伤害或者按照《职业病防治法》规定被诊断、鉴定为职业病，所在单位应当自事故伤害发生之日或者被诊断、鉴定为职业病之日起 30 日内，向统筹地区社会保险行政部门提出工伤认定申请……"第 17 条第 2 款规定："用人单位未按前款规定提出工伤认定申请的，工伤职工或者近亲属、工会组织在事故伤害发生之日或者被诊断为职业病之日起 1 年内，可以直接向用人单位所在地统筹地区社会保险行政部门提出工伤认定申请。"因此，单位在事故发生之日起 30 日内没有为职工提出工伤认定申请的，职工可以在事故发生之日起 1 年内自己向社会保险行政部门提出工伤认定申请，本案中程某可以向市人力资源和社会保障局提出工伤认定申请。

援助律师先后协助程某向市人力资源和社会保障局申请工伤认定，向市劳动能力鉴定委员会申请伤残鉴定，2016 年 5 月底最终结果认定程某为工伤，9 级伤残。6 月初，援助律师代程某书写仲裁申请书，向市劳动人事争议仲裁委员会提起劳动仲裁，请求依法裁决：①依法解除申请人与被申请人之间的劳动关系；②被申请人支付申请人程某停工留薪期间工资、一次性伤残补助费、一次性工伤医疗补助金等各项损失共计 117 000 元。

　　为了能够帮助程某快速拿到赔偿款，立案后，援助律师又多次与某环卫公司联系，向其讲解《工伤保险条例》《劳动法》等有关职工权益保护的法律法规及程某单身一人生活等现状，动之以情晓之以理，某环卫公司明晰了工伤保险的相关法律规定和公司所应承担的义务。案件审理过程中，双方对程某工资的计算、程某所获得的交通事故赔偿是否该扣除的问题产生了争议。在计算一次性伤残补助金时，被申请人提供了程某工资表显示其每月工资 1000 元，援助律师对工资表的真实性无异议，但是认为工资表不具有合法性，根据《工伤保险条例》第 64 条第 2 款的规定："……本人工资低于统筹地区职工平均工资 60% 的，按照统筹地区职工平均工资的 60% 计算。"该市 2015 年在岗职工平均工资为 4034.17 元/月，其 60% 应为 2420.5 元，而不应按照实际发放的 1000 元计算。关于交通事故赔偿应否扣除的问题，律师有理有节地进行了分析辩驳：因用人单位以外的第三人侵权造成劳动者人身损害，同时构成工伤的，劳动者具有双重身份，即人身侵权的受害人和工伤事故中的受伤职工。基于双重身份，劳动者有权向侵权人主张人身损害赔偿，同时还有权向用人单位主张工伤保险赔偿，从而获得双重赔偿。在这种情形下，侵权人和用人单位应依法承担各自的赔偿责任，不因受伤职工先行获得一方赔偿而免除或减轻另一方责任。申请人程某在交通事故中获得的医疗费等赔偿不在申请人仲裁请求范围内，被申请人提出的扣除没有依据，属无理主张。在律师耐心工作下，被申请人的态度慢慢柔和下来。当法庭辩论结束，仲裁员询问双方是否同意调解时，被申请人首先提出同意调解。

　　在劳动仲裁委员会和援助律师的共同努力下，双方最终达成调解协议：①双方解除劳动关系；②被申请人一次性支付给申请人停工留薪工资、一次性伤残补助金、一次性工伤补助金等各项费用共计人民币 9 万元。案件得以圆满画上句号，而案件从立案到办结仅用了不到 2 个月时间。

三、承办人观点

　　本案程某是处于弱势地位的环卫工人，他们是城市的美容师，而自身权益却常常得不到保护。本案中承办律师凭借精湛的业务水平，良好的职业素养，最大限度地维护了程某权益，使其在最短的时间内获得了应有的赔偿款。

四、案件评析

　　公司没有为职工缴纳工伤保险，是否职工就不能享受工伤保险待遇？根据

《工伤保险条例》的规定，用人单位应当为本单位全体职工缴纳工伤保险费，因工伤事故受到人身损害的职工有权获得工伤保险赔偿、享受工伤待遇。只要客观上存在工伤事故，就会在受伤职工和用人单位之间产生工伤保险赔偿关系。无论用人单位有没有为职工缴纳工伤保险，职工均可按照工伤保险待遇的项目和标准要求用人单位进行赔偿。本案的胜诉，有效维护了既是交通事故损害赔偿的受害人、又是工伤事故中的受伤职工的双重身份人员的合法权益，为今后办理类似案件提供了典型范例。

法律援助律师的履职能力和水平是有效开展法律援助工作的根本保障，法律援助中心要大力加强业务能力建设，加大对法律援助人员法律援助知识、办案技能、管理技能、服务意识等方面的教育培训力度，重点提高其依法执业的能力、群众工作的能力，全面提升法律援助人员专业素质和服务水平。办案中，要充分发挥律师和基层法律服务工作者的各自优势，形成合力，共同推进法律援助工作。

案例九　　　赡养纠纷调解未果　敬老院养老最妥善[1]

一、基本案情

赵某，女，现68岁，其丈夫因病去世，现有两儿两女。两个女儿先后出嫁，长子王某某于1995年结婚，同年与老人分家分得旧宅北屋3间。次子王某于2009年初结婚。两个女儿一直较好地履行了赡养义务，长子多年未尽赡养义务，次子多年与老人共同生活。自2011年以来，次子王某夫妇多次寻找借口，提出其兄长王某某多年不尽赡养义务，母亲应由兄弟二人轮流扶养，以1996年曾替其兄长偿还结婚时债务，而自己结婚、盖屋时兄长不尽帮助义务等理由，驱使老人另寻他处，并多次殴打老人，对老人的身体和内心均造成了极大的伤害，引发了极其恶劣的社会影响。

2012年4月16号，派出所给予王某夫妇行政拘留15天的处罚。就赡养老人的问题，镇政府、村委会多次调解未果。

---

〔1〕 案件来源：德州市临邑县司法局。

二、案件处理与结果

2012 年 5 月，赵某向法律援助中心申请法律援助。经审查，援助中心认为其符合援助条件，并为其指派律师。援助律师多次到赵某的两个儿子家中了解情况，开导教育，同时就如何安排照顾老人的晚年生活多次征询两个女儿的意见。通过一段时间的接触了解，律师深感子女们亲情淡漠，都很自私，老人并不适合再与子女们住在一起养老。经与村委会协商，到村委会大院进行了调解活动，为老人赵某因赡养纠纷造成的权利损害进行维权。律师通过与老人的沟通，提出由赵某的 4 个儿女提供赡养费，将老人送入敬老院养老，费用由儿女们均摊，并轮流探望。

三、承办人观点

类似本案中的家庭，如果子女不孝顺，那么将老人送到敬老院应该是最妥善的安置，只有这样，才能避免其再次受到子女的驱赶与打骂。当天，多名村民来到现场参与了调解活动，达到了法律效果和社会效果的统一，实现了法律知识讲解和宣传教育等多种功效。笔者借此呼吁：为人儿女一定要有感恩的心，要尽到孝道。"子欲养而亲不待"是一种遗憾，还是趁老人健在时，爱他们、善待他们。

四、案件评析

与前，老人的赡养问题已成为突出的社会现象，因不赡养老人引发的民事纠纷案件呈上升趋势。我国长期形成的尊老爱幼善良习俗正逐渐为利己主义私欲蚕食，道德评价与舆论监督已不能很好地约束义务人履行赡养义务。因此，在司法实践中，应继续加强法制宣传教育的力度，提高赡养人的法律意识。深入开展《民法总则》《老年人权益保障法》《婚姻法》《继承法》以及相关法律知识的宣传普及工作，加强赡养人的责任感。从情、理、法等多角度加强教育，促使赡养人形成自觉赡养老人的意识。

案例十　　　宅基地盖房生困扰　法律援助显正义[1]

一、基本案情

肖某为某村村民，前几年村里划给肖某一块宅基地盖房，但是由于家庭困难，经济条件不允许，没有能力盖，于是宅基地一直闲置。最近几年家庭状况好转，肖某的孩子也到了结婚的年纪，以前的旧房子已经住不下一大家子了，于是肖某准备在这块宅基地上盖房子。肖某的宅基地位于县城东北角，靠近道路。根据规划局的规划，城管局作出不允许在这个位置新建房的行政决定。肖某十分着急。孩子眼看就要结婚，却没有房子住；家里经济困难，没有能力购买楼房；有宅基地还不让盖房，这可怎么办？肖某无奈找村支书想办法，村支书将肖某领到镇司法所求助法律援助。

二、案件处理与结果

援助律师先到城管局了解到如下情况：城管局对肖某出具的宅基盖房的行政决定，是根据当地的实际情况和城区规划的需要出具的，是正当合法的。律师又到肖某家进行调查，了解到：肖某家确实有实际困难，没有能力购买楼房。孩子结婚又急需住房。了解了相关情况后，律师多次与城管局的工作人员协商，讲明肖某的困难。经过多次协商，鉴于肖某家庭困难，没有能力购买楼房，目前孩子又确实没有地方居住，迫切地需要房屋。城管局对其特别照顾，撤销对肖某的行政决定，允许肖某在宅基地上盖房。

三、承办人观点

法律援助是一项扶助贫弱、保障社会弱势群体合法权益的社会公益事业，也是我国实践依法治国方略、全面建设小康社会的重要举措。法律工作者不但要在民事、刑事方面为困难群众提供法律援助，也要在行政方面为群众提供法律援助，保护人民群众的合法利益。

---

〔1〕　案件来源：德州市陵县陵城镇司法所。

四、案件评析

在当前，仍然还有一部分人群或阶层，由于自然、经济、社会和文化方面的低下状态而难以像正常人那样化解因社会问题造成的压力，陷入困境，处于不利社会地位，即弱势群体。作为司法制度的重要组成部分，法律援助通过向这些缺乏能力、经济困难的当事人提供法律帮助，使他们能平等地站在法律面前，享受平等的法律保护。法律援助制度是人类法制文明和法律文化发展到一定阶段的必然产物，是国家经济、社会文明进步和法治观念增强的结果。用法律的手段帮助人民群众解决诉讼难的问题，是当前我国建设社会主义法治国家大背景下的必然选择，是促进司法公正的重要保障。法律援助是一项扶助贫弱、保障社会弱势群体合法权益的社会公益事业，也是我国实践依法治国方略、全面建设小康社会的重要举措。开展法律援助工作，要坚持从实际出发，要找准结合点和切入点，切实发挥法律援助职能作用。法律援助工作一定要立足于基本国情，贯彻落实习近平总书记对法律援助工作重要指示和中办发〔2015〕37号文件，坚持和完善中国特色社会主义法律援助制度。要遵循法律援助法治规律，与本地经济社会发展水平相协调，与困难群众法律援助需求相适应，切实推动法律援助工作实现新进展。

图书在版编目（ＣＩＰ）数据

基层司法行政业务案例精选与评析/刘岭岭主编. —北京：中国政法大学出版社,2017.5
ISBN 978-7-5620-7507-3

Ⅰ.①基…　Ⅱ.①刘…　Ⅲ.①司法－行政—案例—中国　Ⅳ.①D926.1

中国版本图书馆CIP数据核字(2017)第091272号

出 版 者　　中国政法大学出版社
地　　址　　北京市海淀区西土城路 25 号
邮　　箱　　fadapress@163.com
网　　址　　http://www.cuplpress.com（网络实名：中国政法大学出版社）
电　　话　　010-58908435(第一编辑部)　58908334(邮购部)
承　　印　　固安华明印业有限公司
开　　本　　720mm×960mm　1/16
印　　张　　19.25
字　　数　　334 千字
版　　次　　2017 年 5 月第 1 版
印　　次　　2017 年 5 月第 1 次印刷
印　　数　　1～4000 册
定　　价　　43.00 元